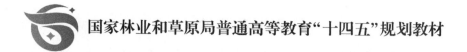

国家林业和草原局普通高等教育"十四五"规划教材

农民专业合作社会计学

张征华　主编

中国林业出版社
China Forestry Publishing House

内 容 简 介

本教材以习近平新时代中国特色社会主义思想为指导，贯彻落实中央关于建立健全农民专业合作社发展的政策体系和管理制度的指示精神，以《农民专业合作社会计制度》及《农民专业合作社财务制度》等财政部和农业农村部最新发布的制度为背景，介绍农民专业合作社资产、负债、所有者权益、损益等经济业务的会计核算和信息披露。全书将思政元素、案例教学法、业务实务融入教材中，讲授新型经营主体农民专业合作社的财务与会计的理论、方法与实务，突出我国农民专业合作社农业经营和管理特色，具有较强的针对性、操作性和应用性。

本教材适用于有志于对农民专业合作社会计领域进行学习和研究的本科生、研究生、继续教育学员和各类农民专业合作社的业务主管部门、高层管理人员、会计主管人员、会计人员、农业经理人及其他人群，可作为新制度实施的工具用书，是广大农民专业合作社会计理论和实务工作者不断提升核算水平的参考书，也可作为农民专业合作社会计核算人员的学习教材。

图书在版编目(CIP)数据

农民专业合作社会计学 / 张征华主编. —北京：
中国林业出版社, 2024.12. —（国家林业和草原局普通高等教育"十四五"规划教材）. — ISBN 978-7-5219
-3092-4

Ⅰ. F302.6
中国国家版本馆 CIP 数据核字第 2025DW9773 号

策划编辑：丰　帆
责任编辑：丰　帆
责任校对：苏　梅
封面设计：时代澄宇

出版发行：中国林业出版社
　　　　　（100009，北京市西城区刘海胡同7号，电话 83223120）
电子邮箱：jiaocaipublic@163.com
网　址：https：//www.cfph.net
印　刷：北京中科印刷有限公司
版　次：2024年12月第1版
印　次：2024年12月第1次印刷
开　本：787mm×1092mm　1/16
印　张：14.25
字　数：325千字
定　价：49.00元

《农民专业合作社会计学》编写人员

主　　编　张征华

副 主 编　熊翅新　金　晶　李瑞芬

编写人员(按姓氏拼音排序)

　　　　耿　黎(沈阳农业大学)

　　　　金　晶(江西农业大学)

　　　　李瑞芬(北京农学院)

　　　　李艳萍(天津农学院)

　　　　罗云云(吉安职业技术学院)

　　　　潘细香(江西旅游商贸职业学院)

　　　　邱　晖(广州工商学院)

　　　　熊翅新(江西农业大学)

　　　　闫云婷(天津农学院)

　　　　曾　皓(江西财经大学)

　　　　张征华(江西农业大学)

　　　　周忠丽(农业农村部管理干部学院)

前　言

农民专业合作社是实现小农户和现代农业发展有机衔接的重要载体，在带动农民致富，助力国家乡村振兴战略实施方面发挥着重要作用。《农民专业合作社财务会计制度(试行)》自2008年1月1日实施后，对规范合作社会计核算、促进合作社规范发展发挥了重要作用。但随着合作社的不断发展以及《中华人民共和国农民专业合作社法》的修订，为了规范农民专业合作社会计工作，加强合作社会计核算，保护合作社及其成员的合法权益，财政部于2021年12月30日印发了《农民专业合作社会计制度》，自2023年1月1日起施行。

为了引导和帮助广大农民专业合作社会计理论和实务工作者全面理解和准确掌握新制度修订的内容，提高农民专业合作社会计核算水平和会计信息质量，规范我国新时代农民专业合作社会计核算，促进合作社精细管理，为此，我们组织编写了《农民专业合作社会计学》教材。

本教材以《农民专业合作社会计制度》及《农民专业合作社财务制度》等财政部和农业农村部最新发布的制度为编写基础，主要从农民专业合作社会计理论出发，分别从资产、负债、所有者权益、损益及报表的编制等角度介绍日常经济业务的会计核算和信息呈报，是编者在多年教学和深入基层调研的基础上形成的，突出了我国农民专业合作社农业经营和管理特色，力求通过简洁明了的解析、丰富详实的例题、真实生动的案例，为广大会计实务工作者答疑解惑，提供参考和帮助。本教材共有七章，适用于有志于对农民专业合作社会计领域进行学习和研究的本科生、研究生、继续教育学员和各类农民专业合作社的业务主管部门、高层管理人员、会计主管人员、会计人员及其他人群，可作为新制度实施的工具用书，是广大农民专业合作社会计理论和实务工作者、农业经理人不断提升核算水平的参考书，也可作为农民专业合作社会计核算人员的学习教材。

本教材主要特点是：

第一，汇集全国高校力量，打破校际壁垒。本教材编写人员打破校际壁垒，实现共建共享。有来自江西农业大学、沈阳农业大学、北京农学院、天津农学院等涉农高校，有来自江西财经大学、广州工商学院等财经高校，有来自江西旅游商贸职业学院、吉安职业技术学院等地方院校，有来自农业农村部管理干部学院等农业农村部直属事业单位。

第二，联合行业企业，强化产学合作。本教材编写组会同江西省本地农民专业合作社，为教材编写提供现实案例，把教材写在赣鄱大地上。有来自吉安县横江葡萄专业合作社、浮梁县进来茶叶专业合作社、贵溪市金土地蔬菜种植专业合作社等种植合作社，有来自上饶市廿三都种养专业合作社、宜春市袁州区雪斌种养专业合作社等种养合作社，有来自上饶市广丰区文力林业专业合作社等林业合作社，有来自宜春市鼎力农业专业合作社联社等联合社。

第三，加强课程思政，融合数字资源。本教材突破传统教材知识传授教学目的，确定了教材课程思政总体目标（践行职业道德和三农情怀）和具体目标（会计人诚实守信、谨慎务实；新农人知农爱农兴农），让教材成为知识传授、能力培养与价值塑造的有机载体。同时，教材拟将课后习题对应答案、文中所涉及的政府文件等以二维码形式展现在教材中，以便于读者深入学习、不断复盘。

第四，汇集最新制度，反映时代前沿。本教材不仅限于《农民专业合作社会计制度》，而是全力拓宽制度边界。根据2019年修订的《会计基础工作规范》和2020年发布的《关于规范电子会计凭证报销入账归档的通知》等相关内容编写总论章节、2007年施行的《中华人民共和国企业破产法》融入合作社清算章节；依据2017年修订的《中华人民共和国会计法》、2022年发布的《农民专业合作社财务制度》等法律规章制度与各章节融合。

本教材由江西农业大学经济管理学院张征华教授牵头组织并负责本书大纲的设计与撰写，参加编写的有江西农业大学、江西财经大学、北京农学院、广州工商学院、沈阳农业大学、天津农学院、农业农村部管理干部学院、江西旅游商贸职业学院、吉安职业技术学院等单位的教师13人。全书共七章，各章节的编写分工如下：第一章由李瑞芬编写；第二章由金晶、邱晖、罗云云、张征华编写；第三章由耿黎编写；第四章由李艳萍、闫云婷编写；第五章由周忠丽编写；第六章由熊翅新、潘细香编写；第七章由曾皓编写；胡伦负责教材正文所涉相关文件的整理，全书的总审、定稿工作由张征华完成。

感谢江西农民专业合作社理事长的大力支持，他们分别是吉安县横江葡萄专业合作社理事长肖章瑛同志、浮梁县进来茶叶专业合作社理事长徐芳同志、上饶市廿三都种养专业合作社理事长李良忠同志、上饶市广丰区文力林业专业合作社理事长张处平同志、宜春市鼎力农业专业合作社联社理事长袁卫华同志、宜春市袁州区雪斌种养专业合作社理事长李雪兵同志、贵溪市金土地蔬菜种植专业合作社理事长徐闽洪同志，他们毫无保留地将合作社资料提供给本教材作为案例分析；感谢江西省农业农村厅农村合作经济指导处处长李上海和四级调研员黄佳同志的指导帮扶；感谢江西农业大学继续教育学院、江西生物科技学院、江西省通用技术工程学校、吉安职业技术学院等单位的大力支持；感谢张小英、汪夏卉、肖宇雄、孙文倩、刘秀文、蓝天翔、刘依璇、董天琪、张慧、黄雨琴、邓小琴等研究生出色的勘误工作；感谢易星辰、张小英、汪夏卉、孙文倩、刘秀文等研究生编写案例分析。

虽然我们尽了最大的努力，但由于水平有限，教材中难免有疏漏与错误，敬请广大读者与同仁不吝赐教。您可以通过以下邮箱与我们取得联系：18774160@qq.com，我们期待与您有更进一步的交流。

编　者

2024年9月30日

目 录

前　言

第一章　农民专业合作社总论 ……………………………………………………（1）
　　学习目标 ……………………………………………………………………（1）
　　学习导入 ……………………………………………………………………（1）
　　第一节　农民专业合作社概述 ………………………………………………（2）
　　　一、合作社的含义 …………………………………………………………（2）
　　　二、合作社与其他主体的异同 ……………………………………………（3）
　　第二节　农民专业合作社会计概述 …………………………………………（4）
　　　一、合作社会计的含义 ……………………………………………………（4）
　　　二、合作社会计的特点 ……………………………………………………（4）
　　第三节　农民专业合作社会计核算概述 ……………………………………（5）
　　　一、合作社会计核算的基本前提和一般原则 ……………………………（5）
　　　二、合作社会计要素 ………………………………………………………（8）
　　　三、合作社会计核算的方法 ………………………………………………（11）
　　学习巩固 ……………………………………………………………………（21）
　　案例分析 ……………………………………………………………………（22）
　　案例思考 ……………………………………………………………………（25）

第二章　农民专业合作社资产核算 ………………………………………………（26）
　　学习目标 ……………………………………………………………………（26）
　　学习导入 ……………………………………………………………………（26）
　　第一节　农民专业合作社资产概述 …………………………………………（27）
　　　一、合作社资产的含义 ……………………………………………………（27）
　　　二、合作社资产的分类 ……………………………………………………（27）
　　第二节　农民专业合作社货币资金核算 ……………………………………（28）
　　　一、合作社库存现金的核算 ………………………………………………（28）
　　　二、合作社银行存款的核算 ………………………………………………（31）
　　第三节　农民专业合作社应收款核算 ………………………………………（34）
　　　一、合作社应收款的性质 …………………………………………………（34）

二、合作社应收款的核算 ·· (34)
三、合作社应收款的坏账 ·· (35)

第四节 农民专业合作社成员往来核算 ···································· (36)
一、合作社成员往来的性质 ·· (36)
二、合作社成员往来的核算 ·· (36)

第五节 农民专业合作社存货核算 ·· (38)
一、合作社存货的概述 ·· (38)
二、合作社存货的分类 ·· (38)
三、合作社存货的计价 ·· (39)
四、合作社存货的核算 ·· (42)
五、合作社存货的清查核算 ·· (47)

第六节 农民专业合作社对外投资核算 ···································· (48)
一、合作社对外投资的概述 ·· (48)
二、合作社对外投资的分类 ·· (49)
三、合作社对外投资的核算 ·· (50)

第七节 农民专业合作社生物资产核算 ···································· (52)
一、合作社生物资产的概述 ·· (52)
二、合作社生物资产的计价 ·· (52)
三、合作社生物资产的账户设置 ·· (53)
四、合作社消耗性生物资产的核算 ·· (54)
五、合作社生产性生物资产的核算 ·· (58)
六、合作社公益性生物资产的核算 ·· (63)

第八节 农民专业合作社固定资产核算 ···································· (64)
一、合作社固定资产的特征 ·· (64)
二、合作社固定资产的确认条件 ·· (64)
三、合作社固定资产的分类 ·· (65)
四、合作社固定资产增加的核算 ·· (66)
五、合作社固定资产的折旧 ·· (71)
六、合作社固定资产后续支出的核算 ······································ (74)
七、合作社固定资产减少的核算 ·· (75)

第九节 农民专业合作社无形资产核算 ···································· (78)
一、合作社无形资产的概述 ·· (78)
二、合作社无形资产的确认条件 ·· (78)
三、合作社无形资产的构成 ·· (78)
四、合作社无形资产增加的核算 ·· (80)

五、合作社无形资产摊销的核算 ………………………………………………（81）
　　六、合作社无形资产减少的核算 ………………………………………………（82）
第十节　农民专业合作社长期待摊费用核算 …………………………………………（83）
　学习巩固 …………………………………………………………………………………（84）
　案例分析 …………………………………………………………………………………（87）
　案例思考 …………………………………………………………………………………（89）

第三章　农民专业合作社负债核算 …………………………………………………（90）

　学习目标 …………………………………………………………………………………（90）
　学习导入 …………………………………………………………………………………（90）
　第一节　农民专业合作社负债概述 …………………………………………………（91）
　　一、合作社负债的含义 …………………………………………………………（91）
　　二、合作社负债的核算特点 ……………………………………………………（91）
　　三、合作社负债的管理 …………………………………………………………（92）
　第二节　农民专业合作社流动负债核算 ……………………………………………（92）
　　一、合作社短期借款的核算 ……………………………………………………（93）
　　二、合作社应付款的核算 ………………………………………………………（94）
　　三、合作社应付工资与应付劳务费的核算 ……………………………………（95）
　　四、合作社应交税费的核算 ……………………………………………………（97）
　　五、合作社应付利息的核算 ……………………………………………………（102）
　　六、合作社应付盈余返还的核算 ………………………………………………（102）
　　七、合作社应付剩余盈余的核算 ………………………………………………（103）
　第三节　农民专业合作社非流动负债核算 …………………………………………（104）
　　一、合作社长期借款的核算 ……………………………………………………（104）
　　二、合作社专项应付款的核算 …………………………………………………（106）
　学习巩固 …………………………………………………………………………………（108）
　案例分析 …………………………………………………………………………………（112）
　案例思考 …………………………………………………………………………………（114）

第四章　农民专业合作社损益核算 …………………………………………………（115）

　学习目标 …………………………………………………………………………………（115）
　学习导入 …………………………………………………………………………………（115）
　第一节　农民专业合作社损益概述 …………………………………………………（116）
　　一、合作社损益的含义 …………………………………………………………（116）
　　二、合作社损益核算的特点 ……………………………………………………（116）
　　三、合作社损益核算的原则 ……………………………………………………（117）
　第二节　农民专业合作社收入核算 …………………………………………………（118）

一、合作社收入的确认和计量……………………………………………（118）
　　二、合作社收入的核算……………………………………………………（118）
　　三、合作社投资收益的核算………………………………………………（124）
　第三节　农民专业合作社成本核算……………………………………………（126）
　　一、合作社成本核算的项目………………………………………………（126）
　　二、合作社成本核算的程序………………………………………………（126）
　第四节　农民专业合作社费用核算……………………………………………（129）
　　一、合作社费用的确认和计量……………………………………………（129）
　　二、合作社费用的核算……………………………………………………（129）
　第五节　农民专业合作社本年盈余核算………………………………………（137）
　　学习巩固……………………………………………………………………（140）
　　案例分析……………………………………………………………………（142）
　　案例思考……………………………………………………………………（144）

第五章　农民专业合作社所有者权益核算……………………………………（146）
　　学习目标……………………………………………………………………（146）
　　学习导入……………………………………………………………………（146）
　第一节　农民专业合作社所有者权益概述……………………………………（147）
　　一、合作社所有者权益的分类……………………………………………（147）
　　二、合作社所有者权益的特点……………………………………………（147）
　第二节　农民专业合作社股金核算……………………………………………（148）
　　一、合作社股金增加的核算………………………………………………（148）
　　二、合作社股金减少的核算………………………………………………（150）
　第三节　农民专业合作社专项基金核算………………………………………（150）
　　一、合作社专项基金增加的核算…………………………………………（151）
　　二、合作社专项基金量化的计算…………………………………………（152）
　第四节　农民专业合作社公积金核算…………………………………………（152）
　　一、合作社资本公积的核算………………………………………………（153）
　　二、合作社盈余公积的核算………………………………………………（154）
　第五节　农民专业合作社盈余核算……………………………………………（155）
　　一、合作社本年盈余的核算………………………………………………（156）
　　二、合作社盈余分配的核算………………………………………………（157）
　　学习巩固……………………………………………………………………（160）
　　案例分析……………………………………………………………………（162）
　　案例思考……………………………………………………………………（164）

第六章　农民专业合作社财务报表编制………………………………………（165）
　　学习目标……………………………………………………………………（165）

学习导入 …………………………………………………………………… （165）
　第一节　农民专业合作社财务报表概述 ………………………………… （166）
　　一、合作社财务报表的含义 ……………………………………………… （166）
　　二、合作社财务报表的作用和分类 ……………………………………… （166）
　　三、合作社财务报表的编制要求 ………………………………………… （167）
　　四、合作社财务报表的格式及编制方法 ………………………………… （168）
　　五、合作社财务报表的附注及编制说明 ………………………………… （177）
　第二节　农民专业合作社财务报表举例 ………………………………… （177）
　第三节　农民专业合作社财务报表分析 ………………………………… （190）
　　一、合作社财务报表分析的意义 ………………………………………… （190）
　　二、合作社财务报表分析的方法 ………………………………………… （190）
　　三、合作社财务报表分析的内容 ………………………………………… （191）
　　学习巩固 …………………………………………………………………… （192）
　　案例分析 …………………………………………………………………… （194）
　　案例思考 …………………………………………………………………… （196）

第七章　农民专业合作社合并、分立、解散和清算专题 …………… （197）

　　学习目标 …………………………………………………………………… （197）
　　学习导入 …………………………………………………………………… （197）
　第一节　农民专业合作社合并、分立、解散和清算概述 ……………… （198）
　　一、合作社合并的概述 …………………………………………………… （198）
　　二、合作社分立的概述 …………………………………………………… （198）
　　三、合作社解散与清算的概述 …………………………………………… （199）
　第二节　农民专业合作社合并、分立、解散和清算核算 ……………… （202）
　　一、合作社合并的核算 …………………………………………………… （202）
　　二、合作社分立的核算 …………………………………………………… （206）
　　三、合作社解散清算的核算 ……………………………………………… （207）
　　学习巩固 …………………………………………………………………… （209）
　　案例分析 …………………………………………………………………… （211）
　　案例思考 …………………………………………………………………… （213）

参考文献 …………………………………………………………………… （215）

第一章　农民专业合作社总论

学习目标

知识目标	能力目标	价值目标
了解农民专业合作社的含义、与其他市场经济主体的异同；理解农民专业合作社会计的主要特点、一般原则和基本前提；掌握农民专业合作社会计核算的会计要素、会计科目以及会计核算方法等	结合本章重点、难点和热点，提升学生对农民专业合作社的认知，加深学生对农民专业合作社会计特殊性的把握，使学生具备依据农民合作社会计的基本理论，对农民专业合作社会计工作提出问题、分析问题、解决问题的能力	通过对农民专业合作社服务成员的宗旨和社会责任的认知的提升，培养学生高度的受托责任意识和知农、爱农、兴农的情怀；通过农民专业合作社会计相关性、可靠性和谨慎性等要求的学习，培养学生树立诚信、客观的会计职业道德和谨慎务实的品格

学习导入

习近平总书记给全国涉农高校的书记校长和专家代表回信

2019年6月28日，中国新农科建设安吉研讨会在浙江省安吉县召开。会后，全国50多所涉农高校的100多位书记校长和农林专家给习近平总书记写信，汇报了在浙江安吉围绕新时代农林学科建设开展研讨的情况，代表130万农林师生表达了肩负起兴农报国使命、为实现农业农村现代化矢志奋斗的决心。

9月5日，习近平总书记给全国涉农高校书记校长和专家代表回信，对涉农高校的办学方向提出要求，对广大师生予以勉励和期望。

习近平总书记指出，新中国成立70年来，全国涉农高校牢记办学使命，精心培育英才，加强科研创新，为"三农"事业发展作出了积极贡献。

习近平总书记强调，中国式现代化离不开农业农村现代化，农业农村现代化关键在科技、在人才。新时代，农村是充满希望的田野，是干事创业的广阔舞台，我国高等农林教育大有可为。希望你们继续以立德树人为根本，以强农兴农为己任，拿出更多科技成果，培养更多知农爱农新型人才，为推进农业农村现代化、确保国家粮食安全、提高亿万农民生活水平和思想道德素质、促进山水林田湖草系统治理，为打赢脱贫攻坚战、推进乡村全面振兴不断作出新的更大的贡献。

习近平总书记的回信让新农科有了高度，"安吉共识"让新农科有了热度，"北大仓行动"让新农科有了力度，"北京指南"将让新农科有效度，实现"五改变一重塑"，改变农林高校教与学的行为，改变农林高校人才培养范式，改变农林高校评价体系与资源配置方式，改变农林学生的人生命运，改变农林产业发展格局，重塑国家农业全球竞争力。

第一节 农民专业合作社概述

一、合作社的含义

2017年12月27日,第十二届全国人民代表大会常务委员会第三十一次会议修订的《中华人民共和国农民专业合作社法》指出,农民专业合作社(以下简称合作社)是在农村家庭承包经营基础上,农产品的生产经营者或农业生产经营服务的提供者、利用者,自愿联合、民主管理的互助性经济组织。合作社以其成员为主要服务对象,提供农业生产资料的购买、使用;农产品的生产、销售、加工、运输、贮藏以及其他相关服务;农村民间工艺及制品、休闲农业和乡村旅游资源的开发经营等;与农业生产经营有关的技术、信息、设施建设运营等服务。

1-1 合作社的含义

(一)设立合作社的条件

(1)有五名以上符合合作社法规定的成员;
(2)有符合合作社法规定的章程;
(3)有符合合作社法规定的组织机构;
(4)有符合法律、行政法规规定的名称和章程确定的场所;
(5)有符合章程规定的成员出资。

1-2 合作社设立条件

(二)加入合作社的条件

具有民事行为能力的公民,以及从事与合作社业务直接有关的生产经营活动的企业、事业单位或社会组织,能够利用合作社提供的服务,承认并遵守合作社章程,履行章程规定的入社手续的,可以成为合作社的成员。但是,具有管理公共事务职能的单位不得加入合作社。合作社的成员中,农民至少应当占成员总数的80%。

1-3 合作社成员规范

(三)合作社的扶持措施

(1)国家支持发展农业和农村经济的建设项目,可以委托和安排有条件的合作社实施。

(2)中央和地方财政应当分别安排资金,支持合作社开展信息、培训、农产品标准与认证、农业生产基础设施建设、市场营销和技术推广等服务。国家对革命老区、民族地区、边疆地区和贫困地区的合作社给予优先扶助。县级以上人民政府有关部门应当依法加强对财政资金使用情况的监督。

(3)合作社享受国家政策性金融机构、商业性金融机构、保险机构等金融扶持。

(4)合作社享受国家规定的对农业生产、加工、流通、服务和其他涉农经济活动相应的税收优惠。

(5)合作社从事农产品初加工用电执行农业生产用电价格,合作社生产性配套辅助设施用地按农用地管理,具体办法由国务院有关部门规定。

1-4 合作社扶持措施

（四）合作社的财务管理

（1）合作社应当为每个成员设立成员账户

成员账户主要记载该成员的出资额、量化为该成员的公积金份额、该成员与本社的交易量（额）等。

1-5 合作社财务管理

（2）合作社应当合理分配盈余

合作社的可分配盈余（在弥补亏损、提取公积金后的当年盈余，为合作社的可分配盈余）主要按照成员与本社的交易量（额）比例返还。

（3）合作社应当进行财务审计

设立执行监事或者监事会的合作社，由执行监事或者监事会负责对本社的财务进行内部审计，审计结果应当向成员大会报告。成员大会也可以委托社会中介机构对本社的财务进行审计。

二、合作社与其他主体的异同

（一）合作社与一般企业的异同

合作社与企业均是享有民事权利，承担民事义务的独立法人，对外追求经济效益和经营效率，但显然也存在许多重大区别。

（1）组织动因不同

股份公司成立的目的是追求资本利润的最大化，而合作社是弱者的联合，其目的是提高生存的地位和市场竞争力，增强抗御自然和市场风险的能力，解决单个农民办不了、办不好、办了不合算的难题。

（2）组织目标不同

股份公司的目的是为股东资本增值服务，而合作社是对内以服务成员为宗旨，对外联合起来共同闯市场，谋求全体成员的共同利益。

（3）组织制度不同

在制度安排上，股东加入股份公司、农民加入合作社都遵循自愿的原则。但是，农民加入合作社是以两者之间发生业务往来为前提，如果成员与合作社之间不再发生业务往来，可以选择退社，并退还股金、公积金份额等，而股东一旦将资金投入股份公司后，则不可抽回股金，只能转让。

（4）治理结构不同

合作社与股份公司内部治理结构形似神不似。形式上都是全体成员（股东）大会为最高权力机构，理（董）事会为决策机构，日常管理实行理（董）事会领导下的经理负责制，合作社的理事长可以兼任经理。

但在决策上合作社与股份公司有着本质不同。合作社实行民主管理，成员地位人人平等，重大事项实行民主表决，实行一人一票制，成员各享有一票的基本表决权，出资额或与本社交易量（额）较大的成员可以按照本社章程规定，享有附加表决权，但附加表决权不能超过基本表决权总数的20%。不允许"一股独大、个人决策"。而股份公司则实行一股一票制，股份越多，说话份量越重，个人可以控股，控股股东拥有最大话语权。

(5) 分配制度不同

股份公司实行按股分红的分配制度，红利水平取决于企业的盈利水平。而合作社的可分配盈余来源于成员的贡献，至少60%及以上的可分配盈余应按照成员与合作社交易量（额）的比例进行分配。

(二) 合作社与农村集体经济组织的异同

合作社与集体经济组织均是经济组织，在管理方式、权利行使、利益分配、监督保障机制等方面有许多相似之处，但显然也存在许多重大区别。

(1) 组织边界不同

农村集体经济组织是地区性经济组织，与村民委员会所管辖范围是一致的，是按行政区域划分的，农民没有自由选择的余地。包括乡镇级集体经济组织、村级集体经济组织和组级集体经济组织。而合作社是农民自发的经济组织，实行"入社自愿、退社自由"的原则。农民可以根据自己意愿加入一个或多个合作社，也可以根据实际退出合作社，不受地域限制。

(2) 职责职能不同

农村集体经济组织主要解决社区范围内经营者需要解决的共同问题，依法代表成员集体行使所有权，充分发挥在管理集体财产、开发集体资源、发展集体经济、服务集体成员等方面作用。合作社是专业的经济组织。合作社以农产品生产或农业生产经营服务为纽带，来实现全体成员的共同经济利益，经营服务的内容具有很强的专业性。

(3) 法人特性不同

合作社是独立的市场经济主体，需要到有关部门注册登记，并凭借其登记所取得的法人身份，与其他市场经济主体平等进行业务往来并参与市场竞争。农村集体经济组织依照相关法律登记，取得特别法人资格，集体土地所有权依法不得转让，农村集体经济组织不得破产，依法出资设立或者参与设立公司、合作社等市场主体。

1-6 农村集体经济组织介绍

第二节 农民专业合作社会计概述

一、合作社会计的含义

合作社会计是指以货币为计量单位，按照一系列专门方法，连续、系统、完整、综合地对合作社的经济活动进行核算和监督的一种经济管理活动。合作社会计执行财政部颁发的《农民专业合作社会计制度》《农民专业合作社财务制度》和其他相关财务会计法规。

二、合作社会计的特点

财政部颁发的《农民专业合作社会计制度》是合作社会计工作的规范和准则，合作社要严格按照此会计制度进行会计核算。根据《中华人民共和国农民专业合作社法》和《农民专业合作社财务制度》的规定，结合相应的法律法规，合作社会计核算具有很多特点，主要体现在以下各方面。

(1)合作社会计要为每个成员设立单独成员账户

成员账户准确记载成员的出资额,量化到该成员的公积金份额以及该成员与本社的交易量(额)等。

(2)合作社会计要分别核算成员和非成员的交易

只有将合作社与成员、非成员的经济业务分别核算,才能计算各成员的交易量,为按交易量返还盈余提供依据,从而实现主要为成员服务的合作社宗旨。

(3)合作社会计核算要保护成员的合法权益

合作社会计核算要将国家财政直接补助、他人捐赠形成财产平均量化到成员的份额,当年依法提取的公积金按比例量化到每个成员,以明晰合作社与成员的财产关系,保护成员的合法权益。合作社按照章程规定或成员大会决议从当年盈余中提取公积金,可以用于弥补亏损、扩大生产经营或转为成员出资,但应当按章程规定量化到每个成员的名下,并记载在各成员账户中。

(4)合作社会计核算在计算当年可分配盈余时,要根据法律和章程的规定分别计算

一是按交易量(额)计算可返还的数额,至少不能低于可分配盈余的60%;二是按出资额、公积金份额以及接受国家财政直接补助和他人捐赠形成的财产平均量化到成员的份额,按比例计算剩余盈余可分配的数额。

(5)合作社会计核算的结果应定期向成员公开

根据法律要求,合作社的理事长或理事会按照章程规定,组织编制年度业务报告、盈余分配方案、亏损处理方案以及财务会计报告,于成员大会召开的前十五日,置备于办公地点,供成员查阅。

设立执行监事或监事会的合作社,由执行监事或监事会负责对本社的财务进行内部审计,审计结果向成员大会报告。成员大会也可以委托社会中介机构对本社的财产进行审计。

(6)退社成员财产关系处理具有特殊性

按照"入社自愿、退社自由"的原则,成员应在规定时间提出退社声明。按照法律要求,退社成员的合法权益应当得到保护,要按照章程规定的方式和期限,退还记载在该成员账户内的出资额和公积金份额,对成员资格终止前的可分配盈余,按比例返还,同时,分摊资格终止前本社的亏损与债务。对成员在其资格终止前与合作社订立的合同,合作社和退社成员双方应当继续履行,章程另有规定的除外。

第三节 农民专业合作社会计核算概述

一、合作社会计核算的基本前提和一般原则

(一)合作社会计核算的基本前提

面对变化不定、错综复杂的会计环境,要使会计核算实现其目标,就必须对其外部环境进行合理的判断,并据此作为会计核算的前提条件。只有在这个前提下,会计人员才能确定会计核算的范围和内容,确定收集、加工会计信息的方法和程序。只有这样,会计核

算才能正常地进行下去。

会计前提也叫会计假设,包括会计主体、持续经营、会计分期和货币计量等4项。

1-7 合作社会计前提

(1)会计主体

会计主体是指会计工作为其服务的特定对象。合作社会计主体就是合作社本身,这就界定了合作社会计核算范围是合作社本身的经济活动,合作社成员自身的经济活动不纳入合作社会计核算范围。

(2)持续经营

持续经营是指合作社的生产经营活动,在可预见的未来会持续进行下去,不会因清算、解散、倒闭而不复存在。

(3)会计分期

会计分期是指将合作社持续不断的经营活动人为分割为一定的期间,目的是通过会计期间的划分,据以结算账目、编制会计报表,从而及时向合作社管理者、合作社成员以及有关方面提供反映合作社经营成果和财务状况及其变动情况的会计信息,及时地满足有关各方的需要。合作社的会计期间分为年度和中期,中期是指短于一个完整的会计年度的报告期间。会计年度自公历1月1日起至12月31日止。

(4)货币计量

货币计量是指在会计核算过程中采用货币作为计量单位,记录、反映合作社的经营情况。合作社会计核算以人民币"元"为金额单位,"元"以下填至"分"。

(二)合作社会计核算的一般原则

(1)客观性原则

客观性原则又称真实性原则。合作社会计核算必须以实际发生的经济业务及证明经济业务发生的合法凭证为依据,如实反映财务状况和经营成果,做到内容真实、数字准确、资料可靠。这里包括3层涵义:第一,会计核算应当真实反映合作社的财务状况和经营成果,保证会计信息的真实性;第二,会计核算应当准确反映企业的财务情况,保证会计信息的准确性;第三,会计核算应当具有可验证性,使会计信息具有可验证性的特征。

(2)可比性原则

合作社会计核算必须符合国家的统一规定,提供相互可比的会计核算资料。这就要求合作社在选择会计处理方法时,应当选择使用国家统一规定的会计处理方法,而且前后各期会计处理方法一致,不得随意变更;在编制财务报告时,应当按照国家统一规定的会计指标编报,以便不同的合作社之间的会计信息相互可比。

(3)一贯性原则

合作社采用的会计程序和会计处理方法前后各期必须一致,要求合作社在一般情况下不得随意变更会计程序和会计处理方法,以利于提高会计信息的使用价值,防范和制约通过会计程序和会计处理方法的变更,在会计核算上弄虚作假,粉饰会计报表。

(4)相关性原则

相关性原则又称有用性原则。合作社会计核算信息必须符合国家有关方面管理和协调的需要，满足合作社管理层了解合作社财务状况和经营成果、加强经营管理的需要，满足成员了解、掌握和监督合作社经营管理的需要。这就要求合作社会计在收集、加工、处理、传递会计信息的过程中，需要考虑会计报表的使用者对会计信息的不同需要的特点，确保满足合作社内外有关各方对会计信息的相关需要。

（5）明晰性原则

合作社会计记录和会计信息必须清晰、简明，便于理解和使用。这就要求合作社会计核算所提供的信息简明、易懂，能简洁明了地反映合作社的财务状况和经营成果，便于人们特别是合作社成员理解和掌握。

（6）及时性原则

合作社会计核算应当及时进行，不得提前或延后。这就要求会计核算讲求实效，及时收集会计信息，及时处理会计信息，及时传递会计信息，以利于合作社管理层及时正确决策和成员及时监督合作社正确运行。

（7）权责发生制原则

合作社收入、费用的确认应当以收入和费用的实际发生作为确认的计量标准。凡当期已经实现的收入和已经发生的费用，不论款项是否收付，都应作为当期的收入和费用处理；反之，即使款项已在当期收付，都不应该作为当期的收入和费用。权责发生制与收付实现制是相对称的一个概念，其核心是根据权责关系的应收应付来确认收入和费用，以更准确地反映特定会计期间真实的财务状况及经营成果。《农民专业合作社财务会计制度》要求合作社会计核算采用权责制，但同时强调合作社应当于产品物资已经发出，服务已经提供，同时收讫价款或取得收取价款的凭证时，才确认经营收入的实现。

（8）配比原则

合作社收入与其相关的成本、费用应当相互配比。它要求一个会计期间内的各项收入与其相关联的成本、费用，应当在同一会计期间内予以确认、计量。也就是说，合作社要根据一定期间收入与费用之间存在的因果关系，对本期的收入和费用进行确认与计量。配比原则包括两层意思：一是收入和费用在因果关系上的配比；二是收入和费用在时间上的配比。

（9）历史成本原则

合作社的各种资产应当按其取得或发生时的实际成本进行核算。所谓历史成本，就是取得或制造某项财产物资时所实际支付的现金及其他等价物。之所以采用历史成本进行核算，一是历史成本是实际发生的，具有客观性；二是历史成本数据的取得比较容易。这就要求合作社对资产、负债和所有者权益等所有项目的计量，都应当基于实际交易价格或成本，而不考虑随后市场价格变动的影响。

（10）划分收益性支出与资本性支出原则

合作社会计核算应当严格区分收益性支出与资本性支出的界限，以正确地计算合作社当期损益。

所谓收益性支出是指该项支出的发生是为了取得本期收益，或者说仅仅是与本期收益有关；所谓资本性支出是指该项支出的发生不仅与本期收益的取得有关，而且与其他会计期间的收入取得有关，甚至主要是为以后各会计期间的收入取得所发生的支出。这就要求合作社应将收益性支出全部计入当期损益,而将资本性支出列入资产负债表,作为资产反映,以真实地反映合作社的财务状况。

(11)谨慎性原则

谨慎性原则又称稳健性原则。针对经济活动中的不确定性因素要求合作社在会计处理上应当保持谨慎小心的态度。这要求会计人员在处理这些经济业务或会计事项时,能充分估计可能发生的风险,尽量少计或不计可能发生的收益,使会计报表使用者、决策者提高警惕,以应对纷繁复杂的外部经济环境的变化,把风险损失缩小或限制在极小的范围内。这个原则应当体现于会计核算的全过程。

(12)重要性原则

合作社会计核算中对经济业务或者会计事项应区别其重要程度,采用不同的会计处理方法和程序。这就要求那些相对重要的经济业务或会计事项,应分别核算,分期反映,力求准确,并在会计报表中作重点说明。

二、合作社会计要素

会计要素是按经济特征对会计对象进行的基本分类,是设定会计报表结构和内容的依据,也是进行会计确认和计量的依据。因此,对会计要素加以严格定义,就能为会计核算奠定坚实的基础。

合作社会计要素是对合作社会计对象的具体分类,合作社的会计对象是合作社内部凡能够用货币表现的全部经济活动,包括合作社股金的募集、流动资金的筹措、设备和工具添置或处置、原材料采购、产品生产和销售、各种往来账款、经营的收益核算及分配过程等。

合作社会计要素可划分为资产、负债、所有者权益、收入、费用、盈余6个要素。这6个要素可以划分两类,即反映某一时点财务状况的资产、负债、所有者权益三要素;反映某一期间经营成果的收入、费用、盈余三要素。资产、负债和所有者权益是资产负债表的构成要素,体现的是经营过程中形成的产权关系;收入、费用和盈余是盈余分配表的构成要素,体现的是经营过程中发生的财务关系。

(一)资产

合作社的资产是指合作社过去的交易或者事项形成的、由合作社拥有或者控制的、预期会给合作社带来经济利益的资源。它具有如下特点:

(1)资产是合作社过去的交易或事项形成的

具体地说,它是合作社过去购置、自建或者融资租赁和接受他人捐赠形成的资产。这就是说,作为合作社资产,必须是现在就拥有的,而不是以后时间可能取得的资产,它是合作社过去已经发生的交易或事项所产生的结果。而预期在未来发生的交易或事项不形成资产,例如,计划购入的机器设备等。

1-8 合作社资产

(2)资产是由合作社拥有或控制的

合作社拥有资产,就能够对这些资产进行支配和使用,并从中获得经济利益;有些资产虽然不为合作社所拥有,但能够被合作社所控制,而且同样能够从中获取经济利益,所以也可以作为合作社资产(如融资性租入固定资产)。而合作社没有买下使用权的矿藏、工厂周围的资源,都不能作为合作社的资产确认。

(3)资产能够给合作社带来经济利益

例如,货币资金可以用于购买所需要的商品或用于利润分配;厂房机器、原材料等可以用于制造商品或提供劳务,出售后回收货款,货款即为合作社所获得的经济利益。不能带来经济利益的资源不能确认为资产,例如,合作社办公楼前水池(塘)内的水,虽然为合作社所控制,但它不投入生产经营过程,不能给合作社带来收益,所以就不应确认为合作社资产。

(二)负债

合作社的负债是指合作社过去的交易或者事项形成的、预期会导致经济利益流出合作社的现时义务。负债具有如下特点。

(1)负债是合作社过去的交易或事项形成的

具体说,它是合作社过去因购置设备、筹集流动资金或开展生产经营活动,向银行或其他组织、个人借入的货币资金;或者是因购入商品未支付货款、接受他人劳务未支付报酬、聘用人员未支付工资以及接受他人委托销售商品后未结算货款等事项。

1-9 合作社负债

(2)负债是合作社需要偿还的现时义务

负债是由合作社在当前实实在在所需要偿还的欠债。未来发生的交易或经济业务导致的偿还义务,不应当确认为合作社的负债。例如,合作社赊购产品物资形成当前应付销货方的货款,向银行贷入款项形成当前承担应偿还银行借款责任,这些均属于合作社承担的偿还责任,需要依法予以偿还。而合作社赊购货物的谈判和计划中的银行借款,不会形成合作社债务。

(3)为了偿还债务,与该义务有关的经济利益会流出合作社

一般来说,合作社履行偿还义务时,伴随着的是合作社的经济利益流出,例如,支付现金、提供劳务、转让其他财产等都是使合作社经济利益流出。当然,流出的经济利益的金额能够可靠计量。

合作社的负债按照流动性可分为流动负债和非流动负债。流动负债是指偿还期在1年以内(含1年)的债务,包括短期借款、应付款项、应付工资、应付劳务费、应交税费、应付利息、应付盈余返还、应付剩余盈余等。非流动负债是指偿还期在1年以上的债务,包括长期借款、专项应付款等。

其中,合作社的应付款项包括与成员和非成员之间发生的各项应付及暂收款项。合作社的应付工资是指合作社为获得管理人员、固定员工等职工提供的服务而应付给职工的各种形式的报酬以及其他相关支出。合作社的应付劳务费是指合作社为获得季节性用工等临时性工作人员提供的服务而应支付的各种形式的报酬以及其他相关支出。

1-10 合作社所有者权益

(三)所有者权益

合作社的所有者权益是指合作社资产扣除负债后由成员享有的剩余权益。

合作社所有者权益按照形成来源，可以分为股金、专项基金、资本公积、盈余公积、未分配盈余等。

所有者权益相对于负债而言，具有以下特点：

(1) 合作社的所有者权益不需要偿还

它不像负债那样需要偿还，除非发生减值、清算，否则这种权益就是归属合作社所有者的。

(2) 合作社所有者权益求偿权次于负债

合作社清算时，负债需要优先清偿，而所有者权益只有在清偿完所有的负债之后才能归属于所有者。

(3) 合作社所有者权益能够分享盈余

所有者权益在性质上体现为所有者对合作社资产的剩余收益，在数量上体现为资产减去负债后的余额。负债则不能参与盈余分配。

(四) 收入

合作社的收入是指合作社在日常活动中形成的、会导致所有者权益增加的、与成员投入资本无关的经济利益的总流入。确认收入应当具备以下条件。

1-11 合作社收入

(1) 由合作社在日常活动中形成的

这里的日常活动应理解为合作社为完成其经营目标所从事的经常性活动以及与之相关的活动。例如，养鸭合作社出售商品鸭所产生的收益，柑橘合作社接受橘农委托销售成员的柑橘时，按合同约定收取的佣金，以及合作社在银行的存款所产生的利息，或者因购买股票、国债等取得的收益，都是合作社的收入。但对于一些不是合作社日常活动产生的经济利益流入，例如，国家财政补助资金、他人捐赠资金等，就不能确认为合作社收入。

(2) 能够可靠计量的经济利益流入

这里的经济利益是指货币资金或最终能转让为货币资金的非现金资产。只有在经济利益很可能流入，从而导致合作社的资产增加或者负债减少，并且是能够可靠计量时才能确认为收入。不能带来经济利益流入的货币资金或非货币资金资产，例如，为第三方或客户代收的款项，虽然暂时增加了合作社的资产，但到时要归还他人的，不能确认为合作社的收入。另外，合作社如果有良好的声誉(商誉)，无疑会为合作社带来经济利益，但往往因其难以计量，所以也不能确认为收入。

(五) 费用

合作社的费用是指合作社在日常活动中发生的、会导致所有者权益减少的、与向成员分配盈余无关的经济利益的总流出。确认费用应当具备以下条件。

(1) 合作社在日常活动中发生的

合作社在销售商品、提供劳务等日常活动中所发生的费用，可划分为合作社为生产产品、提供劳务等发生的费用，应计入生产成本，包括直接材料费用、直接人工费用、其他直接费用和间接费用等；不应计入成本而直接计入当期损益的相关费用，包括管理费用、财务费用和其他直接支出等，计入产品成

1-12 合作社费用

本、劳务成本等费用，应当在确认产品销售收入、劳务收入等时将已销售产品、已提供劳务的成本计入当期损益。

（2）能够可靠计量的经济利益流出

费用与收入相反，收入是经济利益流入合作社形成的，会增加合作社的资产或减少合作社的负债；而费用则是合作社利益的流出，会减少合作社的资产或增加合作社的负债，其实质就是一种资产流出，最终导致减少合作社资源。费用只有在经济利益很可能流出从而导致合作社资产减少或负债增加，而且是能够可靠计量时才能予以确认。

（六）盈余

合作社的盈余是指合作社在一定会计期间的经营成果。

合作社应当按照税法有关规定计算的当期应纳税额，确认所得税费用。合作社应当在盈余总额的基础上，按照税法有关规定进行纳税调整，计算出当期应纳税所得额，按照应纳税所得额与适用所得税税率为基础计算确定当期应纳税额。

1-13 合作社盈余

（七）六要素平衡关系

综上可知，资金运动在静态情况下，资产、负债及所有者权益3个要素之间存在平衡关系。资产主要来源于两部分：向外部借的债，即负债（债权人权益）；投资人的投入及其增值部分，即所有者权益。由此可见，资产与权益是相互依存的，有一定数额的资产，必然有相应数额的权益；反之亦然。由此可以推出：

$$资产=权益$$

$$资产=负债+所有者权益 \qquad (1-1)$$

同时，资金运动在动态情况下，其循环周转过程中发生的收入、费用和盈余，也存在着平衡关系，其平衡公式如下：

$$收入-费用=盈余（或亏损） \qquad (1-2)$$

上述分析可以看出，式（1-1）反映的是资金在某一个时点的情况；而式（1-2）反映的是资金在某一个时期的情况，资产加以运用取得收入后，资产便转化为费用，收入减去费用后即为盈余，该盈余又形成了所有者权益。因此，不管六大要素如何相互转变，最终均要回到"资产=负债+所有者权益"。

三、合作社会计核算的方法

（一）方法体系

会计方法是达到会计目标、实现会计工作职能的手段。广义上说，会计方法包括会计核算方法、会计分析方法和会计检查方法，加上管理会计的预测决策方法，构成现代会计方法体系。其中，会计核算方法是最基本、最主要的方法，是会计分析、会计检查和管理会计预测决策方法的基础。

会计核算方法是对会计要素对象进行连续、系统、全面的核算和监督所应用的方法。主要包括以下7种专门方法：设置会计科目及账户、复式借贷记账法、审核和填制会计凭证、登记会计账簿、成本计算、财产清查、编制财务报表。这7种方法相互联系共同组成会计核算的方法体系。

1. 设置会计科目及账户

设置会计科目及账户是对会计对象具体内容进行的分类、反映和监督方法。会计对象包含的内容纷繁复杂，设置会计科目及账户是根据会计对象具体内容的不同特点和经济管理的不同要求，选择一定的标准进行分类，并事先规定分类核算项目，在账簿中开设相应的账户，以取得所需要的核算指标。正确、科学地设置会计科目及账户，细化会计对象，提供会计核算的具体内容，是满足经营管理需要，完成会计核算任务的基础。

2. 复式借贷记账法

复式借贷记账法是指对每一项经济业务都要在两个或两个以上的相互联系的账户中进行登记的一种方法。复式借贷记账法一方面能全面地、系统地反映经济业务引起资金运动增减变化的来龙去脉；另一方面通过账户之间的一种平衡关系，检查会计记录的正确性。例如，玉丰合作社 20×4 年用银行存款 6 000 元购买材料，采用复式记账法就要同时在"产品物资"账户和"银行存款"账户分别反映材料增加了 6 000 元，银行存款减少了 6 000 元。这样能在账户中全面核算并监督会计对象。

复式借贷记账法的基本内容是用"借"和"贷"作为记账符号，并以"有借必有贷，借贷必相等"作为记账规则。在合作社使用的会计账户中，资产类账户"借"方表示增加，"贷"方表示减少；负债及所有者权益类账户"借"方表示减少，"贷"方表示增加；成本类账户中的经营支出、管理费用、其他支出用"借"方表示增加，"贷"方表示减少；损益类账户中的经营收入、其他收入、投资收益用"借"方表示减少，"贷"方表示增加。特别指出的是，这里的"借"和"贷"仅仅是一个符号，没有了通常汉语中的意义。

3. 审核和填制会计凭证

合作社发生的任何会计事项必须取得原始凭证，证明其经济业务的发生或完成。送交合作社会计的原始凭证必须是合法的、符合合作社成员大会表决通过的财务会计制度要求程序的，其内容是真实可靠的。合作社会计还要依据职责对送交的原始凭证进行复核，核查其填制内容是否完备、手续是否齐全、业务的发生是否合理合法等，在审核无误后，才能编制记账凭证。记账凭证是记账的依据，原始凭证和记账凭证统称为会计凭证。审核和填制会计凭证是会计核算的一种专门方法，它能保证会计记录的完整、可靠，提高会计核算质量。

4. 登记会计账簿

账簿是具有一定格式，用来记账的簿籍。登记账簿是会计核算的主要方法，是根据会计凭证，采用复式借贷记账法，把经济业务分门别类、内容连续地在有关账簿中进行登记的方法。借助于账簿，就能将分散的经济业务进行分类汇总，系统地提供每一类经济活动的完整资料，了解一类或全部经济活动发展变化的全过程，更加适应经济管理的需要。账簿记录的各种数据资料，也是编制财务报表的重要依据。

5. 成本计算

成本计算是按照一定对象归集和分配生产经营过程中发生的各种费用，以便确定各对象的总成本和单位成本的一种专门方法。例如，养猪合作社要计算生猪的饲养成本，就要把合作社进行生猪饲养过程中所耗用的饲料、疫病防治、猪舍用水电、饲养人员工资，以及发生的其他费用加以归集，并计算生猪饲养的总成本和单位成本。成本是综合反映合作社生产经营活动的一项重要指标。考虑到我国农民专业合作社尚处在初级阶段，为了简化核算，暂时一般不要求详细计算各项产品的成本，而是按产品类别计算。

6. 财产清查

财产清查是通过对各项财产物资、货币资金进行实物盘点，对往来款项进行核对，以查明实存数同账存数是否相符的一种专门方法。财产清查中发现有财产、资金账面数额与实存数额不符的情况，如果是登记错误，应该及时调整账簿记录，使账存数与实存数一致；如果不是，则应立即查明账实不符的原因，明确责任，挽回损失。通过财产清查，可以查明各项财产物资、债权债务、所有者权益的情况，促进合作社管理者加强物资管理，保证财产的完整，并为编制会计报表提供真实、准确的资料。

7. 编制财务报表

财务报表是对合作社财务状况、经营成果等的结构性表述，包括会计报表及其附注。

编制会计报表是根据账簿记录的数据资料，采用一定的表格形式，概括、综合地反映各单位在一定时期内经济活动过程和结果的一种方法。编制会计报表是对日常核算工作的总结，是在账簿记录基础上对会计核算资料的进一步加工整理。

会计报表是反映合作社某一特定日期财务状况和某一会计期间经营成果的书面报告。合作社应按照规定准确、及时、完整地编制会计报表，向登记机关、农村经营管理部门和有关单位报送，并按时置备于办公地点，供成员查阅。会计报表是进行会计分析、会计检查的重要依据。

上述会计核算的方法是相互联系、密切配合，构成了一个完整核算方法体系。这些方法相互配合运用的程序是：第一，经济业务发生后，审核和填制会计凭证；第二，按会计科目对经济业务进行分类核算，并运用复式借贷记账法在有关会计账簿中进行登记；第三，对生产经营过程中各种费用进行成本计算；第四，对账簿记录通过财产清查加以核实，保证账实相符；第五，期末，根据账簿记录资料和其他资料，进行必要的加工计算，编制会计报表。它们之间的联系如图1-1所示。

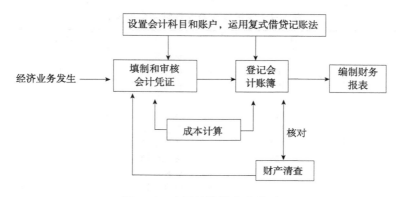

图1-1　会计核算的方法体系

(二) 会计科目

会计科目可以按其经济内容进行分类，将性质和用途基本相近的科目归并为更大的类别。就合作社而言,可以将会计科目划分为5类:即资产类、负债类、所有者权益类、成本类、损益类。

(1)资产类科目

资产类科目是用以核算和监督各种资产增减变动的会计科目。主要有库存现金、银行存款、产品物资、固定资产等。

(2)负债类科目

负债类科目是用以核算和监督各种流动负债和长期负债增减变动的会计科目。主要有短期借款、应付款、长期借款等。

(3)所有者权益类科目

所有者权益类科目是用以核算和监督各种所有者权益增减变动的会计科目。主要有股金、专项基金、资本公积、盈余公积、本年盈余、盈余分配等。

(4)成本类科目

成本类科目是用以核算和监督各种生产成本和劳务费用增减变动的会计科目。主要有生产成本科目等。

(5)损益类科目

损益类科目是用以核算和监督生产经营过程中的收益(包括收入、利得等)和费用(包括营业成本、期间费用和损失等),计算确定损益的会计科目。主要有经营收入、经营支出、投资收益等。

会计科目按其提供核算指标的详细程度,可分为总账科目(又称一级科目)和明细科目(又称细目),有时在总账科目和明细科目之间还有二级科目(又称子目)。为使基层单位提供的会计资料口径一致,便于逐级汇总和分析利用,总账科目由财政等部门统一规定。明细科目一般由各单位根据需要自行确定。

根据财政部统一规定,合作社共设置48个一级科目,其中资产类22个,负债类10个,所有者权益类6个,成本类1个,损益类9个(表1-1)。对明细科目,除表1-1已有规定外,合作社可根据需要自行设置。

表1-1 农民专业合作社常用会计科目

序号	科目编号	科目名称
		一、资产类
1	101	库存现金
2	102	银行存款
3	113	应收款
4	114	成员往来
5	121	产品物资
6	124	委托加工物资
7	125	委托代销商品
8	127	受托代购商品
9	128	受托代销商品
10	131	对外投资
11	141	消耗性生物资产
12	142	生产性生物资产
13	143	生产性生物资产累计折旧

(续)

序号	科目编号	科目名称
14	144	公益性生物资产
15	151	固定资产
16	152	累计折旧
17	153	在建工程
18	154	固定资产清理
19	161	无形资产
20	162	累计摊销
21	171	长期待摊费用
22	181	待处理财产损溢
		二、负债类
23	201	短期借款
24	211	应付款
25	212	应付工资
26	213	应付劳务费
27	214	应交税费
28	215	应付利息
29	221	应付盈余返还
30	222	应付剩余盈余
31	231	长期借款
32	235	专项应付款
		三、所有者权益类
33	301	股金
34	311	专项基金
35	321	资本公积
36	322	盈余公积
37	331	本年盈余
38	332	盈余分配
		四、成本类
39	401	生产成本
		五、损益类
40	501	经营收入
41	502	其他收入
42	511	投资收益
43	521	经营支出
44	522	税金及附加
45	523	管理费用
46	524	财务费用
47	529	其他支出
48	531	所得税费用

注：合作社在经营中涉及使用外埠存款、银行汇票存款、银行本票存款、信用卡存款、信用证保证金存款、尚未转入银行存款的支付宝或微信收付款等第三方支付平台账户余额等各种其他货币资金的，可增设"其他货币资金"科目（科目编号109）；合作社在经营中大量使用包装物，需要单独对其进行核算的，可增设"包装物"科目（科目编号122）。

(三)会计账簿

会计账簿是指由一定格式账页组成的,以经过审核的会计凭证为依据,全面系统连续地记录各项经济业务的账簿。在形式上,会计账簿是若干账页的组合;在实质上,会计账簿是会计信息形成的重要环节,是会计资料的主要载体之一,也是会计资料的重要组成部分。

1. 会计账簿的分类

合作社会计账簿的分类,与其他市场主体相同,也可以按以下方式进行分类。鉴于相应的格式的会计账簿合作社可以通过购入账簿以后了解,在此简述。

(1)会计账簿按用途分类

会计账簿按其用途不同,可分为序时账簿、分类账簿和备查账簿。

序时账簿是按经济业务发生和完成时间的先后顺序进行登记的账簿。例如,合作社可以设置现金日记账和银行存款日记账。

分类账簿是对全部经济业务按照会计要素的具体类别而设置的分类账户进行分类登记的账簿。例如,合作社可以设置产品物资分类账。

备查账簿(又称备查账)是对某些未能在序时账簿和分类账簿等主要账簿中进行登记,或者登记不够详细的经济业务事项,进行补充登记时使用的账簿,又称辅助账簿。例如,合作社租入固定资产登记簿、股票股利登记簿等。

(2)会计账簿按外形特征分类

会计账簿按其外形特征不同,可以分为订本式账簿、活页式账簿和卡片式账簿。

订本式账簿,也称订本账,是指在账簿启用前就把具有账户基本结构并连续编号的若干张账页固定地装订成册的账簿。

活页式账簿,也称活页账,是指年度内账页不固定装订成册,而是将其放置在活页账夹中的账簿。当账簿登记完毕之后(通常是一个会计年度结束之后),才能将账页予以装订,加具封面,并给各账页连续编号。

卡片式账簿,又称卡片账,是指由许多具有一定格式的卡片组成,存放在一定卡片箱内的账簿。

(3)会计账簿按账页格式分类

会计账簿按其账页格式不同,可以分为两栏式账簿、三栏式账簿、多栏式账簿、数量金额式账簿和横线登记式账簿。

两栏式账簿是指只有借方和贷方两个基本金额栏目的账簿。普通日记账一般采用两栏式。

三栏式账簿是指其账页的格式主要部分为借方、贷方和余额三栏或者收入、支出和余额三栏的账簿。

多栏式账簿是指根据经济业务的内容和管理的需要,在账页的"借方"和"贷方"栏内分别按明细科目或某明细科目的各明细项目设置若干专栏的账簿。这种账簿可以按"借方"和"贷方"分别设专栏,也可以只设"借方"专栏,"贷方"的内容在相应的借方专栏内用红字登记,表示冲减。收入、费用明细账一般均采用这种格式的账簿。

数量金额式账簿是指在账页中分设"借方""贷方"和"余额"或者"收入""发出"和"结存"三大栏,并在每一大栏内分设数量、单价和金额等三小栏的账簿。数量金额式账簿能够反映出财产物资的实物数量和价值量。产品物资和"受托代购商品""受托代销商品""委托代销商品"等明细账一般采用数量金额式账簿。

横线登记式账簿是指账页分为借方和贷方两个基本栏目,每一个栏目再根据需要,分设若干栏次,在账页两方的同一行,记录某一经济业务所有事项的账簿。它主要适用于需要逐笔结算的经济业务的明细账,例如,应收账款等明细账。

2. 错账更正方法

登记会计账簿是一项很细致的工作。在记账工作中,可能由于种种原因会使账簿记录发生错误,有的是填制凭证和记账时发生的单纯笔误;有的是写错了会计科目、金额等;有的是合计时计算错误;有的是过账错误。登记账簿中发生的差错,一经查出就应立即更正。对于账簿记录错误,不准涂改、挖补、刮擦或者用药水消除字迹,不准重新抄写,而必须根据错误的具体情况和性质,采用规范的方法予以更正。错账更正方法通常有划线更正法、红字更正法和补充登记法等。

(1)划线更正法

记账凭证填制正确,在记账或结账过程中发现账簿记录中文字或数字有错误,应采用划线更正法。具体做法是:先在错误的文字或数字上划一条红线,表示注销,划线时必须使原有字迹仍可辨认;然后将正确的文字或数字用蓝字写在划线处的上方,并由记账人员在更正处盖章,以明确责任。对于文字的错误,可以只划去错误的部分,并更正错误的部分,对于错误的数字,应当全部划红线更正,不能只更正其中的个别错误数字。例如,把"3 457"元误记为"8 457"元时,应将错误数字"8 457"全部用红线注销后,再写上正确的数字"3 457",而不是只删改一个"8"字。如果记账凭证中的文字或数字发生错误,在尚未过账前,也可用划线更正法更正。

(2)红字更正法

在记账以后,如果发现记账凭证中应借、应贷会计科目或金额发生错误时,可以用红字更正法进行更正。具体做法是:先用红字金额,填写一张与错误记账凭证内容完全相同的记账凭证,且在摘要栏注明"更正某月某日第×号凭证",并据以用红字金额登记入账,以冲销账簿中原有的错误记录,然后再用蓝字重新填制一张正确的记账凭证,登记入账。这样,原来的错误记录便得以更正。

红字更正法一般适用于以下两种情况错账的更正:

一是记账后,如果发现记账凭证中的应借、应贷会计科目有错误,可以用红字更正法予以更正。

【例1-1】20×4年,玉丰合作社购入价值2 000元产品一批。

①填制记账凭证时,误将借方科目写成"固定资产",并已登记入账。

合作社借方科目登记错误,其会计分录为:

借:固定资产   2 000
  贷:银行存款   2 000

②发现错误后,用红字填制一张与原错误记账凭证内容完全相同的记账凭证。

合作社红字填制,其会计分录为:

借:固定资产　　　　　　　　　　　　　　　　　　　2 000

　　贷:银行存款　　　　　　　　　　　　　　　　　　　　2 000

合作社用蓝字填制一张正确的记账凭证,其会计分录为:

借:产品物资　　　　　　　　　　　　　　　　　　　2 000

　　贷:银行存款　　　　　　　　　　　　　　　　　　　　2 000

二是记账后,如果发现记账凭证和账簿记录中应借、应贷会计账户没有错误,只是所记金额大于应记金额。对于这种账簿记录的错误,更正的方法是:将多记的金额用红字填制一张与原错误记账凭证会计科目相同的记账凭证,并在摘要栏注明"更正某月某日第×号凭证",并据以登记入账,以冲销多记的金额,使错账得以更正。

【例1-2】接[例1-1]假设在编制记账凭证时应借、应贷会计账户没有错误,只是金额由2 000元写成了20 000元,并且已登记入账。

①填制记账凭证时,将借贷方金额误记为20 000元,并已登记入账。

合作社金额登记错误,其会计分录为:

借:产品物资　　　　　　　　　　　　　　　　　　　20 000

　　贷:银行存款　　　　　　　　　　　　　　　　　　　　20 000

②发现错误后,用红字更正法编制一张记账凭证将多记的金额18 000元用红字冲销即可。

合作社红字冲销,其会计分录为:

借:产品物资　　　　　　　　　　　　　　　　　　　18 000

　　贷:银行存款　　　　　　　　　　　　　　　　　　　　18 000

(3)补充登记法

在记账之后,如果发现记账凭证中应借、应贷会计账户没有错误,但所记金额小于应记金额,造成账簿中所记金额也小于应记金额,这种错账应采用补充登记法进行更正。更正的方法是:将少记金额用蓝笔填制一张与原错误记账凭证会计科目相同的记账凭证,并在摘要栏内注明"补记某月某日第×号凭证"并予以登错误记账凭证为记入账,补足原少记金额,使错账得以更正。

【例1-3】接[例1-1]假设在编制记账凭证时应借、应贷账户没有错误,只是金额由2 000元写成了200元,并且已登记入账。

①填制记账凭证时,将借贷方金额误记为200元,并已登记入账。

合作社金额登记错误,其会计分录为:

借:产品物资　　　　　　　　　　　　　　　　　　　200

　　贷:银行存款　　　　　　　　　　　　　　　　　　　　200

②发现错误后,用补充登记法编制一张记账凭证将少记的金额1 800元补足便可。

合作社补足登记金额,其会计分录为:

借：产品物资　　　　　　　　　　　　　　　　　　　　　　　　1 800
　　贷：银行存款　　　　　　　　　　　　　　　　　　　　　　　　1 800

错账更正的 3 种方法红字更正法和补充登记法都是用来更正因记账凭证错误而产生的记账错误，如果非因记账凭证的差错而产生的记账错误，只能用划线更正法更正。

以上 3 种方法为对当年内发现填写记账凭证或者登记账错误而采用的更正方法。如果发现以前年度记账凭证中有错误（指会计科目和金额）并导致账簿登记出现差错，应当用蓝字或黑字填制一张更正的记账凭证。因错误的账簿记录已经在以前会计年度终了进行结账或决算，不可能将已经决算的数字进行红字冲销，只能用蓝字或黑字凭证对除文字外的一切错误进行更正，并在更正凭证上特别注明"更正××年度错账"的字样。

3. 对账

登记会计账簿作为会计核算的方法之一，它除了包括记账外，还包括对账和结账两项工作。

对账就是核对账目，是保证会计账簿记录质量的重要程序。在会计工作中，由于种种原因，难免会发生记账、计算等差错，也难免会出现账实不符的现象。为了保证各账簿记录和会计报表的真实、完整和正确，如实地反映和监督经济活动，各单位必须做好对账工作。对账的主要内容如下。

（1）账证核对

账证核对是指将会计账簿记录与会计凭证包括记账凭证和原始凭证有关内容进行核对。由于会计账簿是根据会计凭证登记的，两者之间存在勾稽关系，因此，通过账证核对，可以检查、验证会计账簿记录与会计凭证的内容是否正确无误，以保证账证相符。合作社财务人员应当定期将会计账簿记录与其相应的会计凭证记录（包括时间、编号、内容、金额、记录方向等）逐项核对，检查是否一致。如有不符之处，应当及时查明原因，予以更正。保证账证相符，是会计核算的基本要求之一，也是账账相符、账实相符和账表相符的基础。

（2）账账核对

账账核对是指将各种会计账簿之间相对应的记录进行核对。由于会计账簿之间相对应的记录存在着内在联系，因此，通过账账相对，可以检查、验证会计账簿记录的正确性，以便及时发现错账，予以更正，保证账账相符。合作社账账核对的内容主要包括：

①总分类账各账户借方余额合计数与贷方余额合计数核对相符。

②总分类账各账户余额与其所属明细分类账各账户余额之和核对相符。

③现金日记账和银行存款日记账的余额与总分类账中"库存现金"和"银行存款"账户余额核对相符。

④合作社会计部门记录的财产物资的明细分类账余额与财产物资保管或使用部门登记的明细账核对相符。

（3）账实核对

账实核对是在账账核对的基础上，将各种财产物资的账面余额与实存数额进行核对。由于实物的增减变化、款项的收付都要在有关账簿中如实反映，因此，通过会计账簿记录与实物、款项的实有数进行核对，可以检查、验证款项、实物会计账簿记录的正确性，以便于及时发现财产物资和货币资金管理中存在的问题，查明原因，分清责任，改善管理，保证账实相符。合作社账实核对的主要内容包括：

①现金日记账账面余额与现金实际库存数核对相符。

②银行存款日记账账面余额与开户银行对账单核对相符。

③各种材料、物资明细分类账账面余额与实存数核对相符。

④各种债权债务明细账账面余额与有关债权、债务单位或个人的账面记录核对相符。

4. 结账

结账是在把一定时期内发生的全部经济业务登记入账的基础上，按规定的方法将各种账簿的记录进行小结，计算并记录本期发生额和期末余额。

为了正确反映一定时期内在账簿中已经记录的经济业务，总结有关经济活动和财务状况，为编制会计报表提供资料，各单位应在会计期末进行结账。会计期间一般按日历时间划分为年、季、月，结账于各会计期末进行，所以分为月结、季结、年结。

(四) 会计档案

合作社所使用的各种会计凭证和会计账簿等会计档案的内容和格式，应符合2024年修改后实施的《中华人民共和国会计法》、2019年修订的《会计基础工作规范》和2016年修订的《会计档案管理办法》等规定。合作社要加强对会计档案的管理。建立会计档案室(柜)，实行统一管理，专人负责，做到完整无缺、存放有序、方便查找。各类会计档案严格按照表1-2的保管期限进行保管。

1-14 合作社会计档案

表1-2　企业和其他组织会计档案保管期限表

序号	档案名称	保管期限(年)	备注
一、	会计凭证		
1	原始凭证	30	
2	记账凭证	30	
二、	会计账簿		
3	总账	30	
4	明细账	30	
5	日记账	30	
6	固定资产卡片		固定资产报废清理后保管5年
7	其他辅助性账簿	30	
三、	财务会计报告		
8	月度、季度、半年度财务会计报告	10	
9	年度财务会计报告	永久	
四、	其他会计资料		
10	银行存款余额调节表	10	

(续)

序号	档案名称	保管期限(年)	备注
11	银行对账单	10	
12	纳税申报表	10	
13	会计档案移交清册	30	
14	会计档案保管清册	永久	
15	会计档案销毁清册	永久	
16	会计档案鉴定意见书	永久	

学习巩固

【思考题】

1. 简述合作社会计目标。
2. 简述合作社会计的特点主要体现在哪些方面。
3. 简述合作社资产要素的特点。
4. 简述合作社会计信息质量要求内容。

【技能题】

第一章答案

一、单选题

1. 合作社的宗旨是（　　）。
   A. 服务成员　　　　　　　　B. 盈利
   C. 竞争　　　　　　　　　　D. 股东收益最大化
2. 以下哪个是合作社资产（　　）。
   A. 应收款项　　B. 应付款项　　C. 税金及附加　　D. 股金
3. "生产成本"科目是属于常用科目表中的（　　）。
   A. 资产类　　　B. 负债类　　　C. 费用类　　　　D. 成本类
4. "消耗性生物资产"属于（　　）。
   A. 流动资产　　B. 长期资产　　C. 成本　　　　　D. 费用
5. 根据财政部统一规定，合作社共设置（　　）个一级科目。
   A. 42　　　　　B. 48　　　　　C. 38　　　　　　D. 36
6. 会计报表是反映合作社（　　）的书面报告。
   A. 某一特定日期财务状况
   B. 某一会计期间经营成果
   C. 某一特定日期财务状况和某一会计期间经营成果
   D. 一定时期内的财务状况

二、多选题

1. 以下哪些是设立合作社应当具备的条件（　　）。

A. 有五名以上符合法律规定的成员
B. 有符合法律规定的章程和符合法律规定的组织机构
C. 有符合法律、行政法规规定的名称和章程确定的场所
D. 有符合章程规定的成员出资

2. 以下哪些法律制度是合作社会计依据和参考的(　　)。
A.《农民专业合作社会计制度》
B.《农民专业合作社财务制度》
C.《中华人民共和国农民专业合作社法》
D.《农民专业合作社财务会计制度》

3. 以下哪些是合作社的会计要素(　　)。
A. 资产　　　　B. 负债　　　　C. 成本　　　　D. 盈余

4. 以下哪些属于合作社的费用要素(　　)。
A. 所得税费用　B. 税金及附加　C. 应交税费　　D. 财务费用

5. 农民专业合作社的会计科目按照经济内容分类可分为(　　)。
A. 资产类　　　B. 负债类　　　C. 所有者权益类　D. 成本类和损益类

6. 以下哪些是合作社会计的一般原则(　　)。
A. 客观性原则　B. 及时性原则　C. 权责发生制原则　D. 谨慎性原则

三、判断题

1. 合作社与一般企业都是工商注册，二者没什么区别。(　　)
2. 合作社可以用成员清册代替成员账户。(　　)
3. 合作社会计要将成员和非成员的交易分别核算。(　　)
4. 合作社的经营收益计算公式是：经营收益=经营收入+投资收益-经营支出-管理费用。(　　)
5. 合作社的"应付工资"科目核算合作社应支付的成员工资和临时聘用的非成员劳务。(　　)
6. 国家对合作社实行税费减免，不会有税费相关业务，不必设置"应交税费"科目。(　　)

四、简答题

1. 什么是农民专业合作社？设立农民专业合作社应该具备什么条件？
2. 农民专业合作社的会计要素包括哪些？各要素大致反映什么内容？

案例分析

一串葡萄的"致富攻略"
——吉安县横江葡萄专业合作社

吉安县横江镇，一个曾经默默无闻的小镇，因一串葡萄"串"出了一条通往幸福的大道。"横江葡萄"从一株小小的葡萄苗，发展成一项富民强县的支柱产业。这种大跨越仅仅

发生在短短的 10 多年间。从当年一户种植 10 多亩，发展到 2022 年全县种植规模达 5.8 万余亩，年总产量达 4 万余吨，种植品种 20 多个，产值达 4 亿元。这一串小葡萄，究竟是如何成为发家致富的"大功臣"呢？

一、吉安县横江葡萄专业合作社发展历程

2007 年 6 月 6 日以全国劳动模范肖章瑛为理事长的吉安县横江葡萄专业合作社成立了。同年 8 月在吉安工商行政管理局注册登记。合作社通过成员（代表）大会选举成立了理事会和监事会，内部设立了技术股、营销股、质检股、采购股、财务股。2011 年新建一座占地 300 平方米的培训办公大楼，形成了统一采购种苗、统一技术培训、统一物资供应、统一生产标准、统一产品包装、统一注册商标、统一组织销售的服务模式。

横江葡萄专业合作社现已建立了 50 亩以上示范基地 200 个，100 亩以上示范基地 50 个，300 亩以上示范基地 20 多个。葡萄产业已是吉安县一大支柱产业；吉安县横江葡萄专业合作社也多次受到省、市、县领导的表彰。2007 年被列为"全省优秀农民专业合作社"、市"先进单位"；2008 年被评为市"十佳农民专业合作社""江西省标兵农民专业合作社"和"省级示范点"；2009 年被评为市"优秀农民专业合作社"和"省级示范社"；2009 年获省财政扶持单位；2011 年获"省级示范社"和"市先进基层党组织"。

二、吉安县横江葡萄专业合作社宏观环境分析

（一）政治法律环境

随着我国国民生活水平的提升，发展绿色食品已经成为满足人民生活需求的重要方向。国家进一步把绿色食品产业作为重点发展产业，各级政府都对绿色食品产业加大了支持力度。

（二）经济环境分析

我国经济发展速度正在飞速增长，国家经济的快速发展使得我国国民的生活水平产生了巨大变化。家庭收入的增加必然导致消费结构的变化，家庭收入水平将在消费结构中起决定性的作用。尤其是进入新世纪以来，随着居民收入的增加，消费者态度、消费模式和消费内容均发生了变化，居民对食品质量的追求越来越高，食品的新鲜度、食品的安全性和营养价值是最重要的考虑因素。

（三）社会环境分析

社会环境指企业所处环境中各种社会现象的综合，人口的变化是影响企业快速发展的关键因素。人口是社会的基本组成部分。据国家统计局有关统计，我国目前正处于城镇化水平的高峰，这也引发了市场对农产品需求的变化。根据对我国部分城市的市场调查结果进行分析可知，约 80% 的消费者希望购买绿色食品，并且以水果为基础的绿色食品往往是人们购买的首选。

（四）科学技术环境

科技不仅关系到社会经济文化的发展，也影响着企业的生产经营。近年来，我国虽然在葡萄的育种、栽培、贮藏和保鲜等方面的研究与开发取得了许多成果，但与国外发达国家相比，仍有很大差距。标准化栽培技术是保证葡萄产品质量和产量的前提。而葡萄的商业化加工主要包括采摘、仓储、冷链、分拣等过程,在这方面我国整体水平仍处于较为初级的阶段。科学研究也主要集中葡萄品种的选育、栽培和商品化的技术方面,对葡萄深加工的研究较少。

三、吉安县横江葡萄专业合作社经营现状

(一)产品生产标准化

2007年,"横江葡萄"获国家绿色食品A级产品证书,2011年获国家有机食品证书,2011年获国家质量管理体系,符合ISO 9001:2008标准。通过合作社理事会、社员代表大会讨论表决,规定了成品包装箱及葡萄袋的统一制作。如果不按要求生产的社员,合作社不发给纸袋和包装箱,有效地杜绝了损害品牌声誉的违法、违规现象。其次,合作社每年都会定期举办4~5期培训班,聘请省内外高级葡萄种植技术人员讲课,向社员们讲述一些葡萄种植中各阶段的要点及注意事项,解答社员们在种植中遇到的疑难问题。从建园到挖沟,从排水到除草,从种苗至搭架,从施肥到灭虫、消菌、剪枝、整形、促芽保果、着色采收、包装、运输等,使社员受益匪浅。合作社与市、县果业局、科研院校合作编写了《无公害食品——横江葡萄》《横江葡萄栽培技术指南》《横江葡萄销售指南》等书籍两万多册,散发给种植户。合作社通过理论+实践的引导培训,极大地提高了社员的技术水平。再者,每年的2~3月合作社农资服务部都会和农药经销商联系,根据社员葡萄种植情况,统一安排农药品种和数目,配送到种植户手中,如果有些种植户资金缺少,服务部会赊销给农户,待收获葡萄后还给服务部。并通过发短信、黑板报等形式发布病虫情报和施肥时间、数量、配比方法,并强调禁止磷、唑农药的使用,有力地保护了横江葡萄的品质,消除了消费者的后顾之忧。

(二)产品商标品牌化

"酒香也怕巷子深"。市场是葡萄产业发展的关键。为了提升横江葡萄的品质,打造属于自己的品牌,增强横江葡萄的市场竞争力,合作社注册了"天华横江"商标,所有合作社销售的农产品都统一使用"天华横江"商标进行销售。吉安县在打造精品葡萄的同时,特别注重媒体的宣传推介作用。通过政府牵头,横江葡萄合作社从2004年至今已成功举办了19届"中国·吉安横江"葡萄节,使横江葡萄走进了中央电视台的节目。2009年理事长肖章瑛同志做客"人民网",就"横江葡萄"答网友提问。通过这一系列活动,横江葡萄品牌已是深入人心,销售红火。

(三)产品营销多元化

横江葡萄合作社坚持以"民办、民管、民受益"为宗旨,以"民主办社,科学管理"为基本原则,采取"合作社+基地+农户"的经营模式,充分发挥"桥梁纽带"和龙头带动的作用,使产品效益最大化。目前合作社在营销中仍主要依赖线下传统渠道,主要是农超合作和线下实体店销售这两种渠道。合作社先后和吉安国光连锁超市、赣州城东水果行、九江水果批发市场生鲜部签订了长期销售合同;在吉安市阳明路开设了横江葡萄专卖店,在井冈山水果市场也开设了专卖店。通过农超对接横江葡萄走进了正邦超市。

四、吉安县横江葡萄专业合作社财务管理现状

(一) 治理机制现状

我国相关法律对合作社的治理机制进行规定，即要求合作社必须建立完善"三会"（成员会议、理事会、监事会）民主管理、互帮互助的内部控制体系。因此，横江葡萄专业合作社通过大会选举，由全国劳模肖章瑛担任理事长，产生了理事会和监事会等组织机构，并建立了以财务管理为重点的各项规章制度。

(二) 合作社融资现状

1. 建立信贷担保机制

由吉安县财政和龙头企业出资设立产业发展信贷担保基金，注册成立担保公司，银行部门按1：8比例为农户提供贷款，农户在葡萄上市时由龙头企业和合作社代扣本息。

2. 组建小额贷款公司和村镇银行

由龙头企业牵头，先后组建了兴农小额贷款公司、长运小额贷款公司和吉安稠州村镇银行，有效解决农村金融机构覆盖低、资金供给不足、竞争力不充分等问题。

3. 实行贷款贴息

吉安县财政安排专项资金，并整合老建扶贫等涉农项目的贴息资金向横江葡萄产业倾斜，为贷款农户提供年息5%的贴息，减轻贷款农户的利息负担，促进其自我积累、滚动发展。

4. 实行农业保险

抓住中国人保公司在吉安县挂点帮扶的机遇，积极开展葡萄保险试点，主要针对暴风、冰雹、暴雨、长时间低温等自然灾害造成的损失，县财政给予葡萄种植户保费补贴。

(三) 收益分配现状

合作社根据当年的可分配盈余按以下程序分配：

(1) 按本年盈余的10%提取盈余公积金。

(2) 按社员与本社的业务交易额进行盈余返还，返还总额占可分配盈余的70%。

(3) 按本年盈余的30%提取剩余盈余返还，并按成员账户记载的出资额和公积金份额，以及本社接受国家财政直接补助和他人捐赠形成的财产平均量化到成员的份额计算分配给本社成员，并定期每个季度向社员公布财务账目，接受社员们监督询问。

案例思考

1. 分析在众多农户的参与下，"横江葡萄"是怎么逐步扩大种植农户规模，并着实保护农户利益？

2. 农民专业合作社融资难的问题一直存在，请针对横江葡萄合作社现有融资政策，提出能够破解此困境的建议。

3. 目前横江葡萄合作社的产业效益一片大好，但平静下往往潜藏着暴风雨，请你对横江葡萄合作社盈余形成存在的潜在风险进行深入的分析。

第二章　农民专业合作社资产核算

学习目标

知识目标	能力目标	价值目标
了解合作社资产概念、特征及分类，明确资产核算在农民合作社经营管理中的重要性和作用；理解合作社各类资产相关账户及记账规则；掌握合作社资产相关业务的具体核算方法，便于准确评估合作社的资产状况。	通过本章的学习，掌握合作社货币资金、应收款、成员往来、存货、对外投资、生物资产、固定资产、无形资产的具体核算方法，具备运用会计理论和方法对农民专业合作社资产相关业务进行会计核算的能力。	更好地了解合作社的资产状况，从而有助于合作社优化资源配置，提高经济效益；及时发现合作社在经营过程中存在的问题和不足，为合作社的决策提供有力支持，促进合作社的健康、稳定发展；推动农业现代化的进程，提高农业生产的组织化、规模化、市场化水平。

学习导入

习近平总书记多次考察农民专业合作社

经过多年的发展，农民专业合作社已成为农村市场的一类重要经济主体，是各类新型农业经营主体中发展最快、数量最多、覆盖农户最广的组织形式。实践证明，农民专业合作社是提高农民市场主体地位、保护农民利益的重要载体，是建设现代化农业，实现乡村振兴，促进农民增收和农村现代化建设的重要手段，具有旺盛生命力和广阔的发展前景。

党的二十大报告指出，加快新型农业经营主体高质量发展，对于推动农业农村现代化，推进乡村全面振兴，加快建设农业强国，具有重大意义。2023年中央一号文件指出，深入开展新型农业经营主体提升行动，支持家庭农场组建农民专业合作社，合作社根据发展需要办企业，带动小农户合作经营、共同增收。各地紧紧围绕乡村振兴，积极探索合作社高质量发展的路径，通过不断完善合作社经营模式、运行机制、监管方式，积极推进合作社制度创新与组织创新，合作社建设模式、运行管理、服务能力和带动效果显著优化，为乡村振兴注入强劲动能。

2022年4月11日，在海南省五指山市水满乡毛纳村的一处凉亭内，习近平总书记同返乡创业大学生王启望亲切交流。王启望是合作社理事长，也是村里第一批大学生。借着乡里引进企业、鼓励村民创办合作社种植大叶茶的契机，他和妻子种茶、酿酒、养田螺，慢慢蹚出一条生态致富路子，也给当地茶农提供了样板。总书记勉励大家"要建设一支政治过硬、本领过硬、作风过硬的乡村振兴干部队伍，吸引包括致富带头人、返乡创业大学生、退役军人等在内的各类人才在乡村振兴中建功立业"。

2023年4月11日，习近平总书记来到茂名市高州市根子镇柏桥村，先后察看了荔枝种植园、龙眼荔枝专业合作社，对乡亲们靠发展荔枝特色产业推动乡村振兴表示肯定，习近平总书记指出"发展荔枝种植有特色有优势，是促进共同富裕、推动乡村振兴的有效举措，农村特色产业前景广阔"，农民专业合作社是带动农户增加收入、发展现代农业的有效组织形式，要总结推广先进经验，把合作社进一步办好。

第一节　农民专业合作社资产概述

一、合作社资产的含义

合作社的资产是指合作社过去的交易或者事项形成的、由合作社拥有或者控制的、预期会给合作社带来经济利益的资源。合作社的资产可以按其流动性进行分类，流动性是指资产转化为现金的能力，例如，合作社可以将自有的设备出售转换为现金，但这种方式显然不如从银行提取现金来得快。因此，银行存款比固定资产的流动性强。

二、合作社资产的分类

合作社的资产按照流动性可分为流动资产和非流动资产。

(一) 流动资产

流动资产是指预计在1年内(含1年)变现、出售或耗用的资产，包括库存现金、银行存款、应收款项、存货、消耗性生物资产等。

(二) 非流动资产

非流动资产是指流动资产以外的资产，包括对外投资、生产性生物资产、固定资产、无形资产、公益性生物资产、长期待摊费用等。

图2-1由内到外大体显示了合作社主要资产由强到弱的流动性趋势。其中，流动资产项目的流动性由强到弱分别为：库存现金→银行存款→应收款项→存货→消耗性生物资产。当然，对于持有时间不到一年的对外投资，其变现能力比应收款项及存货的变现能力更强。因此，图中的对外投资不包括一年以内的短期投资。其中生物资产不包括消耗性生物资产。

2-1 合作社资产分类

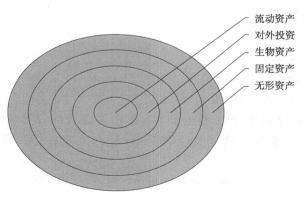

图2-1　合作社主要资产流动性趋势

一般来说，流动资产所占比重越大，说明合作社资产的变现能力越强。流动资产中，货币资金比重越大，则支付能力越强。如果一个合作社应收款和存货占很大比重，会影响合作社的变现能力。因此合作社在具体经营的过程中，应尽可能加快应收款的催缴及存货的周转速度。

第二节　农民专业合作社货币资金核算

货币资金是指合作社持有的可以立即投入流通，可随时作为支付手段购买商品和劳务或用于清偿各种债务的交换媒介物。合作社的货币资金主要包括库存现金和银行存款。由于货币资金具有高度流动性。因此，合作社必须根据有关法律法规，结合本社实际，建立健全货币资金内部控制制度，确保合作社货币资金的安全完整。

2-2 合作社货币资金

一、合作社库存现金的核算

库存现金是指存放于合作社财会部门、由出纳人员保管的纸币或硬币。合作社的出纳负责妥善保管库存现金和登记库存现金日记账，但出纳不得兼管收入、支出、往来款项、库存现金总账的登记。库存现金是合作社一种最重要的支付手段，也是流动性最强的资产。因此，合作社应该严格遵守国家有关现金管理的规定，正确进行库存现金核算，建立健全库存现金内部控制制度。

2-3 合作社出纳

（一）库存现金核算

为全面反映和核算合作社库存现金的收入、支出和结存情况，设置"库存现金"科目进行核算。该科目为资产类账户，借方登记合作社现金的增加，贷方登记合作社现金的减少，期末借方余额反映合作社实际持有的库存现金。

【例2-1】20×3年12月31日，玉丰合作社依照《农民专业合作社法》注册登记，取得法人资格。该合作社由100名成员共同出资组成，出资300 000元。另外，刘火根、黄林香两人各出50 000元作为投资股，只参与分红，不享有表决权。

合作社收到成员缴纳的股金，其会计分录为：

借：库存现金　　　　　　　　　　　　　　　　　　400 000
　　贷：股金——份额股　　　　　　　　　　　　　　300 000
　　　　　　——分红股（刘火根）　　　　　　　　　50 000
　　　　　　——分红股（黄林香）　　　　　　　　　50 000

【例2-2】20×3年12月31日，根据玉丰合作社3~5天的日常零星开支数额作为库存现金的限额的规定，玉丰合作社将股金395 000元存入农村信用社，保留5 000元作为备用。

合作社将现金转存银行后，根据银行回执单，其会计分录为：

借：银行存款　　　　　　　　　　　　　　　　　　395 000

贷：库存现金　　　　　　　　　　　　　　　　　　　395 000

【例2-3】20×4年1月8日，玉丰合作社复印登记材料，复印费50元，雕刻合作社公章及财务专用章90元，办理合作社机构代码160元，现金支付。

合作社支付以上费用后，根据发票上注明的金额，其会计分录为：

　　借：管理费用　　　　　　　　　　　　　　　　　　　300
　　　贷：库存现金　　　　　　　　　　　　　　　　　　　300

【例2-4】20×4年1月10日，玉丰合作社租赁南昌鄱阳湖农牧渔业有限公司房屋两间作办公场所，租赁费每月100元，一次性现金支付6个月租金600元。

玉丰合作社支付半年租金，其会计分录为：

　　借：管理费用　　　　　　　　　　　　　　　　　　　600
　　　贷：库存现金　　　　　　　　　　　　　　　　　　　600

(二)库存现金管理制度

库存现金的会计核算业务其实是比较简单的，但因现金是合作社资产中流动性最强的资产，安全性最容易受到威胁的资产。不仅是财会人员容易出差错，而且也是容易被小偷等坏人盯上遭盗窃，或者被人贪污挪用的资产。合作社因条件相对简陋，保管设施往往较差，更应该根据有关法律法规，结合实际情况，采取严密的现金保管措施。一般地，除保留少量日常所需现金外，都应当将现金及时存入银行，并建立健全提取现金的相关审批手续，从而保证库存现金的安全性。

1. 库存现金的使用范围

合作社必须根据国家《现金管理暂行条例》(2011年1月8日修订版)规定，对库存现金的使用范围作出限制。合作社支出的以下款项可用现金支付：

(1)职工工资、津贴；

(2)个人劳务报酬；

(3)根据国家规定颁发给个人的科学技术、文化艺术、体育等各种奖金；

(4)各种劳保、福利费用以及国家规定的对个人的其他支出；

(5)向个人收购农副产品和其他物资的款项；

(6)出差人员必须随身携带的差旅费；

(7)结算起点(1 000元人民币)以下的零星支出；

(8)中国人民银行确定需要支付现金的其他支出。

2. 库存现金的限额

库存现金的限额是指为了保证合作社日常零星开支的需要，允许合作社留存现金的最高数额。这一限额由开户银行或信用社和合作社根据实际情况商定，一般情况下，按合作社3~5天的日常零星开支数额作为库存现金的限额。边远地区和交通不便地区的合作社的限额，可多于5天，但不得超过15天。

2-4 合作社
库存现金

3. 库存现金收支的规定

合作社要按照国家《现金管理暂行条例》规定，结合自身实际，在成员大会审核批准的财务管理制度中，明确现金收支管理的具体办法。一般情况下，合作社收到的现金应在当日就近送存开户银行；当日送存确有困难的，要采取切实有效的措施保证现金的安全，并在最短的时间内就近送存银行。合作社支付现金时，如果备用现金不够，可及时到开户银行提取。提取的现金有多时，剩余的现金还应再送存银行。原则上，合作社现金收入与现金支出应该分开管理，不允许合作社财会人员收取现金后，以要作其他使用为由而不及时送存银行，即不准"坐支现金"，更不准用"白条"或其他不符合制度规定的凭证顶替库存现金；不准谎报用途套取现金；不准用银行账户代其他单位和个人存入或支取现金；不准将合作社收入的现金以个人名义存入储蓄，即不得"公款私存"；不准保留账外公款，即不得设置"小金库"等。银行对于违反上述规定的单位，将按照违规金额的一定比例予以处罚。

4. 库存现金的清查

现金清查是指对库存现金的盘点与核对，包括出纳人员每日终了前进行的现金账款核对和清查小组进行的定期或不定期的现金盘点、核对，并编写库存现金盘点报告表（表2-1），以达到账实相符。对于现金的实物清查一般采用实地盘点法。清查小组清查时，合作社出纳人员必须在场；对于现金的账目清查是指合作社登记的现金总账和现金日记账。由合作社出纳人员根据审核无误的收付款凭证，按照业务发生的先后顺序逐日逐笔登记，每日终了时计算现金收入合计、现金支出合计及现金结余金额，并将账面结余与实际库存现金金额进行核对，保证账款相符。如果发现账款不符，应及时查明原因，并进行处理。月份终了，将"库存现金日记账"的余额与"库存现金"总账的余额进行核对，保证账账相符。

表2-1 库存现金盘点报告表

合作社名称：玉丰合作社　　　　　　　　　　　　　　　　　　20×4年1月31日

实存金额	账存金额	对比结果		备注
		盘盈	盘亏	

盘点人：王贵　　　　　　　　　　　　　　　　　　　　　　　　　出纳员：李芳

【例2-5】20×4年1月底，玉丰合作社在现金清查中发现库存现金较账面余额短缺100元。

合作社发现现金短缺，其会计分录为：

借：待处理财产损溢——待处理流动资产损溢　　　100

　　贷：库存现金　　　　　　　　　　　　　　　　　　　100

【例2-6】经查，上述现金短缺属于出纳员王海的责任，应由该出纳员赔偿。

合作社收到出纳王海赔偿后，其会计分录为：

借：库存现金　　　　　　　　　　　　　　　　　100

　　贷：待处理财产损溢——待处理流动资产损溢　　　　100

【例2-7】若20×4年1月底玉丰合作社在现金清查中发现：库存现金较账面余额多出100元。

合作社发现现金多于账面金额,其会计分录为:

借:库存现金　　　　　　　　　　　　　　　　　　　　　100
　　贷:待处理财产损溢——待处理流动资产损溢　　　　　　100

【例2-8】经反复核查,上述现金长款原因不明,经批准转作其他收入。
合作社对于无法查明原因的现金账款,其会计分录为:

借:待处理财产损溢——待处理流动资产损溢　　　　　　100
　　贷:其他收入　　　　　　　　　　　　　　　　　　　100

二、合作社银行存款的核算

银行存款是指合作社存放于银行或其他金融机构的货币资金。货币资金之所以要存入银行,既是遵守国家规定,也是为了保证货币资金的安全完整。合作社会计人员对合作社的各项货币资金,除按核定的限额保留少量日常所需现金外,超过限额的现金必须及时存入银行。在与外单位发生资金往来时,要遵照国家规定,能通过银行结算的就不用现金支付,这既有利于保障合作社资金安全,又便于接受各方面监督。

(一)银行存款核算

为全面反映和核算合作社存入银行、信用社或其他金融机构的款项,设置"银行存款"科目进行核算。该科目为资产类账户,借方登记合作社银行存款的增加,贷方登记银行存款的减少,期末借方余额反映合作社实际存在银行、信用社或其他金融机构的款项。"银行存款"科目应按银行、信用社或其他金融机构的名称设置明细科目,进行明细核算。

【例2-9】20×4年2月,玉丰合作社被确定为省级示范点,收到省级主管部门财政直接补助20 000元,指定其用途为该合作社进行培训和技术服务,会计人员已取得当地信用社资金到账的回单。

合作社取得信用社回单后,其会计分录为:

借:银行存款　　　　　　　　　　　　　　　　　　　20 000
　　贷:专项应付款　　　　　　　　　　　　　　　　　20 000

【例2-10】20×4年2月,赣达鱼饲料公司为了与玉丰合作社建立长期的供货渠道,以祝贺开业为由,向玉丰合作社捐款10 000元,支持合作社对成员进行养鱼技术培训,资金已存入银行。

合作社收到捐款,其会计分录为:

借:银行存款　　　　　　　　　　　　　　　　　　　10 000
　　贷:专项基金　　　　　　　　　　　　　　　　　　10 000

【例2-11】20×4年2月,购置办公桌3套,价款2 100元,用银行存款支付。
合作社支付银行存款,其会计分录为:

借:固定资产　　　　　　　　　　　　　　　　　　　　2 100
　　贷:银行存款　　　　　　　　　　　　　　　　　　　2 100

【例2-12】20×4年2月,玉丰合作社按照国家财政直接补助指定的用途,邀请省水产科研所专家对渔民进行培训,通过信用社支付培训费5 000元。

合作社支付培训费，其会计分录为：
借：专项应付款　　　　　　　　　　　　　　　　　　　5 000
　　贷：银行存款　　　　　　　　　　　　　　　　　　　　5 000

(二) 银行存款管理制度

1. 银行账户的规定

根据《人民币银行结算账户管理办法》，合作社应该在当地信用社等金融机构开立结算账户。合作社在信用社等金融机构开立结算账户时，必须凭中国人民银行当地分支机构核发的开户许可证，连同单位财务公章、财务负责人和出纳员印章等印鉴，到当地信用社等金融机构开立账户。合作社不得为还贷、还债和套取现金而多头开立账户；不得出租、出借账户；不得违反规定在异地存款和贷款而开立账户。任何单位和个人不得将本合作社的资金以个人名义开立账户存储。

2-5 合作社银行存款

2. 支票保管的规定

合作社应当制订符合自身实际的专门的支票管理办法，并指定出纳专门负责严密保管。签发支票要按编号顺序依次使用，不能随意跳页。填写时要用双面复写纸逐项填写开票日期、收款合作社名称、大小金额和用途，并加盖与预先留存在银行相同的印鉴。作废支票，要及时注销，并与存根一起保存。遗失支票，要立即按规定向银行办理挂失手续。现金支票一式二联，第一联是存根，合作社留存；第二联是支票，到银行支取现金。转账支票一式四联，第一联是合作社开户银行给合作社的回单或存根；第二联与第三联分别为合作社开户银行和收款单位开户银行的付款、收款凭证；第四联是收款单位开户银行给收款单位的回单或收款通知。

3. 银行存款的清查

银行存款的清查，与库存现金的清查方法不同，它是采用与银行核对账目的方法来进行的，即将合作社的银行存款日记账与从银行取得的对账单逐笔核对，以查明银行存款的收入、付出和结余的记录是否正确。

在实际工作中，合作社银行存款日记账余额与银行对账单余额往往不一致，其主要原因：一是双方账目发生错账、漏账。所以在与银行核对账目之前，应先仔细检查合作社单位银行存款日记账的正确性和完整性，然后再将其与银行送来的对账单逐笔进行核对。二是正常的"未达账项"。所谓"未达账项"，是指由于双方记账时间不一致而发生的一方已经入账，而另一方尚未入账的款项。合作社与银行之间的未达账项，有以下4种情况。

(1) 合作社已入账，但银行尚未入账

第一，合作社送存银行的款项，合作社已做存款增加入账，但银行尚未入账。

第二，合作社开出支票或其他付款凭证，合作社已作为存款减少入账，但银行尚未付款、未记账。

(2) 银行已入账，但合作社尚未入账

第一，银行代合作社收进的款项，银行已作为合作社存款的增加入账，但合作社尚未收到通知，因而未入账。

第二，银行代合作社支付的款项，银行已作为合作社存款的减少入账，但合作社尚未收到通知，因而未入账。

上述任何一种情况的发生，都会使双方的账面存款余额不一致。因此，为了查明合作社单位和银行双方账目的记录有无差错，同时也为了发现未达账项，在进行银行存款清查时，必须将合作社单位的银行存款日记账与银行对账单逐笔核对；核对的内容包括收付金额、结算凭证的种类和号数、收入来源、支出的用途、发生的时间、期末余额等。通过核对，如果合作社有错账或漏账，应立即更正；如果银行有错账或漏账，应及时通知银行查明更正；如果发现有未达账项，则应根据银行存款日记账和银行对账单编制银行存款余额调节表进行调节，并验证调节后余额是否相等。

【例2-13】20×4年2月28日某合作社银行存款日记账的账面余额为21 000元，银行对账单的余额为20 600元，经逐笔核对，发现有下列未达账项：

①［例2-10］中合作社开业时所收到的捐款为转账支票一张10 000元，合作社到月底仍未将该支票存入银行，银行由于未收到支票而未入账。

②［例2-11］中合作社购置办公桌三套的价款2 100元，合作社会计已开出转账支票并做账，但办事员到月底仍未将该支票交付给银行办理，银行由于未收到支票而未入账。

③30日，银行代合作社收回货款8 000元，收款通知尚未到达合作社，合作社尚未入账。

④30日，银行代付水费、电费500元，付款通知尚未到达合作社，合作社尚未入账。

根据以上资料编制银行存款余额调节表见表2-2所列。

表2-2 银行存款余额调节表

20×4年6月30日

项目	金额（元）	项目	金额（元）
合作社银行存款账面余额	21 000	银行对账单账面余额	20 600
加：银行已记增加，合作社未记增加的账项		加：合作社已记增加，银行未记增加的账项	
银行代收货款	8 000	存入的转账支票	10 000
减：银行已记减少，合作社未记减少的账项		减：合作社已记减少，银行未记减少的账项	
银行代付水、电费	500	开出转账支票	2 100
调节后存款余额	28 500	调节后存款余额	28 500

如果调节后双方余额相等，则一般说明双方记账没有差错；若不相等，则表明合作社方或银行方或双方记账有差错，应进一步核对，查明原因予以更正。需要注意的是，对于银行已经入账而合作社尚未入账的未达账项，不能根据银行存款余额调节表来编制会计分录，作为记账依据，必须在收到银行的有关凭证后方可入账。另外，对于长期悬置的未达账项，应及时查明原因，予以解决。

第三节 农民专业合作社应收款核算

一、合作社应收款的性质

应收款是合作社在销售产品、提供劳务以及提供技术、信息服务等活动中与非成员之间发生的各种应收及暂付款项，包括因销售产品物资、提供劳务应收取的款项以及应收的各项赔款、罚款、利息等。它代表合作社未来的现金流入，是资产类账户。

二、合作社应收款的核算

为全面反映和核算合作社与非成员之间发生的各种应收及暂付款项，包括因销售产品物资、提供服务应收取的款项以及应收的各种赔款、罚款、利息等，设置"应收款"科目进行核算。该科目为资产类账户，借方登记合作社应收及暂付外部单位和个人的各种款项，贷方登记已经收回或已转销的应收及暂付款项，期末借方余额反映合作社尚未收回的应收及暂付款项。"应收款"科目应按发生应收及暂付款项的非成员单位和个人设置明细账，进行明细核算。

合作社与非成员之间发生各种应收及暂付款项时，借记"应收款"科目，贷记"库存现金""银行存款""经营收入"等科目。收回应收款时，借记"库存现金""银行存款"等科目，贷记"应收款"科目。取得用暂付款购得的产品物资、服务时，借记"产品物资"等科目，贷记"应收款"科目。

【例2-14】20×4年2月3日，玉丰合作社为成员统一购买鱼苗200 000尾，价款100 000元，增值税税款11 000元，发票总金额111 000元。其中，分配给100个成员180 000尾，按每尾0.6元结算。给非成员张金山20 000尾，按每尾0.8元结算，成员和非成员都暂时未付款。鱼苗当天送成员和非成员放养。另外，当天还购买鱼饲料15吨，价款30 000元（含运杂费），增值税税款3 300元，发票总金额33 300元，鱼饲料验收入库。上述款项均用银行存款支付。

①合作社统一购买鱼苗及鱼饲料，其会计分录为：

借：受托代购商品——鱼苗　　　　　　　　　　　　　　100 000
　　产品物资——鱼饲料　　　　　　　　　　　　　　　 30 000
　　应交税费——应交增值税(进项税额)　　　　　　　　 14 300
　贷：银行存款　　　　　　　　　　　　　　　　　　　144 300

发票价款中包含增值税，农产品增值税税率为11%，故购买鱼苗及饲料的增值税进项税额为(100 000+30 000)×11% = 14 300元。

②合作社将鱼分送成员和非成员养殖，其会计分录为：

借：成员往来——成员明细(鱼苗款)　　　　　　　　　　108 000
　　应收款——张金山鱼苗款　　　　　　　　　　　　　 16 000
　贷：受托代购商品——鱼苗　　　　　　　　　　　　　100 000

经营收入　　　　　　　　　　　　　　　　　　　　　　　　　　24 000

【例2-15】2月底，非成员张金山将所欠鱼苗款16 000元，通过银行还给玉丰合作社，银行收款通知已到合作社。

合作社支付银行，其会计分录为：

借：银行存款　　　　　　　　　　　　　　　　　　　　　　　16 000
　　贷：应收款——张金山育苗款　　　　　　　　　　　　　　　16 000

【例2-16】20×4年3月16日，玉丰合作社受成员委托代销鲜鱼500千克，协议价每千克6元，款未付。这批鲜鱼已进入中旺超市水产专柜销售，合同价每千克7元，货款未收。

合作社受成员委托代销，其会计分录为：

借：受托代销商品——鲜鱼　　　　　　　　　　　　　　　　　3 000
　　贷：成员往来——成员（明细）　　　　　　　　　　　　　　3 000
借：应收款——中旺超市　　　　　　　　　　　　　　　　　　3 500
　　贷：受托代销商品——鲜鱼　　　　　　　　　　　　　　　　3 000
　　　　经营收入　　　　　　　　　　　　　　　　　　　　　　　500

三、合作社应收款的坏账

应收款是合作社进行日常生产经营活动，与外部单位和个人及非成员之间发生经济往来业务，由此产生的债权关系及清偿行为，是合作社流动资产的一个重要组成部分，因此应加强对应收款项的监管，控制应收款的数额及回收时间，对于以下情况证实确实无法收回的应收及暂付款项，应取得相关证明，按报批程序核销，借记"其他支出"科目，贷记"应收款"科目。

(1) 有确凿证据表明该应收款不能收回

例如，债务企业破产或债务人死亡，以其破产财产或遗产清偿后仍无法收回的应收账款。

(2) 有证据表明应收款的收回的可能性不大

例如，债务企业资不抵债、现金流量严重不足、发生严重自然灾害等导致停产而在短期内无法偿付债务。

(3) 债务人逾期未履行偿债义务超过3年仍无法收回的应收款。

【例2-17】接［例2-16］3个月后，中旺超市因经营不善，破产倒闭，尚欠合作社商品款400元，剩余物资经破产清算小组按法律程序进行处置，玉丰合作社分到款项100元，存入银行。其他应收款已无法收回，按规定程序报批，作为支出。

①合作社收到中旺超市先前销售的3 100元货款，其会计分录为：

借：银行存款　　　　　　　　　　　　　　　　　　　　　　　3 100
　　贷：应收款——中旺公司　　　　　　　　　　　　　　　　　3 100

②合作社收到中旺超市破产清算分得的款项，其会计分录为：

借：银行存款　　　　　　　　　　　　　　　　　　　　　　　　100

> 　　其他支出　　　　　　　　　　　　　　　　　　　　　　　　300
> 　　　贷：应收款——超市　　　　　　　　　　　　　　　　　　　　400

第四节　农民专业合作社成员往来核算

一、合作社成员往来的性质

成员往来是指合作社与成员之间发生的应收款项和应付款项等经济往来业务。它反映合作社的债权和债务关系，属于双重性质科目。

二、合作社成员往来的核算

为全面反映和核算合作社与成员之间发生的应收款项和应付款项等经济往来业务，设置"成员往来"科目进行核算。该科目为资产类账户，借方登记合作社与成员之间发生应收款项和偿还应付款项，贷方登记合作社与成员之间收回应收款项和发生应付款项，各明细科目期末借方余额合计数反映成员欠合作社的款项总额，应在资产负债表"应收款项"项目反映；期末贷方余额合计数反映合作社欠成员的款项总额，应在资产负债表"应付款项"项目反映。"成员往来"科目应按合作社成员设置明细科目，进行明细核算。

合作社与成员之间发生应收款项和偿还应付款项时，借记"成员往来"科目，贷记"库存现金""银行存款""经营收入"等科目。收回应收款项和发生应付款项时，借记"库存现金""银行存款"等科目，贷记"成员往来"科目。为成员提供农业生产资料购买服务时，按照实际支付或应付的款项，借记"成员往来"科目，贷记"库存现金""银行存款""应付款"等科目；按照为成员提供农业生产资料购买服务而应收取的服务费，借记"成员往来"科目，贷记"经营收入"等科目；收到成员给付的农业生产资料购买款项和服务费时，借记"库存现金""银行存款"等科目，贷记"成员往来"科目。为成员提供农产品销售服务，收到成员交来的产品时，按照合同或协议约定的价格，借记"受托代销商品"等科目，贷记"成员往来"科目；向成员付代销商品款时，借记"成员往来"科目，贷记"库存现金""银行存款"等科目。

【例2-18】接[例2-14]玉丰合作社将购买的15吨鱼饲料（每吨价2 000元），分给成员刘火根、黄林香、杨福才、祝三苟、胡金水5位成员各3吨，每吨加收5%的手续费，款项未收。

合作社将鱼饲料分给成员，款项未收，其会计分录为：
> 　　借：成员往来——刘火根　　　　　　　　　　　　　　　　　6 300
> 　　　　　　　——黄林香　　　　　　　　　　　　　　　　　　6 300
> 　　　　　　　——杨福才　　　　　　　　　　　　　　　　　　6 300
> 　　　　　　　——祝三苟　　　　　　　　　　　　　　　　　　6 300
> 　　　　　　　——胡金水　　　　　　　　　　　　　　　　　　6 300
> 　　　贷：产品物资——鱼饲料　　　　　　　　　　　　　　　　30 000

경营收入 1 500

【例 2-19】20×4 年 3 月 10 日,玉丰合作社在南昌水产服务站为成员统一购进鱼药一批,重量 1 000 千克,价款 26 000 元,增值税税率 11%,增值税进项税额 2 860 元,款未付。鱼药于次日也分给刘、黄、杨、祝、胡 5 位成员,由玉丰合作社技术人员指导他们开展鱼病防治。

①合作社取得购鱼药发票时,其会计分录为:

借:产品物资——鱼药 26 000
　　应交税费——应交增值税(进项税额) 2 860
　贷:应付款——南昌水产服务站 28 860

②合作社由于为成员提供鱼病防治,对发放的鱼药收取了 10%的服务费。

玉丰合作社收取服务费,其会计分录为:

借:成员往来——刘火根 5 720
　　　　　　——黄林香 5 720
　　　　　　——杨福才 5 720
　　　　　　——祝三苟 5 720
　　　　　　——胡金水 5 720
　贷:经营收入 28 600

③结转鱼药成本,其会计分录为:

借:经营支出 26 000
　贷:产品物资——鱼药 26 000

【例 2-20】20×4 年 3 月 20 日,玉丰合作社按协议为上述 5 位成员销售鲜鱼一批,协议价 50 000 元。

合作社收到成员交来的鲜鱼,其会计分录为:

借:受托代销物资——(上述 5 位成员)鲜鱼 50 000
　贷:成员往来——刘火根 10 000
　　　　　　——黄林香 10 000
　　　　　　——杨福才 10 000
　　　　　　——祝三苟 10 000
　　　　　　——胡金水 10 000

【例 2-21】接[例 2-20]同日,合作社按 52 000 元的价格出售了上述 5 位成员代销的鲜鱼,款项已存入银行。

合作社收到价款,其会计分录为:

借:银行存款 52 000
　贷:受托代销物资——(上述 5 位成员)鲜鱼 50 000
　　　经营收入 2 000

【例 2-22】20×4 年,3 月底,玉丰合作社与上述 5 位成员结清往来,款项以银行存款支付。

玉丰合作社应收刘火根 6 300+5 720=12 020 元；玉丰合作社应付刘火根 10 000 元；因此，年底结算时，实际应收刘火根 12 020-10 000=2 020 元，其他成员同理。

合作社与成员结清往来，其会计分录为：

借：银行存款　　　　　　　　　　　　　　　　　　　　　10 100
　　贷：成员往来——刘火根　　　　　　　　　　　　　　　2 020
　　　　　　　　——黄林香　　　　　　　　　　　　　　　2 020
　　　　　　　　——杨福才　　　　　　　　　　　　　　　2 020
　　　　　　　　——祝三苟　　　　　　　　　　　　　　　2 020
　　　　　　　　——胡金水　　　　　　　　　　　　　　　2 020

第五节　农民专业合作社存货核算

一、合作社存货的概述

存货是指合作社在生产经营过程中持有以备出售，或者仍然处于生产过程中的半成品，或者在生产或提供劳务过程中将消耗的各种材料或物资等。具体来说，包括以下 3 类有形资产：一是在日常生产经营过程中持有以备出售的存货，主要是指合作社在正常生产经营过程中处于待销售状态的各种物品，如合作社的产成品；二是为了最终出售正处在生产过程的存货，如合作社的在产品；三是合作社在生产产品或提供劳务过程中为消耗而储存的各种物品，如合作社的肥料。

二、合作社存货的分类

为了给合作社存货的管理提供有用的会计信息，应科学合理地对合作社存货进行分类。

(1) 产品物资

它包括种子、肥料、燃料、农药、原材料、机构零配件、低值易耗品、包装物、农产品、工业产成品等。农产品是指已完成农业生产过程，收获入库的收获物。工业产成品是指已完成生产加工程序，验收入库的产品。低值易耗品是指单位价值在规定限额以下，或使用年限在一年以内的用具物品。包装物是指为包装商品而储备的各种包装容器。

(2) 在产品

它是指合作社正处于生产经营过程中的各种半成品。

(3) 委托加工物资

它是指合作社委托外单位加工的各种物资。

(4) 委托代销商品

它是指合作社委托外单位销售的各种商品。

(5) 受托代购商品

它是指合作社接受委托代为采购的各种商品。

（6）受托代销商品

它是指合作社接受委托代为销售的各种商品。

三、合作社存货的计价

存货核算的核心是存货的计价，即准确确认取得、发出及结存存货的价值；而准确进行存货计价，又取决于存货数量的确定是否准确和存货计价方法的选择是否恰当。

（一）存货数量的盘存方法

合作社存货的数量需要通过盘存来确定，常用的存货数量盘存方法主要有两种：实地盘存制和永续盘存制。

1. 实地盘存制

实地盘存制也称定期盘存制，是指期末通过对全部存货进行实地盘点，以确定期末存货的结存数量，然后分别乘以各项存货的盘存单价，计算出期末存货的总金额，并倒轧本期已耗用或已销售存货成本的盘存方法。

采用这种方法，平时对有关存货科目只登记存货购进数量，不登记发出数量，期末通过实地盘点来确定存货实际结存数量，并据以计算期末存货成本，然后计算出当期耗用或销售存货成本。因此，这一方法也称为"以存计耗"或"以存计销"的方法，该方法是以如下基本公式为依据：

期初存货成本＋本期购货成本＝本期耗用或销售存货成本＋期末存货成本

2. 永续盘存制

永续盘存制也称账面盘存制，是指日常对企业的财产及物资建立详细且准确的账目，分别按存货的品名、规格设置明细账，逐笔或逐日登记收入、发出的存货，并随时计算结存数的盘存方法。采用这种方法，通过会计账簿资料，就可以完整地反映存货的收入、发出和结存情况。永续盘存制下对存货进行实物盘点的目的，是为了对存货账面记录进行账实核对，以加强对存货的管理。

合作社可以根据存货类别和管理要求，对有些存货实行永续盘存制，而对另一些存货实行实地盘存制。但不论采用何种方法，前后各期应保持一致。

（二）存货取得时的计价

合作社以历史成本计量属性作为存货的计价基础。在实际工作中，存货的来源不同，其实际成本的构成也不同。

1. 购入物资的计价

合作社购入的物资应当按照购买价款、应支付的相关税费、运输费、装卸费、运输途中的合理损耗以及外购过程发生的其他直接费用计价。

2. 受托代购商品的计价

受托代购商品视同购入的物资计价。

3. 自制存货的计价

合作社自制生产入库的农产品和工业产成品，应当按照生产过程中发生的实际支出计价。

4. 委托加工物资的计价

委托加工物资验收入库时，应当按照委托加工物资的成本和实际支付的全部费用计价。

5. 受托代销商品的计价

受托代销商品应当按照合同或协议约定的价格计价。出售受托代销商品时，实际收到的价款大于合同或协议约定价格的差额计入经营收入，实际收到的价款小于合同或协议约定价格的差额计入经营支出。

6. 委托代销商品的计价

委托代销商品应当按照委托代销商品的实际成本计价。

7. 成员出资投入存货的计价

成员出资投入的存货，应当根据有关规定和合作社章程规定，按照有关凭据注明的金额加上相关税费、运输费等计价；没有相关凭据的，经过全体成员评估作价或由第三方机构评估作价、成员大会或者成员代表大会表决通过后，按照全体成员确认的价值计价。

8. 盘盈存货的计价

盘盈的存货，应当按照同类或类似存货的市场价格或评估价值计价。

（三）存货发出时的计价

由于各类产品的价格经常在变动，当同类产品于同年内不同时期购进时，各批成本可能不同。存货流转包括实物流转和成本流转两个方面。从理论上说，购置存货时所确定的成本应当随着该项存货的销售或耗用而结转，使存货的成本流转与实物流转保持一致。但这种一致的情况在实务中是非常少见的，这主要是因为：同一种存货尽管单价不同，但均能满足销售或生产的需要，无须逐一辨别哪批实物发出，哪批实物留作库存，成本的流转顺序与实物的流转顺序可以分离；而且合作社存货进出量很大，品种繁多，单位成本多变，如果均需要进行个别认定，必将给合作社存货管理带来极大的难度，增加许多不必要的工作量。

存货的成本流转顺序与实物流转顺序分离后，就出现了存货成本流转假设，产生了不同的发出存货计价方法。根据《农民专业合作社会计制度》规定，合作社应当采用先进先出法、加权平均法或者个别计价法确定领用或出售的出库存货成本。计价方法一经确定，不得随意变更。

1. 先进先出法

先进先出法是指以先购入的存货先发出为假设条件，按照存货购入的先后顺序确定发出存货和期末存货实际成本的方法。具体方法是：收入存货时，逐笔登记收入存货的数量、单价和金额；发出存货时，先按照入库的第一批存货单位成本计算发出存货成本和结存金额，如果发出存货数量大于第一批入库存货数量，则大于部分按第二批入库存货的单位成本计算发出存货成本和结存金额，以此类推。

【例2-23】玉丰合作社加工渔网，20×4年6月1日结存尼龙线100千克，每千克实际成本为10元；6月5日和6月20日分别购入尼龙线300千克和200千克，每千克实际成本分别为11元和12元；6月10日和6月25日分别发出尼龙线350千克和200千克。

按先进先出法计价核算时，发出和结存材料的成本见表2-3所列。

先进先出法的计算方法如下：

首先，6月10日发出存货350千克中，100千克按单价10元计算，金额为1 000元，其余250千克按单价11元计算，金额为2 750元，结余的50千克存货看作是6月5日购入的300千克存货的剩余部分，按单价11元计算，金额550元。

其次，6月25日发出存货200千克中，50千克按单价11元计算，金额为550元，其余150千克按单价12元计算，金额为1 800元，结余的50千克存货看作是6月20日购入的200千克剩余部分，按单价12元计算，金额为600元。

最后，6月25日过后到6月末再未发生存货进出业务，因此，6月末的存货数是50千克，单价12元，金额600元。

表2-3　存货收支明细表

20×4年		凭证号	摘要	收入			发出			结存		
月	日			数量（千克）	单价（元）	金额（元）	数量（千克）	单价（元）	金额（元）	数量（千克）	单价（元）	金额（元）
6	1	略	期初结存							100	10	1 000
	5		购入	300	11	3 300				100 300	10 11	1 000 3 300
	10		发出				100 250	10 11	1 000 2 750	50	11	550
6	20	略	购入	200	12	2 400				50 200	11 12	550 2 400
	25		发出				50 150	11 12	550 1 800	50	12	600
	30		合计	500		5 700	550		6 100	50	12	600

采用先进先出法，发出存货成本按存货取得的先后顺序分别确认，其优点是可以随时准确地计算发出和结存的存货成本，期末存货成本接近于市价。但计算起来较为繁琐，如果存货收发业务较多且存货单价不稳定时，其工作量较大，容易发生差错，且在物价持续上升时，会高估合作社当期收益和库存存货价值。

2. 加权平均法

加权平均法是以期初存货数量和本期入库存货数量之和为权数，于月末一次计算存货平均单价，据以计算当月发出存货和期末结存存货实际成本的一种方法。计算公式如下：

加权平均单价=（期初存货的实际成本+本期入库存货的实际成本）÷（期初存货的数量+本期入库存货的数量）

本期发出存货的实际成本=本期发出存货的数量×加权平均单价

期末结存存货的实际成本=期末结存存货的数量×加权平均单价

【例2-24】接[例2-23]采用加权平均法计算该批商品成本如下：

加权平均单位成本=（1 000+5 700）÷（100+500）=11.17（元）

本期发出存货实际成本=550×11.17=6 143.5（元）

期末存货实际成本=(1 000+5 700)-6 143.5=556.50(元)

加权平均法较上述两种方法简便，有利于简化成本计算工作。但采用这种方法平时无法从账面上提供发出和结存存货的单价及金额，不利于加强对存货的管理。

3. 个别计价法

个别计价法又称个别认定法、具体辨认法、分批实际法，采用这一方法是假设存货的成本流转与实物流转相一致，按照各种存货逐一辨认各批发出存货和期末存货所属的购进批别或生产批别，分别按其购入或生产时所确定的单位成本作为计算各批发出存货和期末存货成本的方法。

采用这种方法，计算发出存货的成本和期末存货的成本比较合理、准确，但这种方法的前提是需要对发出和结存存货的批次进行具体认定，以辨别其所属的收入批次，所以实务操作的工作量繁重，困难较大，适用于容易识别、存货品种数量不多、单位成本较高的存货计价。

四、合作社存货的核算

为了如实地反映合作社存货的资金占用情况，正确地计算存货成本，根据历史成本原则，各种存货应当按其取得时的实际成本入账。存货的来源不同，其实际成本的构成不同，相应的会计核算也不同。

(一)产品物资核算

为了全面反映和核算合作社库存的材料、燃料、机械零配件、低值易耗品、包装物、种子、肥料、农药、农产品、工业产成品等各种产品和物资，设置"产品物资"科目进行核算。该科目为资产类账户，借方登记购入、生产完工、委托外单位加工完成、成员出资投入、盘盈等原因而增加的物资的实际成本，贷方登记发出、领用、销售、盘亏、毁损、报废等原因而减少的物资的实际成本。期末借方余额反映合作社库存产品物资的实际成本。"产品物资"科目应按产品物资品名设置明细科目，进行明细核算。

1. 产品物资增加的核算

合作社购入并已验收入库的产品物资，按实际支付或应支付的价款，借记"产品物资"，贷记"库存现金""银行存款""应付款""成员往来"等科目；合作社生产完工并验收入库的材料，按生产过程中发生的实际成本，借记"产品物资"科目，贷记"生产成本"科目；合作社委托外单位加工完成并已验收入库的材料，按委托加工过程中发生的实际成本，借记"产品物资"科目，贷记"委托加工物资"等科目；合作社取得成员出资投入的材料，按照确定的成本，借记"产品物资"科目，按照成员应享有合作社成员出资总额的份额计算的金额，贷记"股金"科目，按照两者之间的差额，贷记或借记"资本公积"科目。清查盘点，发现盘盈的产品物资，按照实际成本(或估计价值)，借记"产品物资"，贷记"待处理财产损溢——待处理流动资产损溢"科目。

【例2-25】20×4年，玉丰合作社购进鱼药一批，发票注明价款1 000元，增值税税款110元，货款已用银行存款支付。

合作社购进鱼药，其会计分录为：

借：产品物资——鱼药　　　　　　　　　　　　　　　　　1 000
　　应交税费——应交增值税(进项税额)　　　　　　　　　　110
　　贷：银行存款　　　　　　　　　　　　　　　　　　　　　　　1 110

【例2-26】20×4年，玉丰合作社自制渔网一批，已验收入库，自制成本6 000元。

合作社自制的渔网验收入库，其会计分录为：

借：产品物资——渔网　　　　　　　　　　　　　　　　　6 000
　　贷：生产成本　　　　　　　　　　　　　　　　　　　　　　　6 000

2. 产品物资减少的核算

产品物资销售时，按照实现的销售收入，借记"库存现金""银行存款""应收款""成员往来"等科目，贷记"经营收入"科目；按照销售产品物资的实际成本，借记"经营支出"科目，贷记"产品物资"科目。产品物资领用时，借记"在建工程""生产成本""管理费用"等科目，贷记"产品物资"科目。发给外单位加工的产品物资，按照委托加工物资的实际成本，借记"委托加工物资"科目，贷记"产品物资"科目。清查盘点，发现盘亏、毁损、报废的产品物资，按照实际成本(或估计价值)，借记"待处理财产损溢——待处理流动资产损溢"科目，贷记"产品物资"科目。

【例2-27】接[例2-26]20×4年，玉丰合作社将自制的渔网，出售给成员刘火根，成本6 000元，加工费600元，货款未收。

合作社出售渔网，其会计分录为：

借：成员往来——刘火根　　　　　　　　　　　　　　　　6 600
　　贷：经营收入　　　　　　　　　　　　　　　　　　　　　　　6 600

合作社结转成本，其会计分录为：

借：经营支出　　　　　　　　　　　　　　　　　　　　　6 000
　　贷：产品物资——渔网　　　　　　　　　　　　　　　　　　　6 000

(二)包装物核算

包装物是指为了包装本合作社商品而储备的各种包装容器，如桶、箱、瓶、坛、袋等。包装物在核算与管理上通常作为存货对待，通过"产品物资"账户进行核算。

为了全面反映和核算包装物数量较大的合作社包装物使用情况，单独设置"包装物"科目进行核算。该科目为资产类账户，借方登记合作社包装物的增加数，贷方登记包装物的减少数，一般情况下，期末借方余额反映合作社包装物库存但尚未使用数。"包装物"科目应按包装物类别设置明细科目，进行明细核算。

包装物的成本以购买实际支付价款确定，购买时，借记"包装物"，贷记"银行存款"或"应付款"等科目。包装物随同商品一起销售，可合并计价借记"银行存款"，"应收款"等科目，并结转成本。

【例2-28】20×4年，玉丰合作社为鱼干加工厂购包装用纸箱100个，买价1 000元，纸箱已验收入库。

合作社纸箱验收入库，其会计分录为：

借：产品物资——包装用纸箱　　　　　　　　　　　　　　　870

    应交税费——应交增值税(进项税)   130
    贷：银行存款   1 000

【例2-29】20×4年，如果该合作社涉及包装物量大，比重大可单设"包装物"一级科目。

合作社纸箱验收入库，其会计分录为：
  借：包装物——纸箱   870
    应交税费——应交增值税(进项税)   130
    贷：银行存款   1 000

【例2-30】20×4年，该合作社鱼干加工厂销售时领用纸箱50个。

合作社领用纸箱，其会计分录为：
  借：经营支出   500
    贷：产品物资——包装用纸箱   500

(三)委托加工物资核算

  为了全面反映和核算合作社委托外单位加工的各种物资的实际成本，设置"委托加工物资"科目进行核算。该科目为资产类账户，借方登记委托加工物资时发给外单位物资的实际成本以及支付的加工费用、运杂费等；贷方登记加工完成后收回物资的实际成本和剩余物资的实际成本。期末借方余额反映合作社委托外单位加工但尚未加工完成物资的实际成本。"委托加工物资"科目应按加工合同、受托加工单位等设置明细科目，进行明细核算。

  发给外单位加工物资时，按委托加工物资的实际成本，借记"委托加工物资"科目，贷记"产品物资"等科目；合作社支付的加工费用、运杂费等，借记"委托加工物资"科目，贷记"库存现金""银行存款"等科目；加工完成验收入库的物资，按照收回物资的实际成本和剩余物资的实际成本，借记"产品物资"科目，贷记"委托加工物资"等科目。

【例2-31】20×4年，玉丰合作社委托华征公司加工鱼饵投放器，发出加工材料成本8 000元，要求华征公司加工完成鱼饵投放器10副。

合作社发出委托加工物资，其会计分录为：
  借：委托加工物资——鱼饵器   8 000
    贷：产品物资   8 000

【例2-32】接[例2-31]20×4年，玉丰合作社收到委托华征公司加工的鱼饵器10副验收入库，从银行支付加工费500元。同时，将购进的尼龙线委托红星渔具加工厂加工抄网100只，尼龙线价值500元，支付加工费用300元，支付运输费用50元，均以银行存款支付。

①合作社支付鱼饵器加工费，其会计分录为：
  借：委托加工物资——鱼饵器   500
    贷：银行存款   500

②合作社收到鱼饵器，其会计分录为：
  借：产品物资——鱼饵器   8 500
    贷：委托加工物资——鱼饵器   8 500

③合作社发出尼龙线委托加工抄网，其会计分录为：

借：委托加工物资——抄网　　　　　　　　　　　　　　　500
　　贷：产品物资——尼龙线　　　　　　　　　　　　　　　　500
④合作社支付抄网加工费用，其会计分录为：
借：委托加工物资——抄网　　　　　　　　　　　　　　　300
　　贷：银行存款　　　　　　　　　　　　　　　　　　　　　300
⑤合作社支付运杂费，其会计分录为：
借：委托加工物资——抄网　　　　　　　　　　　　　　　 50
　　贷：银行存款　　　　　　　　　　　　　　　　　　　　　 50
⑥合作社加工完后收回委托加工物资，其会计分录为：
借：产品物资——抄网　　　　　　　　　　　　　　　　　850
　　贷：委托加工物资——抄网　　　　　　　　　　　　　　　850

(四) 委托代销商品核算

为了全面反映和核算合作社委托外单位销售的各种商品的实际成本，设置"委托代销商品"科目进行核算。该科目为资产类账户，借方登记合作社委托外单位销售所形成的资产；贷方登记合作社代销商品的实际成本。期末借方余额反映合作社委托外单位销售但尚未收到代销商品款的商品的实际成本。"委托代销商品"科目应按代销商品或委托单位等设置明细账，进行明细核算。

委托代销商品是指合作社委托外单位销售的各种商品。发给外单位销售的商品时，按照委托代销商品的实际成本，借记"委托代销商品"科目，贷记"产品物资"等科目。收到代销单位报来的销售清单时，按照应收余额，借记"应收款"科目，按照应确认的收入，贷记"经营收入"科目；按照应支付的手续费，借记"经营支出"科目，贷记"应收款"科目；同时按照代销商品的实际成本（或售价），借记"经营支出"科目，贷记"委托代销商品"；收到代销款时，借记"银行存款"等科目，贷记"应收款"科目。

【例 2-33】 20×4 年，玉丰合作社委托华征超市销售 50 箱鱼干。每箱售价 100 元，成本为 80 元，协议按销售收入的 5% 作为超市的手续费。包装箱成本 500 元另收。

①合作社发出 50 箱鱼干，其会计分录为：
借：委托代销商品——华征超市　　　　　　　　　　　　4 000
　　贷：产品物资——鱼干　　　　　　　　　　　　　　　　4 000
②合作社发出包装物，其会计分录为：
借：应收款——华征超市　　　　　　　　　　　　　　　　500
　　贷：产品物资——包装用纸箱　　　　　　　　　　　　　500
③合作社收到已销售鱼干清单，其会计分录为：
借：应收款——华征超市　　　　　　　　　　　　　　　5 000
　　贷：经营收入　　　　　　　　　　　　　　　　　　　　5 000
④合作社结转成本，其会计分录为：
借：经营支出　　　　　　　　　　　　　　　　　　　　4 000
　　贷：委托代销商品——华征超市　　　　　　　　　　　　4 000

⑤合作社提取手续费用 5 000×5% = 250，其会计分录为：

借：经营支出 250
　　贷：应收款——华征超市 250

⑥合作社实际收到销售款(5 000+500-250 = 5 250 元)，其会计分录为：

借：银行存款 5 250
　　贷：应收款——华征超市 5 250

(五)受托代购商品核算

为了全面反映和核算合作社接受委托代为采购商品的实际成本，设置"受托代购商品"科目进行核算。该科目为资产类账户，借方登记合作社收到的受托代购商品款；贷方登记合作社受托代购商品交付给委托方时收到的受托代购商品款。期末借方余额反映合作社受托采购尚未交付商品的实际成本。"受托代购商品"科目应按受托方设置明细账，进行明细核算。

受托代购商品是指合作社接受成员或其他单位、个人委托代为采购的商品。合作社收到受托代购商品款时，借记"库存现金""银行存款"等科目，贷记"成员往来""应付款"等科目。合作社受托采购商品时，按照采购商品的价款，借记"受托代购商品"科目，贷记"库存现金""银行存款""应付款"等科目；合作社将受托代购商品交付给委托方时，按照收到的受托代购商品款，借记"成员往来""应付款"等科目，按照代购商品的实际成本，贷记"受托代购商品"科目，差额借记或贷记"库存现金""银行存款"等科目；如果受托代购商品收取手续费，按照应收取的手续费，借记"成员往来""应收款"等科目，贷记"经营收入"科目。收到手续费时，借记"库存现金""银行存款"等科目，贷记"成员往来""应收款"等科目。

【例 2-34】20×4 年，玉丰合作社接受本社成员黄林香委托，购买木制小渔船一艘，价格为 6 000 元，货款已收讫。另约定收取代购手续费 500 元，木制小渔船已交付给黄林香。

①合作社接受委托购买，收到银行存款 6 500 元，其会计分录为：

借：银行存款 6 500
　　贷：成员往来——黄林香 6 500

②合作社购买木船，其会计分录为：

借：受托代购商品——木船 6 000
　　贷：银行存款 6 000

③交付委托方，并结清款项，其会计分录为：

借：成员往来——黄林香 6 500
　　贷：受托代购商品 6 000
　　　　经营收入 500

(六)受托代销商品核算

为了全面反映和核算合作社接受委托代销商品的实际成本，设置"受托代销商品"科目进行核算。该科目为资产类账户，借方登记合作社收到的合作社成员受托代销商品；贷方登记合作社出售受托代销实际收到商品款。期末借方余额反映合作社尚未售出的受托代销商品的实际成本。"受托代销商品"应按委托代销方设置明细账，进行明细核算。

受托代销商品是指合作社接受其内部成员或其他单位委托代为销售的商品。合作社收到受托代销商品时，按合同或协议约定的价格，借记"受托代销商品"科目，贷记"成员往来"科目。合作社售出受托代销商品时，按照实际收到的价款，借记"库存现金""银行存款"等科目，按合同或协议约定的价格，贷记"受托代销商品"科目，如果实际收到的价款大于合同或协议约定的价格，按照其差额，贷记"经营收入"科目；如果实际收到的价款小于合同或协议约定的价格，按照其差额，借记"经营支出"等科目。支付委托方代销商品款时，借记"成员往来"等科目，贷记"库存现金""银行存款"等科目。

【例2-35】20×4年，玉丰合作社接受成员杨福才委托代销商品鱼500千克，协议价4 000元，货物售出后结清。合作社当月实现销售收入4 500元，货款已存入银行，并用银行存款结清往来。

①合作社收到受托代销商品，其会计分录为：
借：受托代销商品　　　　　　　　　　　　　　　　　　　　4 000
　　贷：成员往来——杨福才　　　　　　　　　　　　　　　　　　4 000

②合作社售出商品，其会计分录为：
借：银行存款　　　　　　　　　　　　　　　　　　　　　　4 500
　　贷：受托代销商品　　　　　　　　　　　　　　　　　　　　4 000
　　　　经营收入　　　　　　　　　　　　　　　　　　　　　　500

③结清与成员企业往来，其会计分录为：
借：成员往来——杨福才　　　　　　　　　　　　　　　　　　4 000
　　贷：银行存款　　　　　　　　　　　　　　　　　　　　　　4 000

④如因市场行情变化，市场价3 800元，其会计分录为：
借：经营支出　　　　　　　　　　　　　　　　　　　　　　　200
　　银行存款　　　　　　　　　　　　　　　　　　　　　　3 800
　　贷：受托代销商品　　　　　　　　　　　　　　　　　　　　4 000

⑤如市场价4 000元，其会计分录为：
借：银行存款　　　　　　　　　　　　　　　　　　　　　　4 000
　　贷：受托代销商品　　　　　　　　　　　　　　　　　　　　4 000

五、合作社存货的清查核算

(一)存货清查内容

由于存货种类繁多、收发频繁，在日常收发过程中可能发生计量错误、计算错误、自然损耗，还可能发生损坏变质以及贪污、盗窃等情况，造成账实不符，形成存货的盘盈盘亏。因此，合作社对存货要定期盘点核对，做到账实相符，年度终了前必须进行一次全面的盘点清查。盘盈的存货，按同类或类似存货的市场价格记入"其他收入"；盘亏、毁损和报废的存货，按规定程序批准后，按实际成本扣除责任人或者保险公司赔偿的金额和残料价值之后，记入"其他支出"。

(二)存货清查核算

合作社清查盘点存货，发现盘盈、盘亏、毁损、报废的产品物资，按照实际成本（或估计价值），借记或贷记"产品物资"科目，贷记或借记"待处理财产损溢——待处理流动资产损溢"科目。

合作社盘盈的存货，经审核批准后，按市场价格，借记"待处理财产损溢——待处理流动资产损溢"账户，贷记"其他收入"账户。合作社盘亏、毁损和报废的存货，需向过失人或保险公司索赔时，借记"成员往来"或"应收款"账户，贷记"待处理财产损溢——待处理流动资产损溢"等账户。经审核批准后，按实际价格扣除过失人或者保险公司赔款和残料价值后，借记"其他支出"账户，贷记"待处理财产损溢——待处理流动资产损溢"等账户。

【例2-36】20×4年，玉丰合作社财产清查中盘盈饲料2包，价款200元。经审核批准后记入"其他收入"科目。

①合作社盘盈饲料，其会计分录为：
借：产品物资——饲料　　　　　　　　　　　　　　　　200
　　贷：待处理财产损溢——待处理流动资产损溢　　　　　　200
②经审核批准后，其会计分录为：
借：待处理财产损溢——待处理流动资产损溢　　　　　　200
　　贷：其他收入　　　　　　　　　　　　　　　　　　　200

【例2-37】20×4年，玉丰合作社年终进行库存存货的盘点清查，发现库存的价值500元的鱼饲料变质，该饲料已全部保险。经保险公司检查，合作社和保管员王梅在保管期间均有过失，经协商同意，保管员承担100元的赔偿责任，合作社承担150元，其余部分由保险公司承担。

①合作社发现饲料毁损，其会计分录为：
借：待处理财产损溢——待处理流动资产损溢　　　　　　500
　　贷：产品物资——饲料　　　　　　　　　　　　　　　500
②经审核批准后，其会计分录为：
借：应收款——保险公司　　　　　　　　　　　　　　　250
　　　　　——王梅　　　　　　　　　　　　　　　　　100
　　其他支出　　　　　　　　　　　　　　　　　　　　150
　　贷：待处理财产损溢——待处理流动资产损溢　　　　　500

第六节　农民专业合作社对外投资核算

一、合作社对外投资的概述

投资是合作社为取得被投资分配的利润来增加财富，或为谋求其他利益将资产让渡给其他单位所获得的另一项资产。投资包括两个方面：将合作社的资产转换成股权，通过其他单位使用投资者投资的资产创造效益后进行分配，或者通过投资改善贸易关系等达到获取利益的目的；将企业的货币资金等转换成另一种金融资产，通过金融资产的买卖使资本增值。

二、合作社对外投资的分类

对投资进行适当的分类是确定对外投资会计核算方法的前提。按照不同的标准，对外投资可以有很多种不同的分类。主要的分类方法包括按照投资的目的和期限、投资的性质及投资的形式进行分类。

（一）按对外投资的目的和期限分类

对外投资按投资的目的和期限不同，可以分为短期投资和长期投资两大类。

1. 短期投资

短期投资是指合作社购入的各种能够随时变现并且持有时间不准备超过一年（含一年）的有价证券等投资。短期投资的主要对象是股票、基金、债券等便于随时抛售变现的有价证券。因此，短期投资的目的是在保证资产流动性的前提下，利用正常生产经营中的暂时闲置资金，获取高于正常银行利率的利息收入或差价收入，待需要使用现金时即可进行兑换。

2. 长期投资

长期投资是指合作社准备持有时间在一年（不含一年）以上的投资，包括股权投资、债券投资和其他投资等。长期投资的目的在很大程度上是为了积累整笔资金，以供特定用途之需，或为了达到控制其他单位或对其他单位实施重大影响，或出于其他长期性质的目的而进行的投资，以保证合作社的长期经济利益。

（二）按对外投资的性质分类

对外投资按投资性质的不同，可分为股权性投资和债权性投资。由于目前我国合作社尚处于初级阶段，因此对于对外投资核算多采用此种分类方式。投资性质的不同决定了投资方与被投资方的关系不同。

1. 股权性投资

股权性投资是指合作社以股东身份对外投资。股权投资表明投资方与被投资方存在着所有权与经营权的关系，并承担与投资比例相应的风险。股权投资中又包括股票投资和其他股权投资。股票投资是指通过购买股票向被投资单位投入资本；其他股权投资是指合作社在联营过程中以货币资金、固定资产、生物资产等实物投资或以无形资产投资，出资设立或者加入联合社。

2. 债权性投资

债权性投资是指合作社购入的债券或其他债权投资。债权投资表明投资者和被投资者之间的债权债务关系，而不是所有权关系。投资单位一般不享有被投资单位各项经营活动的参与权和决策权，只有按约定条件从被投资单位取得利息和到期收回本金的权利。与股权投资相比，债券投资的风险较小，有较稳定的投资收益和投资回收期。

（三）按对外投资的形式分类

对外投资按投资形式的不同，可分为直接投资和间接投资。

1. 直接投资

直接投资是指合作社将货币资金、实物资产和无形资产等资产直接投资于受资单位，并从受资单位取得出资证明。合作社按其直接投出的资产占被投资单位资本总金额的份额，参与被投资单位的管理、净收益的分配，同时承担弥补亏损的义务。此类投资也属于股权性质的投资，但这种权益并不以股票之类证券为凭，而是以出资证明为凭。

2. 间接投资

间接投资是指合作社采取购买股票、债券等方式的对外投资，以取得利息和股息收入。

三、合作社对外投资的核算

为全面反映和核算合作社持有的各种对外投资，包括依法出资设立或者加入联合社，以及采用货币资金、实物资产、无形资产等向其他单位的投资等，设置"对外投资"科目进行核算，该科目为资产类账户。借方登记合作社对外投资的金额，贷方登记到期收回或中途转让对外投资的金额，期末借方余额反映合作社对外投资的实际成本。"对外投资"科目应按对外投资的种类设置明细科目，进行明细核算。

（一）对外投资增加的核算

1. 以货币资金投资

合作社以现金、银行存款等货币资金方式对外投资时，按照实际支付的价款和相关税费，借记"对外投资"科目，贷记"库存现金""银行存款"科目，按照应支付的相关税费，贷记"应交税费"等科目。

【例2-38】20×4年，玉丰合作社以银行存款10 000元对华达公司进行投资。

合作社对外投资，其会计分录为：

借：对外投资——华达公司　　　　　　　　　　　　　10 000
　　贷：银行存款　　　　　　　　　　　　　　　　　　　　10 000

【例2-39】20×4年，玉丰合作社以银行存款300 000元对华征合作社联合社进行投资。

合作社对外投资，其会计分录为：

借：对外投资——华征合作社联合社　　　　　　　　300 000
　　贷：银行存款　　　　　　　　　　　　　　　　　　　300 000

2. 以实物资产投资

以实物资产、无形资产等非货币性资产方式对外投资时，按照评估确认或者合同、协议约定的价值和相关税费，借记"对外投资"科目，按照已计提的累计折旧或摊销，借记"生产性生物资产累计折旧""累计折旧""累计摊销"科目；按照投出资产的原价（成本），贷记"消耗性生物资产""生产性生物资产""固定资产""无形资产"等科目，按照应支付的相关税费，贷记"应交税费"等科目；按照其差额，借记或贷记"资本公积"科目。

【例2-40】20×4年，玉丰合作社以库存鱼干300千克发给赣达公司作为投资，每千克实际成本为20元。

①若双方协议价为6 000元，其会计分录为：

借：对外投资——赣达公司　　　　　　　　　　　　　6 000
　　贷：产品物资——鱼干　　　　　　　　　　　　　　　6 000

②若双方协议价为 6 500 元，其会计分录为：

借：对外投资——赣达公司 6 500
　　贷：产品物资——鱼干 6 000
　　　　资本公积 500

③若双方协议价为 5 500 元，其会计分录为：

借：对外投资——赣达公司 5 500
　　资本公积 500
　　贷：产品物资——鱼干 6 000

【例 2-41】20×4 年，玉丰合作社以办公楼三楼向赣达公司进行投资，协议价为 10 000 元。该幢楼原值 30 000 元，已提折旧 12 000 元。

合作社对外投资，其会计分录为：

借：对外投资——赣达公司 10 000
　　累计折旧 12 000
　　资本公积 8 000
　　贷：固定资产 30 000

(二) **对外投资持有期间的核算**

被投资单位宣告分配现金股利或利润，联合社返还和分配盈余等时，借记"应收款"等科目，贷记"投资收益"等科目；实际收到现金股利或利润、盈余返还、盈余分配等时，借记"库存现金""银行存款"等科目，贷记"应收款"科目；获得股票股利时，不作账务处理，但应在备查簿中登记所增加的股份。

【例 2-42】20×4 年 1 月 1 日，玉丰合作社用银行存款购买章华公司发行的股票 20 000 股。章华公司年终宣告分配现金股利，每股 0.1 元；此外该公司赠送的股票股利，按每股配送 0.5 股。

年终宣告分配现金股利，其会计分录为：

借：应收款——应收股利 2 000
　　贷：投资收益 2 000

对于获得的股票股利，不作账务处理，但应在备查簿中登记所增加的股份。即合作社拥有章华公司共 30 000 股，其中原始股 20 000 股，新增股 10 000 股。

【例 2-43】接［例 2-42］收到章华公司发放的现金股利 2 000 元，已存入银行。

收到现金股利，其会计分录为：

借：银行存款 2 000
　　贷：应收款——应收股利 2 000

(三) **对外投资减少的核算**

到期收回或中途转让对外投资时，按照实际收回的价款或价值，借记"库存现金""银行存款"等科目，按照对外投资的账面余额，贷记"对外投资"科目，按照实际收回的价款或价值与账面余额的差额，借记或贷记"投资收益"科目。

【例 2-44】20×4 年 3 月 1 日，玉丰合作社购买的一年期政府债券 10 000 元到期，年利率为6%，计收本息10 600元，款项已存入银行。

债券到期，其会计分录为：

借：银行存款　　　　　　　　　　　　　　　　　　　　　10 600
　　贷：对外投资——政府债券　　　　　　　　　　　　　　　10 000
　　　　投资收益　　　　　　　　　　　　　　　　　　　　　　600

【例2-45】20×4年3月1日，玉丰合作社出售所持有的章华公司全部股票，售价20 000元，款项已存入银行。

出售股票，其会计分录为：

借：银行存款　　　　　　　　　　　　　　　　　　　　　20 000
　　贷：对外投资——章华公司股票　　　　　　　　　　　　　20 000

对外投资发生损失时，按规定程序批准后，按照应由责任人和保险公司赔偿的金额，借记"应收款""成员往来"等科目，按照扣除由责任人和保险公司赔偿的金额后的净损失，借记"投资收益"科目，按照发生损失对外投资的账面余额，贷记"对外投资"账户。

【例2-46】接[例2-38]20×4年3月1日发现华达公司发生破产，对外投资无法收回，其中，保险公司应赔偿6 000元，计提相应的损失。

计提损失，其会计分录为：

借：投资收益　　　　　　　　　　　　　　　　　　　　　　4 000
　　其他应收款——保险赔款　　　　　　　　　　　　　　　　6 000
　　贷：对外投资——华达公司　　　　　　　　　　　　　　　10 000

第七节　农民专业合作社生物资产核算

一、合作社生物资产的概述

合作社的生物资产是指为了生产、销售或者公益性目标而持有的生物性质的各类资产，即各种有生命的资产。消耗性生物资产包括生长中的大田作物、蔬菜、用材林以及存栏待售的牲畜、鱼虾贝类等为出售而持有的或在将来收获为农产品的生物资产。生产性生物资产包括经济林、薪炭林、产畜和役畜等为产出农产品、提供劳务或出租等目的而持有的生物资产。公益性生物资产包括防风固沙林、水土保持林和水源涵养林等以防护、环境保护为主要目的的生物资产。

二、合作社生物资产的计价

生物资产按照下列原则计价：

第一，购入的生物资产应当按照购买价款、应支付的相关税费、运输费以及外购过程发生的其他直接费用计价。

第二，自行栽培、营造、繁殖或养殖的消耗性生物资产，应当按照下列规定确定其成本：自行栽培的大田作物和蔬菜的成本，包括在收获前耗用的种子、肥料、农药等材料费、人工费和应分摊的间接费用等必要支出。自行营造的林木类消耗性生物资产的成本，包括郁闭前发生的造林费、抚育费、营林设施费、良种试验费、调查设计费和应分摊的间接费用等必要支出。自行繁殖的育肥畜的成本，包括出售前发生的饲料费、人工费和应分摊的间接费用等必要支出。水产养殖的动物和植物的成本，包括在出售或入库前耗用的苗种、饲料、肥料等材料费、人工费和应分摊的间接费用等必要支出。

第三，自行营造或繁殖的生产性生物资产，应当按照下列规定确定其成本：自行营造的林木类生产性生物资产的成本，包括达到预定生产经营目的前发生的造林费、抚育费、营林设施费、良种试验费、调查设计费和应分摊的间接费用等必要支出。自行繁殖的产畜和役畜的成本，包括达到预定生产经营目的（成龄）前发生的饲料费、人工费和应分摊的间接费用等必要支出。其中，达到预定生产经营目的，是指生产性生物资产进入正常生产期，可以多年连续稳定产出农产品、提供劳务或出租。

第四，自行营造的公益性生物资产，应当按照郁闭前发生的造林费、抚育费、森林保护费、营林设施费、良种试验费、调查设计费和应分摊的间接费用等必要支出计价。

第五，成员出资投入的生物资产，应当根据有关规定和合作社章程规定，按照有关凭据注明的金额加上相关税费、运输费等计价；没有相关凭据的，经过全体成员评估作价或由第三方机构评估作价、成员（代表）大会表决通过后，按照全体成员确认的价值计价。

第六，收到国家财政直接补助的生物资产（包括以前年度收到或形成但尚未入账的）或者他人捐赠的生物资产，应当按照有关凭据注明的金额加上相关税费、运输费等计价；没有相关凭据的，按照资产评估价值或者比照同类或类似生物资产的市场价格，加上相关税费、运输费等计价。如果无法采用上述方法计价的，应当按照名义金额（人民币1元，下同）计价，相关税费、运输费等计入其他支出，同时在备查簿中登记说明。

三、合作社生物资产的账户设置

在资产类设置"消耗性生物资产""生产性生物资产""生产性生物资产累计折旧""公益性生物资产"账户，进行总分类核算。明细核算时，一般按种类、群别、项目、所属部门、扶贫资产等设置明细账户。

为了全面反映和核算合作社持有的消耗性生物资产的实际成本，设置"消耗性生物资产"科目进行核算。该科目为资产类账户，借方登记以购入、自行栽培、自行营造、自行繁育、成员出资、财政直接补助、他人捐赠、盘盈、转为产畜或役畜淘汰转为育肥畜等方式取得，以及生产性质采伐而补植林木类消耗性生物资产发生的后续支出等的实际成本，贷方登记因收获入库、出售、对外投资、死亡毁损、盘亏等减少的消耗性生物资产的账面价值，期末借方余额反映合作社持有的消耗性生物资产的实际成本。

为了全面反映和核算合作社持有的生产性生物资产的原价（成本），设置"生产性生物资产"科目进行核算。该科目为资产类账户，借方登记以购入、自行营造、自行繁育、成员出资、财政直接补助、他人捐赠、幼畜转产（役）畜、育肥畜转产（役）畜、盘盈等方式取得，以及生产性采伐而补植林木类生产性生物资产后续支出等的实际成本，贷方登记因产（役）畜转育肥畜、出售、对外投资、死亡毁损、盘亏等减少的生产性生物资产的账面价值,期末借方余额反映合作社持有的生产性生物资产的原价(成本)。

为了全面反映和核算合作社持有的达到预定生产经营目的的生产性生物资产的累计折旧。设置"生产性生物资产累计折旧"科目进行核算。该科目为资产类账户,生产性生物资产达到预定生产经营目的后计提的折旧,记入"生产性生物资产累计折旧"的贷方;因出售、对外投资、死亡毁损等处置生产性生物资产,从借方结转对应累计折旧。期末贷方余额反映合作社达到预定生产经营目的的生产性生物资产的累计折旧额。

为了全面反映和核算合作社持有的公益性生物资产的实际成本,设置"公益性生物资产"科目进行核算。该科目为资产类账户,借方登记以购入、自行营造、成员出资、财政直接补助、他人捐赠、生物资产对转、盘盈等方式取得,以及生产性采伐而补植林木类公益性生物资产后续支出等的实际成本,贷方登记因生物资产对转、死亡毁损、盘亏等减少的公益性生物资产账面价值,一般无贷方发生额。期末借方余额反映合作社持有的公益性生物资产的实际成本。

四、合作社消耗性生物资产的核算

(一)购入消耗性生物资产的核算

合作社购入的消耗性生物资产,按照应计入消耗性生物资产成本的金额,借记"消耗性生物资产"科目,贷记"库存现金""银行存款""应付款"等科目。

【例2-47】玉丰合作社购入一批育肥畜(生猪),价款80 000元,运费200元,所有款项已全部用银行存款支付。

根据银行回执单,其会计分录为:

借:消耗性生物资产——幼畜及育肥畜(生猪)   80 200
  贷:银行存款   80 200

(二)自营消耗性生物资产的核算

1. 合作社自行栽培的大田作物和蔬菜等

按照收获前发生的必要支出,借记"消耗性生物资产"科目,贷记"库存现金""银行存款""产品物资""应付工资""应付劳务费"等科目。

【例2-48】玉丰合作社栽培10亩水稻。收获前,共领用种子500元、肥料2 000元、农药500元,应付工人工资2 000元、劳务费3 000元,用现金支付水电费800元。

栽培水稻,其会计分录为:

借:消耗性生物资产——大田作物(水稻)   8 800
  贷:产品物资——种子   500
        ——肥料   2 000
        ——农药   500
    应付工资   2 000
    应付劳务费   3 000
    库存现金   800

2. 合作社自行营造的林木类消耗性生物资产(如非经济林木)

按照郁闭前发生的必要支出,借记"消耗性生物资产"科目,贷记"库存现金""银行存款""产品物资""应付工资""应付劳务费"等科目。

【例2-49】玉丰合作社营造5亩用材林(杨树)。郁闭前,共领用种子300元、肥料800元、农药200元,应付工人工资1 800元、劳务费1 500元,用现金支付水电费200元。

营造用材林,其会计分录为:

借:消耗性生物资产——用材林(杨树)	4 800
贷:产品物资——种子	300
——肥料	800
——农药	200
应付工资	1 800
应付劳务费	1 500
库存现金	200

3. 合作社自行繁殖的育肥畜、水产养殖的鱼虾贝类等

按照出售或入库前发生的必要支出,借记"消耗性生物资产"科目,贷记"库存现金""银行存款""产品物资""应付工资""应付劳务费"等科目。

【例2-50】玉丰合作社自行养殖一批草鱼。在整个养殖期间领用鱼苗22 000元、饲料31 000元、应付工人工资10 000元、劳务费4 000元,并以银行存款支付防疫等费用1 600元。

自行养殖草鱼,其会计分录为:

借:消耗性生物资产——商品鱼(草鱼)	68 600
贷:产品物资——鱼苗	22 000
——饲料	31 000
应付工资	10 000
应付劳务费	4 000
银行存款	1 600

(三)取得成员出资投入消耗性生物资产的核算

合作社取得成员出资投入的消耗性生物资产,按照确定的成本,借记"消耗性生物资产"科目;按照成员应享有合作社成员出资总额的份额计算的金额,贷记"股金"科目;按照两者之间的差额,贷记或借记"资本公积"科目。

【例2-51】玉丰合作社新成员王某用一块杨树林作为入社的出资,经双方评估确认价值为22 000元,双方约定与该社创立时原社员缴纳的20 000元份额股享有同等的权利。

收到成员出资投入的杨树林,其会计分录为:

借:消耗性生物资产——用材林(杨树)	22 000
贷:股金——王某(份额股)	20 000
资本公积	2 000

(四) 收到国家财政直接补助或他人捐赠消耗性生物资产的核算

合作社收到国家财政直接补助的消耗性生物资产(包括以前年度收到或形成但尚未入账的)或者他人捐赠的消耗性生物资产，按照有关凭据注明的金额加上相关税费、运输费等，借记"消耗性生物资产"科目，贷记"专项基金"等科目。没有相关凭据的，按照资产评估价值或者比照同类或类似消耗性生物资产的市场价格，加上相关税费、运输费等，借记"消耗性生物资产"科目，贷记"专项基金"等科目。

如无法采用上述方法计价的，应当按照名义金额，借记"消耗性生物资产"科目，贷记"专项基金"科目，并设置备查簿进行登记和后续管理；按照实际发生的运输费和应支付的相关税费等，借记"其他支出"科目，贷记"库存现金""银行存款""应付款""应交税费"等科目。

【例 2-52】玉丰合作社收到县乡村振兴局捐赠的肉牛 5 头，所附发票购买金额为 50 000 元，县乡村振兴局另支付运输费 200 元。

收到县乡村振兴局捐赠的肉牛，其会计分录为：

借：消耗性生物资产——幼畜及育肥畜(肉牛)　　　　　　　　50 200
　　贷：专项基金　　　　　　　　　　　　　　　　　　　　　50 200

(五) 生产性生物资产转为消耗性生物资产的核算

合作社产畜或役畜淘汰转为育肥畜的，按照转群时的账面价值，借记"消耗性生物资产"科目，按照已计提的累计折旧，借记"生产性生物资产累计折旧"科目，按照其账面余额，贷记"生产性生物资产"科目。

【例 2-53】玉丰合作社淘汰的 1 头母猪，转为育肥猪，其账面余额 2 800 元，已计提累计折旧 1 000 元。

淘汰母猪转为育肥畜，其会计分录为：

借：消耗性生物资产——幼畜及育肥畜(生猪)　　　　　　　　1 800
　　生产性生物资产累计折旧　　　　　　　　　　　　　　　1 000
　　贷：生产性生物资产——产役畜(母猪)　　　　　　　　　　2 800

(六) 盘盈消耗性生物资产的核算

合作社盘盈的消耗性生物资产，按照同类或类似消耗性生物资产的市场价格或评估价值，借记"消耗性生物资产"科目，贷记"待处理财产损溢——待处理流动资产损溢"科目。

【例 2-54】玉丰合作社盘盈生猪 1 只，价值 200 元。

①发生生猪盘盈，其会计分录为：

借：消耗性生物资产——幼畜及育肥畜(生猪)　　　　　　　　200
　　贷：待处理财产损溢——待处理流动资产损溢　　　　　　　200

②按规定程序批准后处理，其会计分录为：

借：待处理财产损溢——待处理流动资产损溢　　　　　　　　200
　　贷：其他收入　　　　　　　　　　　　　　　　　　　　　200

(七) 消耗性生物资产后续支出核算

择伐、间伐或抚育更新性质采伐而补植林木类消耗性生物资产发生的后续支出，借记

"消耗性生物资产"科目，贷记"库存现金""银行存款""产品物资""应付工资""应付劳务费"等科目。

林木类消耗性生物资产达到郁闭后发生的管护费用等后续支出，借记"其他支出"科目，贷记"库存现金""银行存款""产品物资""应付工资""应付劳务费"等科目。

【例 2-55】玉丰合作社统一组织培植管护一片用材林。20×4 年 3 月，发生森林管护费用共计 80 万元，其中，本月应付人员薪酬 50 万元，仓库领用库存肥料 30 万元。其中，作为用材林的杨树林共计 400 公顷，已郁闭的占 80%，其余的尚未郁闭。

80%的杨树林已郁闭，按照规定，已郁闭后发生管护费需要计入"管理费用"，还没有郁闭的 20%杨树林，发生的管护费需要计入"消耗性生物资产"的成本中。

发生管护费用，其会计分录为：

借：消耗性生物资产——用材林（杨树林）　　　　　160 000
　　管理费用　　　　　　　　　　　　　　　　　　640 000
　贷：应付工资　　　　　　　　　　　　　　　　　　500 000
　　　产品物资——肥料　　　　　　　　　　　　　　300 000

（八）消耗性生物资产减少的核算

1. 消耗性生物资产收获的核算

合作社消耗性生物资产收获时，按照其账面余额，借记"产品物资"科目，贷记"消耗性生物资产"科目。

【例 2-56】玉丰合作社栽培 10 亩水稻收获稻谷 6 000 千克，其账面余额 10 600 元。稻谷入库，其会计分录为：

借：产品物资——水稻　　　　　　　　　　　　　　10 600
　贷：消耗性生物资产——大田作物（水稻）　　　　　10 600

2. 消耗性生物资产出售的核算

合作社出售消耗性生物资产时，按照实现的销售收入，借记"库存现金""银行存款""应收款"等科目，贷记"经营收入"等科目。按照其账面余额，借记"经营支出"等科目，贷记"消耗性生物资产"科目。

【例 2-57】玉丰合作社自行养殖的一批草鱼已成熟，出售给营销公司，实现销售收入 94 000 元，已存入银行。该批草鱼账面余额为 68 600 元。

①出售草鱼，其会计分录为：

借：银行存款　　　　　　　　　　　　　　　　　　94 000
　贷：经营收入　　　　　　　　　　　　　　　　　　94 000

②结转成本，其会计分录为：

借：经营支出　　　　　　　　　　　　　　　　　　68 600
　贷：消耗性生物资产——商品鱼（草鱼）　　　　　　68 600

3. 消耗性生物资产对外投资的核算

合作社以幼畜及育肥畜、消耗性林木资产等消耗性生物资产对外投资时，按照评估确认或者合同、协议约定的价值和相关税费，借记"对外投资"科目，按照消耗性生物资产的账面余额，贷记"消耗性生物资产"科目，按照应支付的相关税费，贷记"应交税费"等科目，按照其差额，借记或贷记"资本公积"科目。

【例 2-58】 玉丰合作社用一处杨树林向某生态旅游公司投资，作价 7 000 元，该杨树林账面余额为 6 000 元。

合作社对外投资，其会计分录为：

借：对外投资——某生态旅游公司　　　　　　　　　　　　　　7 000
　　贷：消耗性生物资产——用材林(杨树)　　　　　　　　　　　 6 000
　　　　资本公积　　　　　　　　　　　　　　　　　　　　　　 1 000

4. 消耗性生物资产死亡毁损、盘亏的核算

合作社消耗性生物资产死亡毁损、盘亏时，按照其账面余额，借记"待处理财产损溢——待处理流动资产损溢"科目，贷记"消耗性生物资产"项目。

【例 2-59】 玉丰合作社有一批苗木账面余额为 1 560 元，因聘用的管理人员李某施肥过量导致苗木全部死亡。

苗木毁损，其会计分录为：

借：待处理财产损溢——待处理流动资产损溢　　　　　　　　　 1 560
　　贷：消耗性生物资产——苗木　　　　　　　　　　　　　　　 1 560

按规定程序批准后处理时，按照可收回的责任人和保险公司赔偿的金额，借记"应收款""成员往来"等科目，按照残料价值，借记"产品物资"等科目，按照"待处理财产损溢——待处理流动资产损溢"科目相应余额，贷记"待处理财产损溢——待处理流动资产损溢"科目，按照其差额，借记"其他支出"科目。

【例 2-60】 接[例 2-59]这批苗木没有投保，经决定由管理员、合作社成员李某赔偿 1 000 元。

按规定程序批准后处理，其会计分录为：

借：成员往来——李某　　　　　　　　　　　　　　　　　　　 1 000
　　其他支出　　　　　　　　　　　　　　　　　　　　　　　　 560
　　贷：待处理财产损溢——待处理流动资产损溢　　　　　　　　 1 560

五、合作社生产性生物资产的核算

(一)购入生产性生物资产的核算

合作社购入的生产性生物资产，按照应计入生产性生物资产成本的金额，借记"生产性生物资产"科目，贷记"库存现金""银行存款""应付款"等科目。

【例 2-61】 玉丰合作社从市场购买未成龄母牛(成龄后产奶)10 头，以银行存款支付猪价款 10 000 元，现金支付运费 800 元。

合作社购买未成龄母牛(成龄后产奶)主要目的是为将来产出产品而长期持有，应属于生产性生物资产。

购买未成龄母牛，其会计分录为：

借：生产性生物资产——未成龄母牛　　　　　　　　　　　　　 10 800

贷：银行存款　　　　　　　　　　　　　　　　　　　　　　　　10 000
　　库存现金　　　　　　　　　　　　　　　　　　　　　　　　　800

(二)自营生产性生物资产的核算

自行营造的林木类生产性生物资产、自行繁殖的产畜和役畜等，按照达到预定生产经营目的前发生的必要支出，借记"生产性生物资产"科目，贷记"库存现金""银行存款""产品物资""应付工资""应付劳务费"等科目。

【例2-62】20×4年，玉丰合作社自营种植70亩瓜蒌，营造过程中领用种苗40 000元，移栽费5 000元，领用肥料5 000元、农药500元，支付管理人员工资10 000元，瓜蒌当年10月开始挂果达到预定生产经营目的，预计瓜蒌采摘寿命期8年，预计净残值为0元。

瓜蒌属于多年生植物，当年种植当年挂果，种苗一般在8年后淘汰更新。该合作社种植瓜蒌主要目的是连续多年采收瓜蒌的种子(瓜蒌子)。因此，上述自营种植70亩瓜蒌符合生产性生物资产的特征，应纳入合作社生产性生物资产核算。

①种植瓜蒌直接成本=5 000+35 000+5 000+5 000+5 00+10 000=60 500元。

种植瓜蒌，其会计分录为：

借：生产性生物资产——未成熟生产性生物资产(瓜蒌)　　　　60 500
　　贷：产品物资——种苗　　　　　　　　　　　　　　　　　　40 000
　　　　应付工资　　　　　　　　　　　　　　　　　　　　　　10 000
　　　　应付劳务费　　　　　　　　　　　　　　　　　　　　　　5 000
　　　　产品物资——肥料　　　　　　　　　　　　　　　　　　　5 000
　　　　　　　　　——农药　　　　　　　　　　　　　　　　　　　500

②20×4年10月，瓜蒌开始挂果，达到了预定生产经营目的。应在成熟时点将未成熟生产性生物资产(瓜蒌)成本结转至成熟生产性生物资产(瓜蒌)成本。

瓜蒌开始挂果，其会计分录为：

借：生产性生物资产——成熟生产性生物资产(瓜蒌)　　　　　　60 500
　　贷：生产性生物资产——未成熟生产性生物资产(瓜蒌)　　　　60 500

(三)取得成员出资投入生产性生物资产的核算

合作社取得成员出资投入的生产性生物资产，按照确定的成本，借记"生产性生物资产"科目，按照成员应享有合作社成员出资总额的份额计算的金额，贷记"股金"科目，按照两者之间的差额，贷记或借记"资本公积"科目。

【例2-63】玉丰合作社成员张三以种猪作为出资形式，经第三方市场估价并经成员代表会议讨论同意，估值为30 000元，经协商按28 000元确认股份。

收到成员投资，其会计分录为：

借：生产性生物资产——种猪　　　　　　　　　　　　　　　　30 000
　　贷：股金——张三　　　　　　　　　　　　　　　　　　　　28 000
　　　　资本公积　　　　　　　　　　　　　　　　　　　　　　 2 000

(四)收到国家财政直接补助或他人捐赠生产性生物资产的核算

合作社收到国家财政直接补助的生产性生物资产(包括以前年度收到或形成但尚未入

账的)或者他人捐赠的生产性生物资产,按照有关凭据注明的金额加上相关税费、运输费等,借记"生产性生物资产"科目,贷记"专项基金"等科目。没有相关凭据的,按照资产评估价值或者比照同类或类似生产性生物资产的市场价格,加上相关税费、运输费等,借记"生产性生物资产"科目,贷记"专项基金"等科目。如果无法采用上述方法计价的,应当按照名义金额,借记"生产性生物资产"科目,贷记"专项基金"科目,并设置备查簿进行登记和后续管理;按照实际发生的运输费和应支付的相关税费等,借记"其他支出"科目,贷记"库存现金""银行存款""应付款""应交税费"等科目。

【例2-64】玉丰合作社计划自行建造一处葡萄园,收到县乡村振兴局无偿提供的葡萄苗,市场价200 000元,本社应承担运费2 000元。

合作社自建葡萄园,其主要目的是连续多年采摘葡萄果实进行销售获取收益,因此该批捐赠的葡萄苗应属于生产性生物资产。

收到葡萄苗,其会计分录为:

借:生产性生物资产——未成熟生产性生物资产(葡萄苗)　　202 000
　　贷:专项基金　　　　　　　　　　　　　　　　　　　　200 000
　　　　应付款　　　　　　　　　　　　　　　　　　　　　　2 000

(五)消耗性生物资产转为生产性生物资产的核算

合作社幼畜成龄转为产畜或役畜、育肥畜转为产畜或役畜的,按照其账面余额,借记"生产性生物资产"科目,贷记"消耗性生物资产"科目。

【例2-65】玉丰合作社饲养的20头生猪已成龄,现全体转为母猪,预计可使用6年,购买价、饲养费用等相关费用账面价值共计62 000元。

生猪转为母猪,其会计分录为:

借:生产性生物资产——产役畜(母猪)　　　　　　　　　62 000
　　贷:消耗性生物资产——幼畜和育肥畜(生猪)　　　　　　62 000

(六)生产性生物资产盘盈的核算

盘盈的生产性生物资产,按照同类或类似生产性生物资产的市场价格或评估价值扣除按照该项生产性生物资产状况估计的折旧后的余额,借记"生产性生物资产"科目,贷记"待处理财产损溢——待处理非流动资产损溢"科目。

【例2-66】期末,玉丰合作社进行清查时发现,盘盈种猪1头,市场估价1 800元。

①发生种猪盘盈,其会计分录为:

借:生产性生物资产——产役畜(种猪)　　　　　　　　　1 800
　　贷:待处理财产损溢——待处理非流动资产损溢　　　　　1 800

②完成批准,其会计分录为:

借:待处理财产损溢——待处理非流动资产损溢　　　　　　1 800
　　贷:其他收入　　　　　　　　　　　　　　　　　　　　1 800

(七)生产性生物资产后续支出的核算

择伐、间伐或抚育更新等生产性采伐而补植林木类生产性生物资产发生的后续支出,借记"生产性生物资产"科目,贷记"库存现金""银行存款""产品物资""应付工资""应付劳务费"等科目。

生产性生物资产达到预定生产经营目的后发生的管护、饲养费用等后续支出，借记"经营支出"科目，贷记"库存现金""银行存款""产品物资""应付工资""应付劳务费"等科目。

【例2-67】玉丰合作社有一片进入稳产成熟期的苹果树林，20×4年3月，领用肥料10 000元，应付人工费3 000元。

发生管护费用，其会计分录为：

借：经营支出　　　　　　　　　　　　　　　　　　　　　　　　13 000
　　贷：产品物资——肥料　　　　　　　　　　　　　　　　　　10 000
　　　　应付劳务费　　　　　　　　　　　　　　　　　　　　　 3 000

（八）生产性生物资产计提折旧的核算

合作社应当对所有达到预定生产经营目的的生产性生物资产计提折旧，但以名义金额计价的生产性生物资产除外。对于达到预定生产经营目的的生产性生物资产，合作社应当对生产性生物资产原价(成本)扣除其预计净残值后的部分在生产性生物资产使用寿命内按照年限平均法或工作量法计提折旧，并根据其受益对象计入相关资产成本或者当期损益。

达到预定生产经营目的的生产性生物资产计提的折旧，借记"生产成本""经营支出"等科目，贷记"生产性生物资产"科目。因出售、对外投资、死亡毁损等原因处置生产性生物资产，还应同时结转生产性生物资产累计折旧。

【例2-68】玉丰合作社能繁母猪成本为12 000元，能繁母猪使用寿命3年，预计残值率为10%。

年折旧额：12 000×(1-10%)÷3＝3 600元

计提折旧，其会计分录为：

借：生产成本　　　　　　　　　　　　　　　　　　　　　　　　3 600
　　贷：生产性生物资产累计折旧　　　　　　　　　　　　　　　 3 600

（九）生产性生物资产减少的核算

1. 生产性生物资产出售的核算

合作社出售生产性生物资产时，按照取得的价款，借记"库存现金""银行存款"等科目，按照已计提的累计折旧，借记"生产性生物资产累计折旧"科目；按照生产性生物资产原价(成本)，贷记"生产性生物资产"科目，按照其差额，借记"其他支出"科目或贷记"其他收入"科目。

【例2-69】玉丰合作社期末由于经营状况不佳，出售能繁母猪5头，取得价款8 200元，该批能繁母猪已提取折旧1 000元，成本6 000元。

①出售能繁母猪，其会计分录为：

借：银行存款　　　　　　　　　　　　　　　　　　　　　　　　8 200
　　生产性生物资产累计折旧　　　　　　　　　　　　　　　　　 1 000
　　贷：生产性生物资产——产役畜(母猪)　　　　　　　　　　　 6 000
　　　　其他收入　　　　　　　　　　　　　　　　　　　　　　 3 200

②若受市场因素的影响，能繁母猪价格下跌，出售价款 4 800 元。

出售能繁母猪，其会计分录为：

借：银行存款　　　　　　　　　　　　　　　　　　　　　4 800
　　生产性生物资产累计折旧　　　　　　　　　　　　　　1 000
　　其他支出　　　　　　　　　　　　　　　　　　　　　　200
　　贷：生产性生物资产——产役畜(母猪)　　　　　　　　　　　6 000

2. 生产性生物资产对外投资的核算

合作社以生产性生物资产对外投资时，按照评估确认或者合同、协议约定的价值和相关税费，借记"对外投资"科目；按照已计提的累计折旧，借记"生产性生物资产累计折旧"科目；按照生产性生物资产原价(成本)，贷记"生产性生物资产"科目；按照应支付的相关税费，贷记"应交税费"等科目；按照其差额，借记或贷记"资本公积"科目。

【例2-70】玉丰合作社培育的种猪现对外投资，经双方协商估价 38 000 元，已计提折旧 6 000 元，该批种猪成本 35 000 元。

①合作社对外投资，其会计分录为：

借：对外投资　　　　　　　　　　　　　　　　　　　　38 000
　　生产性生物资产累计折旧　　　　　　　　　　　　　　6 000
　　贷：生产性生物资产——产役畜(母猪)　　　　　　　　　35 000
　　　　资本公积　　　　　　　　　　　　　　　　　　　　9 000

②若双方评估价为 26 000 元，其会计分录为：

借：对外投资　　　　　　　　　　　　　　　　　　　　26 000
　　生产性生物资产累计折旧　　　　　　　　　　　　　　6 000
　　资本公积　　　　　　　　　　　　　　　　　　　　　3 000
　　贷：生产性生物资产——产役畜(母猪)　　　　　　　　　35 000

3. 生产性生物资产死亡毁损和盘亏的核算

生产性生物资产死亡毁损、盘亏时，按照生产性生物资产账面价值，借记"待处理财产损溢——待处理非流动资产损溢"科目；按照已计提的累计折旧，借记"生产性生物资产累计折旧"科目；按照生产性生物资产原价(成本)，贷记"生产性生物资产"科目。按规定程序批准后处理时，按照可收回的责任人和保险公司赔偿的金额，借记"应收款""成员往来"等科目；按照残料价值，借记"产品物资"等科目；按照"待处理财产损溢——待处理非流动资产损溢"科目相应余额，贷记"待处理财产损溢——待处理非流动资产损溢"科目；按照其差额，借记"其他支出"科目。

【例2-71】玉丰合作社在饲养过程中，一头能繁母猪因病死亡，成本为 2 000 元，根据责任划分，保险公司赔偿 800 元，责任人甲成员赔偿 500 元，其余损失由合作社承担。假设已提折旧 300 元。

①能繁母猪死亡，其会计分录为：

借：待处理财产损溢——待处理非流动资产损溢　　　　　1 700
　　生产性生物资产累计折旧　　　　　　　　　　　　　　　300

贷：生产性生物资产——产役畜（母猪）	2 000

②经规定程序批准，其会计分录为：

借：成员往来——甲	500
应收款——保险公司	800
其他支出	400
贷：待处理财产损溢——待处理非流动资产损溢	1 700

六、合作社公益性生物资产的核算

公益性生物资产应按照取得时的实际成本计价。合作社按照下列原则确定取得公益性生物资产的实际成本，进行账务处理。

（一）公益性生物资产增加的核算

（1）购入的公益性生物资产

按照应计入公益性生物资产成本的金额，借记"公益性生物资产"科目，贷记"库存现金""银行存款""应付款"等科目。

（2）自行营造的林木类公益性生物资产

按照郁闭前发生的必要支出，借记"公益性生物资产"科目，贷记"库存现金""银行存款""产品物资""应付工资""应付劳务费"等科目。

（3）取得成员出资投入的公益性生物资产

按照确定的成本，借记"公益性生物资产"科目，按照成员应享有合作社成员出资总额的份额计算的金额，贷记"股金"科目，按照两者之间的差额，贷记或借记"资本公积"科目。

（4）收到国家财政直接补助的公益性生物资产（包括以前年度收到或形成但尚未入账的）或者他人捐赠的公益性生物资产

按照有关凭据注明的金额加上相关税费、运输费等，借记"公益性生物资产"科目，贷记"专项基金"等科目。没有相关凭据的，按照资产评估价值或者比照同类或类似公益性生物资产的市场价格，加上相关税费、运输费等，借记"公益性生物资产"科目，贷记"专项基金"等科目。如果无法采用上述方法计价的，应当按照名义金额，借记"公益性生物资产"科目，贷记"专项基金"科目，并设置备查簿进行登记和后续管理；按照实际发生的运输费和应支付的相关税费等，借记"其他支出"科目，贷记"库存现金""银行存款""应付款""应交税费"等科目。

【例2-72】 玉丰合作社营造公益林一处，郁闭前总费用150 000元，其中树苗由平湖林草公司捐赠，发票价100 000元，栽植等费用50 000元已用银行存款支付。

营造公益林，其会计分录为：

借：公益性生物资产——公益林	150 000
贷：专项基金	100 000
银行存款	50 000

（5）消耗性生物资产、生产性生物资产转为公益性生物资产

按照其账面余额或账面价值，借记"公益性生物资产"科目，按照已计提的生产性生物

资产累计折旧,借记"生产性生物资产累计折旧"科目,按照其账面余额,贷记"消耗性生物资产""生产性生物资产"等科目。

【例2-73】20×4年7月,由于区域生态环境的需要,玉丰合作社的12公顷造纸原料林(杨树)被划为防风固沙林,仍由合作社负责管理,该林的账面余额80 000元。

造纸原材林划为防风固沙林,其会计分录为:

借:公益性生物资产——防风固沙林(杨树)　　　　　　　80 000
　　贷:消耗性生物资产——造纸原料林(杨树)　　　　　　80 000

公益性生物资产转为消耗性生物资产或生产性生物资产时,应按其账面余额,借"消耗性生物资产"或"生产性生物资产"科目,贷记"公益性生物资产"科目。

(二)公益性生物资产后续支出的核算

择伐、间伐或抚育更新等生产性采伐而补植林木类公益性生物资产发生的后续支出,借记"公益性生物资产"科目,贷记"库存现金""银行存款""产品物资""应付工资""应付劳务费"等科目。林木类公益性生物资产郁闭后发生的管护费用等其他后续支出,借记"其他支出"科目,贷记"库存现金""银行存款""产品物资""应付工资""应付劳务费"等科目。

【例2-74】玉丰合作社林木类公益性生物资产郁闭后发生管护费用10 000元,由开户行结清。

发生管护费用,其会计分录为:

借:其他支出——公益性生物资产管护费　　　　　　　　10 000
　　贷:银行存款　　　　　　　　　　　　　　　　　　　10 000

第八节　农民专业合作社固定资产核算

一、合作社固定资产的特征

固定资产是合作社生产与发展的重要物质基础,其数量规模与质量标准往往直接影响合作社发展和壮大。具体到每个合作社,固定资产又有许多种类,用途各异,差别很大。同时,如果对其管理有所放松,会导致资产丢失、毁坏、低价承包、折股变卖等资产流失现象的发生,在很大程度上也会影响合作社发展。因此,必须加强固定资产的管理与核算,按《农民专业合作社会计制度》的要求,把除土地资产项目以外的固定资产全部纳入账内核算。

合作社的固定资产是指使用年限在一年以上,单位价值在2 000元以上,并在使用过程中基本保持原有物质形态的资产,包括房屋、建筑物、机器、设备、工具、器具和农业农村基础设施等。单位价值虽未达到规定标准,但使用年限在一年以上的大批同类物资也可列为固定资产。

二、合作社固定资产的确认条件

固定资产同时满足下列条件的,才能予以确认。

（一）与该固定资产有关的经济利益很可能流入合作社

资产最基本的特征是预期能给合作社带来经济利益，如果预期不能给合作社带来经济利益，就不能确认为合作社的资产。对固定资产的确认来说，如果某一固定资产预期不能给合作社带来经济利益，就不能确认为合作社的固定资产。

在实际工作中，判断固定资产包含的经济利益是否很可能流入合作社，主要依据是该固定资产所有权相关的风险和报酬是否转移到了合作社。其中，与固定资产所有权相关的风险是指由于经营情况变化造成的相关收益的变动，以及由于资产闲置、技术陈旧、报废、减值等原因造成的损失；与固定资产所有权相关的报酬是指在固定资产预计使用寿命内直接使用该资产而增加的收入，以及处置该资产所实现的利得等。

例如，合作社持有的农业机械，最初购入时作为合作社的固定资产，但由于生锈或损坏等原因不能再作业时，则不能再作为合作社的固定资产。例如，合作社以融资租赁的方式租入的设备，由于与该固定资产所有权相关的风险和报酬已经转移到了合作社，因此，应作为合作社的固定资产。

（二）该固定资产的成本能够可靠地计量

固定资产是合作社资产的重要组成部分，其所发生的支出也必须能够可靠地计量。如果固定资产的成本能够可靠地计量，并同时满足其他确认条件，就可以加以确认；否则，合作社不应加以确认。

三、合作社固定资产的分类

为管好、用好固定资产，合作社应当按照一定标准对固定资产进行适当分类。合作社的固定资产根据不同的管理需要和核算要求以及不同的分类标准，可以进行不同的分类，主要有以下几种分类方法。

（一）按经济用途分类

固定资产按经济用途分类，可分为生产经营用固定资产和非生产经营用固定资产。

生产经营用固定资产，是指直接被合作社生产经营过程所使用，并为合作社生产经营过程提供服务或发挥效能的各种固定资产。例如，合作社生产经营用房屋、建筑物、机器、设备、工具、器具及农业农村基础设施等。

非生产经营用固定资产，是指不直接被合作社生产经营过程所使用，而是为合作社的成员生活、福利等方面提供服务或发挥效能的各种固定资产。例如，成员俱乐部等方面的房屋、建筑物等。但我国合作社还处于初级阶段，此类的固定资产相对会比较少。

（二）按使用情况分类

固定资产按使用情况分类，可分为使用中固定资产、未使用固定资产、不需用固定资产。

使用中固定资产，是指正在使用中的经营性和非经营性固定资产。由于季节性经营或大修理等原因，暂时停止使用的固定资产仍属于使用中固定资产，合作社经营性租赁出租的固定资产也属于使用中固定资产。

未使用固定资产，是指合作社所拥有但未被生产经营或非生产经营过程使用的固定资产,例如,合作社购建的尚未安装的固定资产、经营任务变更停止使用的固定资产。

不需用固定资产,是指不再适用于本合作社需要的固定资产。例如,由于合作社经营对象变更、合作社自行淘汰弃用的不能报废处理且仍有一定使用价值和价值的各种固定资产。

(三)按所有权分类

固定资产按所有权分为自有固定资产和租入固定资产。

自有固定资产,是指合作社拥有的可供合作社自由地支配使用的固定资产。

租入固定资产,是指合作社采用租赁方式从其他合作社或个人、单位租入的固定资产。

合作社对租入固定资产依照租赁合同拥有使用权,同时负有支付租金的义务,但资产的所有权属于出租单位。租入固定资产可分为经营性租入固定资产和融资性租入固定资产。

四、合作社固定资产增加的核算

固定资产核算包括实物核算和价值核算,并以价值核算为主。对固定资产进行正确计价,是进行固定资产价值核算的基础,是保证固定资产核算真实性和统一性的先决条件。固定资产核算应当根据历史成本原则对合作社取得的固定资产按照成本进行初始计量,构成固定资产原始价值,又称原价或原值。合作社对于已按原始价值入账的固定资产,一般情况下不能随意变动原始入账价值。

为了全面反映和核算合作社固定资产的原价(成本),设置"固定资产"科目进行核算。该科目为资产类账户,借方登记增加的固定资产原值,贷方登记减少的固定资产原值,期末借方余额反映合作社持有的固定资产的原价(成本)。合作社应当设置"固定资产登记簿"和"固定资产卡片",按照固定资产类别和项目、是否属于扶贫项目资产等设置明细科目,进行明细核算。

固定资产的来源不同,其价值构成的具体内容也不尽相同,合作社应当根据具体情况分别确定固定资产的入账价值。

(一)购入固定资产核算

购入固定资产的成本,包括购买价款、相关税费、使固定资产达到预定可使用状态前所发生的可归属于该项资产的运输费、装卸费、安装费和专业人员服务费等。购入的固定资产,分为购入不需要安装的固定资产和购入需要安装的固定资产,其会计核算各不相同。

1. 购入不需要安装的固定资产

购入不需要安装的固定资产,按照购买价款和采购费、应支付的相关税费、包装费、运输费、装卸费、保险费以及外购过程发生的其他直接费用计价,借记"固定资产"科目,贷记"库存现金""银行存款""应付款"等科目。

【例2-75】玉丰合作社购入增氧机一台,不需要安装,发票价款2 000元,运费300元,以银行存款支付。

合作社支付设备价款、运费，其会计分录为：
借：固定资产——增氧机　　　　　　　　　　　　　　　　2 300
　　贷：银行存款　　　　　　　　　　　　　　　　　　　　　　　2 300

2. 购入需要安装的固定资产

购入需要安装或改装的固定资产，是指合作社购入的固定资产需要经过安装或改装以后才能达到预定可使用状态，还应当加上安装费或改装费，先记入"在建工程"科目，待安装完毕交付使用时，按照其实际成本，借记"固定资产"科目，贷记"在建工程"科目。

为了全面反映和核算合作社进行工程建设、设备安装、农业农村基础设施建造、固定资产改建等发生的实际支出，设置"在建工程"科目进行核算。该科目为资产类账户，借方登记各项在建工程建设发生的实际支出，贷方登记工程完工交付使用后应转入"固定资产"账户或未形成固定资产而应转入"经营支出""其他支出"账户的已完工工程的实际成本，期末借方余额反映合作社尚未交付使用的工程项目的实际支出。

【例2-76】玉丰合作社购入鱼干加工设备一套，购置费57 200元，增值税税率13%，以银行存款支付，以现金支付安装费用500元，领用安装材料1 500元。

①支付设备价款，其会计分录为：
借：在建工程　　　　　　　　　　　　　　　　　　　　 57 200
　　应交税费——应交增值税(进项税)　　　　　　　　　　 7 436
　　贷：银行存款　　　　　　　　　　　　　　　　　　　　　　　64 636

②领用安装材料和支付安装费用，其会计分录为：
借：在建工程　　　　　　　　　　　　　　　　　　　　　2 000
　　贷：产品物资　　　　　　　　　　　　　　　　　　　　　　　1 500
　　　　库存现金　　　　　　　　　　　　　　　　　　　　　　　　500

③安装完工、验收合格交付使用后，按实际成本转账，其会计分录为：
借：固定资产——加工设备　　　　　　　　　　　　　　 59 200
　　贷：在建工程　　　　　　　　　　　　　　　　　　　　　　　59 200

(二)新建固定资产核算

合作社生产经营所需要的固定资产，除了购入取得外，还经常根据生产经营的需要，利用自有的人力、物力条件自行建造固定资产。新建的房屋、建筑物、农业农村基础设施等固定资产，应当按照竣工验收的决算价计价。建造过程中发生的全部工程支出要通过"在建工程"科目进行核算。工程完工交付使用时，在建工程的实际成本，转入"固定资产"科目。

新建的固定资产按其实施的方式不同可分为自营建造和发包建造两种。

1. 自营工程建造形成的固定资产

自营的工程，领用物资或产品时，按照领用物资或产品的实际成本，借记"在建工程"科目，贷记"产品物资"等科目。工程应负担的员工工资、劳务费等人员费用，借记"在建工程"科目，贷记"成员往来""应付工资""应付劳务费"等科目。

【例2-77】玉丰合作社新建房屋一幢，建设过程中发生下列经济业务。

①购入工程用材料物资一批，价税款共计22 600元，以银行存款支付。

根据银行回执单，其会计分录为：

借：产品物资　　　　　　　　　　　　　　　　　　　20 000
　　应交税费——应交增值税(进项税)　　　　　　　　2 600
　　贷：银行存款　　　　　　　　　　　　　　　　　　　　22 600

②工程领用材料物资 180 000 元。

根据材料领用单，其会计分录为：

借：在建工程——自营工程　　　　　　　　　　　　180 000
　　贷：产品物资　　　　　　　　　　　　　　　　　　　　180 000

③以银行存款支付工程水电费 2 000 元。

根据银行回执单，其会计分录为：

借：在建工程——自营工程　　　　　　　　　　　　　2 000
　　贷：银行存款　　　　　　　　　　　　　　　　　　　　2 000

④工程应负担劳务费用 600 元，以现金支付。

根据支付凭证，其会计分录为：

借：在建工程——自营工程　　　　　　　　　　　　　　600
　　贷：库存现金　　　　　　　　　　　　　　　　　　　　600

⑤工程领用自产产品一批，入库成本 4 200 元。

根据产品领用单，其会计分录为：

借：在建工程——自营工程　　　　　　　　　　　　　4 200
　　贷：产品物资——自产产品　　　　　　　　　　　　　　4 200

⑥房屋工程完工，验收合格后交付使用。

按实际成本 186 800 元转入固定资产，其会计分录为：

借：固定资产——房屋　　　　　　　　　　　　　　186 800
　　贷：在建工程——自营工程　　　　　　　　　　　　　186 800

2. 发包工程形成的固定资产

发包工程建设，根据合同规定向承包企业预付工程款，按实际预付的价款，借记"在建工程"科目，贷记"银行存款"等科目；以拨付材料抵作工程款的，应按材料的实际成本，借记"在建工程"科目，贷记"产品物资"等科目；将需要安装的设备交付承包企业进行安装时，应按该设备的成本，借记"在建工程"科目，贷记"产品物资"等科目。与承包企业办理工程价款结算时，补付的工程款，借记"在建工程"科目，贷记"银行存款""应付款"等科目。

【例 2-78】玉丰合作社建造冷库一座，发包给建筑公司，工程价款 120 000 元。根据合同规定，工程开工时，以银行存款预付工程价款 60%，其余 40% 待工程竣工验收合格后一次付清。

①以银行存款预付工程价款 72 000 元，预付工程价款，其会计分录为：

借：在建工程——发包工程　　　　　　　　　　　　72 000
　　贷：银行存款　　　　　　　　　　　　　　　　　　　　72 000

②工程完工验收合格后,以银行存款补付工程价款 48 000 元,其会计分录为:

借:在建工程——发包工程　　　　　　　　　　　　48 000
　　贷:银行存款　　　　　　　　　　　　　　　　　　48 000

③工程完工验收合格并交付使用后,结转工程全部支出 120 000 元,其会计分录为:

借:固定资产——冷库　　　　　　　　　　　　　120 000
　　贷:在建工程——发包工程　　　　　　　　　　　　120 000

3. 改建、扩建的固定资产

合作社由于生产经营的需要,有时需对原有固定资产进行改建或扩建。改建、扩建后的价值按原有固定资产的账面原值,加上由于改建、扩建而增加的支出,减去改建、扩建过程中发生的变价收入后的余额作为固定资产的原值。在原有固定资产的基础上进行改建、扩建,不增加固定资产数量,只增加其价值。合作社进行固定资产的改建、扩建,可以自营,也可以采取发包方式进行。

【例 2-79】玉丰合作社为充分发挥现有资源,决定对现有的普通运输车的车厢改装成鲜鱼运输车,该运输车的原值为 70 000 元,已提折旧 20 000 元,以银行存款支付改装费用 6 000 元,拆除材料变价收入 2 000 元存入银行。该运输车的改装工程承包给永发车厢改装车。

①结转普通运输车净值,其会计分录为:

借:在建工程——改装工程　　　　　　　　　　　　50 000
　　累计折旧　　　　　　　　　　　　　　　　　　20 000
　　贷:固定资产——运输车　　　　　　　　　　　　　70 000

②支付改装费用 6 000 元,其会计分录为:

借:在建工程——改装工程　　　　　　　　　　　　 6 000
　　贷:银行存款　　　　　　　　　　　　　　　　　　 6 000

③收到拆除材料的变价收入 2 000 元,其会计分录为:

借:银行存款　　　　　　　　　　　　　　　　　　 2 000
　　贷:在建工程——改装工程　　　　　　　　　　　　 2 000

④改装工程完工验收合格,结转相应成本,其会计分录为:

借:固定资产——运输车　　　　　　　　　　　　　54 000
　　贷:在建工程——改装工程　　　　　　　　　　　　54 000

(三)成员出资投入固定资产核算

成员出资投入的固定资产,应当根据有关规定和合作社章程规定,按照有关凭据注明的金额加上相关税费、运输费等计价;没有相关凭据的,经过全体成员评估作价或由第三方机构评估作价、成员(代表)大会表决通过后,按照全体成员确认的价值计价。按照投资各方确认的价值,借记"固定资产"科目,按照经过批准的投资者所应拥有以合作社注册资本份额计算的资本金额,贷记"股金"科目,按照两者之间的差额,借记或贷记"资本公积"科目。

【例 2-80】玉丰合作社收到成员王海投入全新运输车一辆,确认价格为 70 000 元,经过成员大会批准,王海拥有以合作社注册资本份额计算的资本金额 3 000 元,投资股

65 000元，差价2 000元作为资本公积。

合作社收到成员投资的设备，其会计分录为：

借：固定资产——运输车	70 000
贷：股金——王海	68 000
资本公积	2 000

(四)收到国家财政直接补助或者他人捐赠的固定资产核算

收到国家财政直接补助的固定资产(包括以前年度收到或形成但尚未入账的)或者他人捐赠的固定资产，按照有关凭据注明的金额加上相关税费、运输费等，借记"固定资产"科目，贷记"专项基金"等科目；没有相关凭据的，按照资产评估价值或者比照同类或类似固定资产的市场价格，加上相关税费、运输费等，借记"固定资产"科目，贷记"专项基金"等科目。如果无法采用上述方法计价的，应当按照名义金额，借记"固定资产"科目，贷记"专项基金"科目，并设置备查簿进行登记和后续管理；按照实际发生的运输费和应支付的相关税费等，借记"其他支出"科目，贷记"库存现金""银行存款""应付款""应交税费"等科目。

【例2-81】玉丰合作社接受赣达公司捐赠全新柜式空调一台，所附发票的金额6 000元，另支付运费、安装费400元。

收到赣达公司捐赠的空调，其会计分录为：

借：固定资产——空调	6 400
贷：专项基金	6 000
库存现金	400

【例2-82】玉丰合作社接受赣达公司捐赠地秤一台，赣达公司未提供发票，市场同类固定资产的价格是4 000元，另支付运费200元。

收到赣达公司捐赠的地秤，其会计分录为：

借：固定资产——地秤	4 200
贷：专项基金	4 000
库存现金	200

【例2-83】玉丰合作社接受赣达公司捐赠无市场价格的设备一台，名义金额10 000元，合作社负担运费50元。

收到赣达公司捐赠的设备，其会计分录为：

借：固定资产——设备	10 000
其他支出	50
贷：专项基金	10 000
库存现金	50

(五)盘盈固定资产核算

合作社盘盈固定资产，按照同类或类似固定资产的市场价格或评估价值扣除按照该项固定资产新旧程度估计的折旧后的余额，借记"固定资产"科目，贷记"待处理财产损溢——待处理非流动资产损溢"科目。按规定程序批准后处理时，按照"待处理财产损溢——待处理非流动资产损溢"科目余额，借记"待处理财产损溢——待处理非流动资产损溢"，贷记"其他收入"科目。

【例2-84】玉丰合作社盘盈已使用过的柜式空调一台，目前市场同类产品估价6 000元，经专业人士评估该空调八成新。

合作社盘盈已使用过的柜式空调，其会计分录为：

借：固定资产——空调　　　　　　　　　　　　　　　　　　　4 800
　　贷：待处理财产损溢——待处理非流动资产损溢　　　　　　4 800
借：待处理财产损溢——待处理非流动资产损溢　　　　　　　　4 800
　　贷：其他收入　　　　　　　　　　　　　　　　　　　　　4 800

五、合作社固定资产的折旧

(一)折旧的含义

固定资产折旧是指在固定资产使用寿命期内，按照确定的方法对应计折旧额进行系统分摊。其中，应计折旧额是指应当计提折旧的固定资产的原价(成本)扣除其预计净残值后的余额，而预计净残值是指固定资产使用寿命结束后，固定资产处置过程中发生的处置收入扣除处置费用后的余额。例如，合作社购入的运输鲜鱼的运输车原价是100 000元，10年的使用寿命结束后，运输车的预计净残值2 000元，则应计折旧额为98 000元，因为这部分的价值都已转移到生产经营成本去了。

(二)计提折旧的范围

为了准确地计算固定资产折旧额，首先要明确其计提折旧的范围。《农民专业合作社会计制度》规定，合作社应当对所有的固定资产计提折旧，但以名义金额计价的固定资产除外。

1. 合作社应计提折旧的固定资产

(1)房屋和建筑物(不论是否使用)。

(2)在用的机械、机器设备、运输车辆、工具器具和农业农村基础设施。

(3)季节性停用和大修理停用的固定资产。其中，季节性使用的固定资产，要在使用期内提足全年折旧。

(4)融资租入和以经营租赁方式租出的固定资产。

2. 不计提折旧的固定资产

(1)房屋和建筑物以外的未使用、不需用的固定资产。

(2)以经营租赁方式租入和以融资租赁方式租出的固定资产。

(3)已提足折旧继续使用的固定资产。

(4)国家规定不提折旧的其他固定资产。

(三)计提折旧的时间

合作社应当按月计提固定资产折旧，并根据用途分别计入相关资产的成本或当期费用。合作社在实际计提固定资产折旧时，当月增加的固定资产，当月不计提折旧，从下月起计提折旧；当月减少的固定资产，当月仍计提折旧，从下月起不再计提折旧。固定资产提足折旧后，不论能否继续使用，均不再计提折旧；提前报废的固定资产，也不再补提折旧。

处于更新改造过程中而停止使用的固定资产，因已经转入在建工程，不计提折旧，待更新改造项目达到预计可使用状态转为固定资产后，再按重新确定的折旧方法和尚可使用的年限计提折旧。

(四) 计提折旧的方法及核算

《农民专业合作社会计制度》规定，固定资产的折旧方法可在"平均年限法""工作量法"等方法中任选一种。折旧方法一经选定，不得随意变动。折旧方法不同，应计折旧额的各期分摊额就不同，各期资产的计价就有区别，各期损益也不同。

合作社的固定资产，不论是采用哪种折旧方法、按哪种折旧率计提的折旧，到月末或季末、年末，都应该按其用途和使用地点，计入有关的支出项目，以便使固定资产损耗价值得到及时补偿。

为全面反映和核算合作社固定资产计提的累计折旧，设置"累计折旧"科目进行核算。该科目为资产类账户，贷方登记合作社当期计提固定资产折旧，借方登记因固定资产报废、毁损等原因需结转的合作社固定资产计提的累计折旧。期末贷方余额反映合作社固定资产的累计折旧额。"累计折旧"科目应按相应固定资产的类别和项目、是否属于扶贫项目资产等设置明细科目，进行明细核算。

生产经营用的固定资产计提的折旧，借记"生产成本"等科目，贷记"累计折旧"科目；管理用的固定资产计提的折旧，借记"管理费用"科目，贷记"累计折旧"科目；用于公益性用途的固定资产计提的折旧，借记"其他支出"科目，贷记"累计折旧"科目。

1. 平均年限法

平均年限法是将固定资产的应计折旧额在固定资产整个预计使用年限内，平均分摊的折旧方法。采用这种方法，每年计提的折旧额是相等的，并且累计的折旧额呈直线上升，所以也称直线法。其计算公式如下：

$$固定资产年折旧额 = \frac{固定资产原值 - 预计净残值}{预计使用年限}$$

$$固定资产月折旧额 = \frac{固定资产年折旧额}{12}$$

在实际工作中，通常利用折旧率来计算固定资产折旧额。折旧率是指固定资产折旧额与原始价值的比率，用折旧率与其原值相乘，便可求出某一时间的折旧额。固定资产折旧率按照计算时间的长短不同分为年折旧率和月折旧率，按照计算对象包括的范围不同，分为个别折旧率、分类折旧率和综合折旧率3种。

$$固定资产年折旧率 = \frac{固定资产年折旧额}{固定资产原值} \times 100\%$$

当掌握固定资产净残值率资料时，折旧率可按下列公式计算：

$$固定资产年折旧率 = \frac{1 - 预计净残值率}{折旧年限}$$

$$固定资产月折旧率 = \frac{固定资产年折旧率}{12}$$

个别折旧率又称单项折旧率,是以每项固定资产为单位计算的折旧率。分类折旧率是按固定资产类别分类计算的平均折旧率。综合折旧率是按全部固定资产平均计算的折旧率。3 类折旧率的计算公式如下:

$$某项固定资产年(月)折旧率 = \frac{该项固定资产年(月)折旧额}{该项固定资产原值} \times 100\%$$

$$某类固定资产年(月)折旧率 = \frac{该类固定资产年(月)折旧额}{该类应计提折旧的固定资产原值之和} \times 100\%$$

$$固定资产综合年(月)折旧率 = \frac{全部固定资产年(月)折旧额}{全部固定资产原值之和} \times 100\%$$

【例 2-85】将前述[例 2-75]至[例 2-78]依次所取得的固定资产的情况分别见表 2-4 所列。

表 2-4 固定资产折旧明细表 I

固定资产	原值(元)	使用年限(年)	净残值率	用途	月折旧额(元)
增氧机	2 300.00	2	2%	生产	93.92
加工设备	60 000.00	5	2%	生产	980.00
房屋	186 800.00	10	10%	办公场所	1 401.00
冷库	120 000.00	10	10%	生产	900.00

以[例 2-75]增氧机一台为例,若按年计提折旧,则:年折旧额 = [2 300×(1-2%)]÷2 = 1 127(元);若按月计提折旧 = 1 127÷12 = 93.92(元)。其他固定资产计算折旧的方法相同。

合作社月末计提折旧,其会计分录为:

借:生产成本   1 973.92
    管理费用   1 401.00
  贷:累计折旧——增氧机   93.92
      累计折旧——加工设备   980.00
      累计折旧——房屋   1 401.00
      累计折旧——冷库   900.00

2. 工作量法

工作量法是将固定资产的应计折旧总额在固定资产预计总工作量中平均分摊,每个会计期间根据实际工作量计提折旧的方法。采用工作量法计算固定资产的折旧额时,要先根据其原值、预计净残值及预计完成的总工作量(例如,总行驶里程、总工作小时、总产品数量等)3 个因素,计算出单位工作量折旧额,然后再用其乘以某期实际完成的工作量,求得该期的固定资产折旧额。具体计算公式如下:

$$单位工作量折旧额 = \frac{固定资产原值 - 预计净残值}{预计完成总工作量}$$

年(月)折旧额 = 某年(月)工作量 × 单位工作量折旧额

【例2-86】若前述[例2-75]、[例2-76]依次所取得的固定资产采用工作量法计提折旧，其情况分别见表2-5所列：

表2-5 固定资产折旧明细表 Ⅱ

固定资产	原值(元)	总工作小时	当月使用时数	净残值率	用途	月折旧额(元)
增氧机	2 300	2 400	100	2%	生产	93.92
加工设备	60 000	6 000	100	2%	生产	980.00

以[例2-79]增氧机一台为例，若按年计提折旧，则：

每小时折旧额 = 2 300 × (1-2%) ÷ 2 400 = 0.939 2(元/小时)；当月折旧额 = 0.939 2 × 100 = 93.92(元)。加工设备计提折旧的方法与增氧机相同。

合作社按月计提折旧，其会计分录为：

借：生产成本　　　　　　　　　　　　　　　　　　　　　　　1 073.92
　　贷：累计折旧——增氧机　　　　　　　　　　　　　　　　　　93.92
　　　　累计折旧——加工设备　　　　　　　　　　　　　　　　 980.00

六、合作社固定资产后续支出的核算

合作社固定资产在使用期限内，由于各个组成部分的耐用程度不同，或使用状况不同，往往发生局部损坏。

(一)修理费用核算

为了保证固定资产的正常运行和使用，充分发挥其使用效能，要经常或定期地对固定资产进行维修，支付一定的修理费用。固定资产的修理费用直接计入有关支出项目。生产经营用的固定资产的修理费用，借记"经营支出"等科目，贷记"库存现金""银行存款"等科目；管理用的固定资产的修理费用，借记"管理费用"等科目，贷记"库存现金""银行存款"等科目；用于公益性用途的固定资产的修理费用，借记"其他支出"等科目，贷记"库存现金""银行存款"等科目。

【例2-87】玉丰合作社以银行存款支付运输汽车修理费600元，办公设备修理费200元，文化活动场所修理费300元。

合作社发生以上修理费用，并根据银行回执单，其会计分录为：

借：经营支出　　　　　　　　　　　　　　　　　　　　　　　600
　　管理费用　　　　　　　　　　　　　　　　　　　　　　　200
　　其他支出　　　　　　　　　　　　　　　　　　　　　　　300
　　贷：银行存款　　　　　　　　　　　　　　　　　　　　　1 100

(二)改建支出核算

固定资产的改建支出，应当计入固定资产的成本，并按照重新确定的固定资产成本以

及重新确定的折旧年限计算折旧额;但已提足折旧的固定资产改建支出应当计入长期待摊费用,并按照固定资产预计尚可使用年限采用年限平均法分期摊销。

固定资产的改建支出是指改变房屋或者建筑物结构、延长使用年限等发生的支出。

对固定资产进行改建时,按照该项固定资产账面价值,借记"在建工程"科目,按照已计提的累计折旧,借记"累计折旧"科目,按照固定资产原价(成本),贷记"固定资产"科目。发生的改建支出,借记"在建工程",贷记"库存现金""银行存款""应付款""成员往来""应付工资""应付劳务费"等科目。改建完成交付使用时,按照确定的固定资产成本,借记"固定资产"科目,贷记"在建工程"科目。

【例2-88】玉丰合作社对加工车间进行改建,该车间的原值为600 000元,已提折旧120 000元,以银行存款支付拆除费用30 000元,收回材料变价收入8 000元存入银行。该车间改建承包给悦达建筑公司,合同规定一次性支付其改建材料、人工及管理费等价款共计400 000元。

①将原车间转入改建,其会计分录为:
借:在建工程　　　　　　　　　　　　　　　　480 000
　　累计折旧　　　　　　　　　　　　　　　　120 000
　贷:固定资产　　　　　　　　　　　　　　　　600 000

②支付拆除费用,其会计分录为:
借:在建工程　　　　　　　　　　　　　　　　 30 000
　贷:银行存款　　　　　　　　　　　　　　　　 30 000

③收到拆除材料的变价收入,其会计分录为:
借:银行存款　　　　　　　　　　　　　　　　　8 000
　贷:在建工程　　　　　　　　　　　　　　　　　8 000

④以银行存款支付承包单位承包费用,其会计分录为:
借:在建工程　　　　　　　　　　　　　　　　400 000
　贷:银行存款　　　　　　　　　　　　　　　　400 000

⑤改建工程完工验收合格,其会计分录为:
借:固定资产——加工车间　　　　　　　　　　902 000
　贷:在建工程　　　　　　　　　　　　　　　　902 000

七、合作社固定资产减少的核算

(一)出售、捐赠、报废和毁损的固定资产核算

为了全面反映和核算合作社因出售、捐赠、报废和毁损等原因转入清理的固定资产的账面价值及其在清理过程中所发生的费用等,设置"固定资产清理"科目进行核算。该科目为资产类账户,借方登记需要进行清理的合作社固定资产价值;贷方登记已清理的固定资产价值;期末借方余额反映合作社尚未清理完毕的固定资产清理净损失;期末贷方余额反映合作社尚未清理完毕的固定资产清理净收益。"固定资产清理"科目应按被清理的固定资产、是否属于扶贫项目资产等设置明细科目,进行明细核算。

合作社出售、捐赠、报废和毁损的固定资产转入清理时，按固定资产的账面价值，借记"固定资产清理"科目；按照已计提的累计折旧，借记"累计折旧"科目；按照固定资产原价（成本），贷记"固定资产"科目。固定资产清理过程中发生的相关税费及其他费用，借记"固定资产清理"科目，贷记"库存现金""银行存款""应交税费"等科目；收回出售固定资产的价款、残料价值和变价收入等，借记"银行存款""产品物资"等科目，贷记"固定资产清理"科目；按照可收回的责任人和保险公司赔偿的金额，借记"应收款""成员往来"等科目，贷记"固定资产清理"科目。清理完毕后发生的净收益，借记"固定资产清理"科目，贷记"其他收入"科目；清理完毕后发生的净损失，借记"其他支出"科目，贷记"固定资产清理"科目。

【例 2-89】 玉丰合作社将一台不再使用的载货汽车对外出售，其账面原值为 60 000 元，累计已提折旧 20 000 元，协议价 50 000 元，收到价款转存银行，另以现金支付设备运杂费用 500 元。

①固定资产转入清理，注销其原值及累计折旧，其会计分录为：

借：固定资产清理　　　　　　　　　　　　　　　　　40 000
　　　累计折旧　　　　　　　　　　　　　　　　　　20 000
　　贷：固定资产　　　　　　　　　　　　　　　　　　60 000

②发生的清理费用 500 元，以现金支付，其会计分录为：

借：固定资产清理　　　　　　　　　　　　　　　　　　500
　　贷：库存现金　　　　　　　　　　　　　　　　　　　500

③取得卖价收入 50 000 元，存入银行，其会计分录为：

借：银行存款　　　　　　　　　　　　　　　　　　50 000
　　贷：固定资产清理　　　　　　　　　　　　　　　50 000

④结转该汽车清理净收益 9 500 元，其会计分录为：

借：固定资产清理　　　　　　　　　　　　　　　　9 500
　　贷：其他收入　　　　　　　　　　　　　　　　　9 500

【例 2-90】 玉丰合作社因火灾损坏设备一台，其账面原价为 20 000 元，累计已提折旧 6 000 元，以现金支付清理费 800 元，残料 3 000 元材料入库，风圣保险公司承担赔偿损失 5 000 元，暂欠。

①固定资产转入清理，注销设备原价及累计折旧，其会计分录为：

借：固定资产清理　　　　　　　　　　　　　　　　14 000
　　　累计折旧　　　　　　　　　　　　　　　　　6 000
　　贷：固定资产　　　　　　　　　　　　　　　　20 000

②发生的清理费用 800 元，用现金支付，其会计分录为：

借：固定资产清理　　　　　　　　　　　　　　　　　800
　　贷：库存现金　　　　　　　　　　　　　　　　　　800

③出售收入和残料的处理，取得残料 3 000 元入库，其会计分录为：

借：产品物资　　　　　　　　　　　　　　　　　3 000
　　贷：固定资产清理　　　　　　　　　　　　　　3 000

④保险赔偿的处理,应按风圣保险公司认可的赔偿损失 5 000 元,作为合作社债权入账,其会计分录为:

借:应收款——风圣保险公司　　　　　　　　　　　　　　5 000
　　贷:固定资产清理　　　　　　　　　　　　　　　　　　　　5 000

⑤结转设备清理净损失 6 800 元(14 000+800-3 000-5 000),其会计分录为:

借:其他支出　　　　　　　　　　　　　　　　　　　　　　6 800
　　贷:固定资产清理　　　　　　　　　　　　　　　　　　　　6 800

(二)投资转出固定资产核算

以固定资产对外投资时,按照评估确认或者合同、协议约定的价值和相关税费,借记"对外投资"科目,按照已计提的累计折旧,借记"累计折旧"科目,按照固定资产原价(成本)贷记"固定资产"科目,按照应支付的相关税费,贷记"应交税费"等科目,按照其差额,借记或贷记"资本公积"科目。

【例 2-91】玉丰合作社将一辆不再使用的载货汽车赠与村集体,载货汽车原值 60 000 元,已提折旧 30 000 元,支付清理费用 500 元。

①固定资产转入清理,注销载货汽车原价及累计折旧,其会计分录为:

借:固定资产清理　　　　　　　　　　　　　　　　　　　30 000
　　累计折旧　　　　　　　　　　　　　　　　　　　　　　30 000
　　贷:固定资产　　　　　　　　　　　　　　　　　　　　　60 000

②发生的清理费用,支付清理费用 500 元,其会计分录为:

借:固定资产清理　　　　　　　　　　　　　　　　　　　　　500
　　贷:库存现金　　　　　　　　　　　　　　　　　　　　　　　500

③将"固定资产清理"转入"其他支出",其会计分录为:

借:其他支出　　　　　　　　　　　　　　　　　　　　　30 500
　　贷:固定资产清理　　　　　　　　　　　　　　　　　　　30 500

【例 2-92】玉丰合作社将一辆载货汽车投资于赣达公司,载货汽车原值 60 000 元,已提折旧 50 000 元,投资各方确认的价值为 20 000 元。

将固定资产进行对外投资,其会计分录为:

借:对外投资　　　　　　　　　　　　　　　　　　　　　20 000
　　累计折旧　　　　　　　　　　　　　　　　　　　　　　50 000
　　贷:固定资产　　　　　　　　　　　　　　　　　　　　　60 000
　　　　资本公积　　　　　　　　　　　　　　　　　　　　　10 000

(三)盘亏固定资产核算

合作社在财产清查中盘亏的固定资产,应查明原因,按照固定资产账面价值,借记"待处理财产损溢——待处理非流动资产损溢"科目;按照已计提的累计折旧,借记"累计折旧"科目;按照固定资产原价(成本),贷记"固定资产"科目。查明原因后,按照残料价值,借记"产品物资"等科目;按规定程序批准后处理时,按照可收回的责任人和保险公司赔偿的金额,借记"应收款""成员往来"等科目;按照"待处理财产损溢——待处理非流动资产损溢"科目余额,贷记"待处理财产损溢——待处理非流动资产损溢";按照其差额,借记"其他支出"科目。

【例2-93】玉丰合作社在财产清查中,盘亏设备一台,原价3 000元,已提折旧1 000元。经查明属保管人员看护李凤失误,决定由其赔偿现金300元。

①发生设备盘亏,其会计分录为:

借:待处理财产损溢——待处理非流动资产损溢　　　2 000
　　累计折旧　　　　　　　　　　　　　　　　　　1 000
　贷:固定资产　　　　　　　　　　　　　　　　　　　3 000

②经规定程序批准,其会计分录为:

借:应收款——李凤　　　　　　　　　　　　　　　　300
　　其他支出　　　　　　　　　　　　　　　　　　1 700
　贷:待处理财产损溢——待处理非流动资产损溢　　　2 000

第九节　农民专业合作社无形资产核算

一、合作社无形资产的概述

无形资产是指合作社长期使用但是没有实物形态的资产,包括专利权、商标权、著作权、非专利技术、土地经营权、林权、草原使用权等。无形资产具有长期使用性、没有实物形态、非货币性等特点。

二、合作社无形资产的确认条件

无形资产同时满足以下条件时才能予以确认。

1. 与无形资产有关的经济利益很可能流入

如果某一无形资产产生的经济利益预期不能流入合作社,则不能确认为合作社的无形资产。例如,合作社外购一项专利权,从而拥有法定所有权,使得合作社的相关权利受到法律的保护,此时,合作社能够控制该项无形资产所产生的经济利益。

2. 无形资产的成本能够可靠地计量

成本能够可靠地计量是资产确认的一项基本条件。对于无形资产而言,这个条件显得十分重要。例如,一些高科技领域的人才,假定与合作社签订了服务合同,且合同规定在一定期限内不能为其他合作社提供服务。在这种情况下,虽然这些高科技人才的知识在规定的期限内预期能够为合作社创造经济利益,但由于这些高科技人才的知识难以准确计量或合理确认,加之为形成这些知识所发生的支出难以计量,从而不能作为合作社的无形资产加以确认。

三、合作社无形资产的构成

(一)专利权

专利权是指国家专利主管机关依法授予发明创造专利的申请人,对其发明创造在法定期限内所享有的专有权利,包括发明专利权、实用新型专利权和外观设计专利权。它给予持有者独家使用或控制某项发明的特殊权利。发明是指对产品、方法或者其改进所提出的新的技术方案。实用新型是指对产品的形状、构造或者其结合所提出的实用新技术方案。外观设计是指对产品的形状、图案或其结合以及色彩与形状、图案的结合所做出的富有美感并适用于工业应用的新设计。发明专利权的期限为 20 年,实用新型专利权和外观设计专利权的期限为 10 年,均自申请日起计算。

(二)商标权

商标是用来辨认特定的商品或劳务的标记。商标权指专门在某类指定的商品或产品上使用特定的名称或图案的权利。经商标局核准注册的商标为注册商标,包括商品商标、服务商标、集体商标、证明商标。商标经过注册登记,就获得了法律上的保护。《中华人民共和国商标法》明确规定,经商标局核准注册的商标为注册商标;商标注册人享有商标专用权,受法律保护。

(三)著作权

著作权也称版权。它是指自然人、法人或其他组织对文学、艺术和科学作品所享有的财产权利和精神权利的总称。著作权是知识产权的重要组成部分,属于无形财产权。著作权主要包括发表权、署名权、修改权、保护作品完整权、复制权、发行权、出租权、展览权、表演权、信息网络传播权、摄制权、改编权、翻译权、汇编权等。

(四)非专利技术

非专利技术也称专有技术。它是指不为外界所知、在生产经营活动中已采用了的、不享有法律保护的、可以带来经济效益的各种技术和诀窍。主要内容包括:一是工业专有技术,即在生产上已经采用,仅限于少数人知道,不享有专利权利或发明权的生产、装配、修理、工艺或加工方法的技术知识。二是商业专有技术,即具有保密性质的市场情报、原材料价格情报以及用户、竞争对象的情报和有关知识。三是管理专有技术,即生产组织的经营方式、管理方式、培训职工方法等保密知识。非专利技术并不是专利法的保护对象,专有技术所有人依靠自我的方式来维持其独占权,可以用于转让和投资。

(五)土地经营权

土地经营权是指公民集体对集体所有或国家所有由全民所有制或集体所有制单位使用的国有土地的承包经营权,权利内容由合同约定,分为主体和客体两种。该项权利的权利主体为公民或集体;权利客体为集体所有土地或国家所有由全民所有制单位或集体所有制单位使用的国有土地。

(六)林权

林权是指森林、林木、林地的所有权和使用权,是森林资源财产权在法律上的具体体现。林权包括对森林的所有权、使用权和处理权以及对林地的使用权。在中国,森林、林木和林地的所有权有 3 种形式:国家所有权、集体所有权和个人所有的林木。集体所有的森林、林木和林地,包括根据《中华人民共和国土地改革法》分配给农民个人所有经过农业合作化转化为集体所有的森林、林木和林地,以及在集体所有的土地上由农村集体经济组织种植、培育的林木。

（七）草原使用权

草原使用权是指集体或者个人依法享有对草原资源的经营、使用和收益的权利。依照《中华人民共和国草原法》规定，集体或者个人可以承包使用国家和集体所有的草原。草原使用权由县级政府登记造册，核发草原使用证。

四、合作社无形资产增加的核算

无形资产应按照取得时的实际成本计价，即合作社应当以取得无形资产并使之达到预定用途而发生的全部支出作为无形资产的成本，由此构成无形资产原始价值，又称原价或原值。合作社对于已按原始价值入账的无形资产，一般情况下不能随意变动原始入账价值。

为了全面反映和核算合作社持有的无形资产的成本，设置"无形资产"科目进行核算。该科目属于资产类账户，借方登记取得无形资产的成本，贷方登记转出的无形资产账面余额，期末借方余额反映合作社持有的无形资产的成本。"无形资产"科目应按照无形资产的类别、是否属于扶贫项目资产等设置明细科目，进行明细核算。

取得无形资产的主要方式有外购、自行研究开发、接受捐赠、投资者投入等。合作社应当根据具体情况分别确定无形资产的入账价值。

（一）购入无形资产核算

购入的无形资产，按照购买价款、相关税费以及相关的其他直接费用，借记"无形资产"科目，贷记"库存现金""银行存款""应付款"等科目。

【例 2-94】20×4 年 1 月 1 日，玉丰合作社支付 34 000 元流转村集体土地 100 亩；此外，另支付相关税费 2 000 元，款项已通过银行转账支付。

购入该项无形资产，其会计分录为：

借：无形资产——土地经营权　　　　　　　　　　　　　　　　36 000
　　贷：银行存款　　　　　　　　　　　　　　　　　　　　　　36 000

（二）自行开发并按法律程序申请取得的无形资产核算

自行开发并按法律程序申请取得的无形资产，按照依法取得时发生的注册费、律师费等实际支出，借记"无形资产"科目，贷记"库存现金""银行存款"等科目。

【例 2-95】玉丰合作社自行研究发明专利一个，发生申请注册费用合计 3 000 元，按法律程序已经获得专利权。支付律师费用 500 元。

①支付的申请注册费，其会计分录为：

借：无形资产——专利权　　　　　　　　　　　　　　　　　3 000
　　贷：银行存款　　　　　　　　　　　　　　　　　　　　　3 000

②支付律师费，其会计分录为：

借：无形资产——专利权　　　　　　　　　　　　　　　　　　500
　　贷：库存现金　　　　　　　　　　　　　　　　　　　　　　500

(三)取得成员出资投入的无形资产核算

取得成员出资投入的无形资产,按照确定的成本,借记"无形资产"科目;按照成员应享有合作社成员出资总额的份额计算的金额,贷记"股金"科目;按照两者之间的差额,贷记或借记"资本公积"科目。

【例 2-96】因华征合作社的非专利技术已有较好的声誉,玉丰合作社预计使用华征合作社非专利技术后可使其未来盈余增长 30%。为此,玉丰合作社与华征合作社协议商定,华征合作社以其非专利技术投资玉丰合作社,双方协议价格为 18 000 元,经过批准的投资者所应拥有的合作社注册资本份额为 10 000 元,已办妥相关手续,款项已通过银行转账支付。

收到华征合作社投入的非专利技术,其会计分录为:

借:无形资产——非专利技术　　　　　　　　　　　　　　18 000
　　贷:股金　　　　　　　　　　　　　　　　　　　　　10 000
　　　　资本公积　　　　　　　　　　　　　　　　　　　8 000

(四)收到国家财政直接补助的无形资产或者他人捐赠的无形资产核算

收到国家财政直接补助的无形资产(包括以前年度收到或形成但尚未入账的)或者他人捐赠的无形资产,按照有关凭据注明的金额加上相关税费等,借记"无形资产"科目,贷记"专项基金"等科目。没有相关凭据的,按照资产评估价值或者比照同类或类似无形资产的市场价格,加上相关税费等,借记"无形资产"科目,贷记"专项基金"等科目。如果无法采用上述方法计价的,应当按照名义金额,借记"无形资产"科目,贷记"专项基金"科目,并设置备查簿进行登记和后续管理;按照应支付的相关税费等,借记"其他支出"科目,贷记"库存现金""银行存款""应付款""应交税费"等科目。

【例 2-97】玉丰合作社接受大华公司捐赠的商标权一项,所附发票的金额为 10 000 元,另银行转账支付印花税等相关税费 2 000 元。

接受捐赠的无形资产的入账价值 = 10 000+2 000 = 12 000,其会计分录为:

借:无形资产——商标权　　　　　　　　　　　　　　　　12 000
　　贷:专项基金　　　　　　　　　　　　　　　　　　　10 000
　　　　银行存款　　　　　　　　　　　　　　　　　　　2 000

五、合作社无形资产摊销的核算

摊销是指合作社已经支出,但应当由本期和以后各期分别负担的费用。例如,合作社这个月支付 6 000 元购入一项专利权,但受益期不仅限于本月,而应该是在未来的一段时间内都可以受益,假设为两年的受益期,那么每个月应该摊销的实际费用只有 250 元。

合作社的无形资产应当从使用之日起进行摊销,但以名义金额计价的无形资产除外。合作社应当对无形资产在其使用寿命内采用年限平均法等合理方法进行摊销,并根据无形资产的受益对象计入相关资产成本或者当期损益。无形资产的摊销期自可供使用时开始至停止使用或出售时止,并应当符合有关法律法规规定或合同约定的使用年限。无形资产的使用寿命和摊销方法一经确定，不得随意变更。

【例2-98】将前述[例2-94]至[例2-97]依次所取得的无形资产的情况见表2-6所列。

表2-6　无形资产摊销明细表

无形资产	原值（元）	摊销年限（年）	月摊销额（元）	用途
土地经营权	36 000	20	150	生产
专利权	3 600	10	30	办公
非专利技术	18 000	15	100	生产
商标权	12 000	5	200	办公

以[例2-97]接受捐赠的商标权为例，接受投资的无形资产经成员大会决议，该商标权按5年摊销，玉丰合作社每月应摊销200元（12 000÷5÷12）。其他无形资产计算摊销的方法相同。

每月摊销无形资产，其会计分录为：

借：生产成本　　　　　　　　　　　　　　　　　250（150+100）
　　管理费用　　　　　　　　　　　　　　　　　230（30+200）
　　贷：累计摊销——土地经营权　　　　　　　　　　　　　　150
　　　　　　　　——专利权　　　　　　　　　　　　　　　　30
　　　　　　　　——非专利技术　　　　　　　　　　　　　100
　　　　　　　　——商标权　　　　　　　　　　　　　　　200

六、合作社无形资产减少的核算

（一）出租无形资产核算

出租无形资产是指合作社让渡无形资产的使用权以获取租金收入。收取的租金在满足收入的确认条件下确认收入并且结转相关成本，通过其他收支科目进行核算。出租无形资产所取得的租金收入，借记"银行存款"等科目，贷记"其他收入"等科目；结转出租无形资产的成本时，借记"其他支出"等科目，贷记"累计摊销"科目。

【例2-99】玉丰合作社将自己注册的商标出租给其他合作社使用，合作社每年获得租金5 000元，出租时支付律师费500元。

①取得租金收入，其会计分录为：

借：银行存款　　　　　　　　　　　　　　　　　5 000
　　贷：其他收入　　　　　　　　　　　　　　　　　　　　5 000

②结转出租成本，其会计分录为：

借：其他支出　　　　　　　　　　　　　　　　　500
　　贷：累计摊销——商标权　　　　　　　　　　　　　　　500

（二）出售、报废等原因处置无形资产核算

合作社处置无形资产时，处置收入扣除其账面价值、相关税费等后的净额，应当计入

其他收入或其他支出。无形资产的账面价值是指无形资产成本扣减累计摊销后的金额。

为了全面反映和核算合作社对无形资产计提的累计摊销，设置"累计摊销"科目进行核算，该科目为资产类账户，贷方登记合作社无形资产计提的摊销，借方登记合作社无形资产摊销的结转，期末贷方余额反映合作社计提的无形资产摊销累计数。"累计摊销"科目应按相应无形资产的类别、是否属于扶贫项目资产等设置明细科目，进行明细核算。

因出售、报废等原因处置无形资产，按照取得的转让价款，借记"库存现金""银行存款"等科目，按照已计提的累计摊销，借记"累计摊销"科目；按照无形资产的成本，贷记"无形资产"科目；按照应支付的相关税费及其他费用，贷记"应交税费""库存现金""银行存款"等科目；按照其差额，借记"其他支出"科目或贷记"其他收入"科目。

【例 2-100】玉丰合作社将自己申请注册的商标出售给其他合作社，账面余额为 500 元，取得销售收入 1 000 元。

①取得销售收入，其会计分录为：

借：银行存款 1 000
　　贷：无形资产——商标 500
　　　　其他收入 500

②若出售该专利技术的销售收入为 400 元，其会计分录为：

借：银行存款 400
　　其他支出 100
　　贷：无形资产——商标 500

（三）以无形资产对外投资核算

以无形资产对外投资时，按照评估确认或者合同、协议约定的价值和相关税费，借记"对外投资"科目，按照已计提的累计摊销，借记"累计摊销"科目，按照无形资产的成本，贷记"无形资产"科目，按照应支付的相关税费，贷记"应交税费"等科目，按照其差额，借记或贷记"资本公积"科目。

【例 2-101】玉丰合作社收到上级扶持帮扶单位捐赠的商标，经第三方资产评估，确认价值 30 000 元。将收到的商标对外投资，经评估确认价值 25 000 元，已计提的累计摊销 7 200 元。

将收到商标对外投资，其会计分录为：

借：对外投资 25 000
　　累计摊销 7 200
　　贷：无形资产——商标 30 000
　　　　资本公积 2 200

第十节　农民专业合作社长期待摊费用核算

为了全面反映和核算合作社已提足折旧的固定资产的改建支出和其他长期待摊费用等，设置"长期待摊费用"科目进行核算。该科目为资产类账户，借方登记合作社发生长期待摊费用，贷方登记合作社摊销长期待摊费用，期末借方余额，反映合作社尚未摊销完毕的长期待摊费用。"长期待摊费用"科目应按支出项目进行明细核算。

合作社发生长期待摊费用时，借记"长期待摊费用"科目，贷记"库存现金""银行存款""产品物资"等科目。摊销长期待摊费用时，借记"生产成本""管理费用""其他支出"等科目，贷记"长期待摊费用"科目。

【例2-102】玉丰合作社对已提足折旧的办公用房进行修理，以银行存款支付工料费25 000元，成员大会研究决定分4年摊销。

①支付工料费，其会计分录为：
借：长期待摊费用——办公室修理费　　　　　　　　　　25 000
　　贷：银行存款　　　　　　　　　　　　　　　　　　25 000

②按年摊销费用，其会计分录为：
借：管理费用——办公室修理费　　　　　　　　　　　　6 250
　　贷：长期待摊费用——办公室修理费　　　　　　　　6 250

【例2-103】玉丰合作社在县城新建一个车间，以银行存款支付建设、运营费用50 000元，分5年摊销。

①支付建设、运营费用，其会计分录为：
借：长期待摊费用——车间建设费　　　　　　　　　　　50 000
　　贷：银行存款　　　　　　　　　　　　　　　　　　50 000

②按年摊销费用，其会计分录为：
借：生产成本——车间建设费　　　　　　　　　　　　　10 000
　　贷：长期待摊费用——车间建设费　　　　　　　　　10 000

学习巩固

【思考题】
1. 简述合作社生物资产核算与固定资产核算的联系与区别。
2. 简述合作社成员往来科目的双重属性。
3. 简述合作社存货核算与公司存货核算的不同。

【技能题】

一、单选题

1. 资产的流动性是指（　　）。
　　A. 管理能力　　　　　　　　　　B. 盈利能力
　　C. 变现能力　　　　　　　　　　D. 抗风险能力

2. 下列属于生产性生物资产的是（　　）。
　　A. 花卉　　　　B. 产畜　　　　C. 防风固沙林　　　　D. 蔬菜

3. 合作社为其成员提供农业生产资料购买服务，按实际支付或应付的款项借记

(　　)，贷记"库存现金""银行存款""应付款"等科目。
　　A. 应收款　　　　　B. 其他支出　　　　　C. 经营支出　　　　　D. 成员往来
4. 对外投资按(　　)的不同，可分为股权性投资和债权性投资。
　　A. 投资性质　　　　B. 投资对象　　　　　C. 投资主体　　　　　D. 投资金额
5. 下列属于消耗性生物资产的是(　　)。
　　A. 产奶奶牛　　　　B. 肉食鸡　　　　　　C. 产蛋鸡　　　　　　D. 能繁母猪
6. 自行营造的林木类生产性生物资产、自行繁殖的产畜和役畜等，按照达到预定生产经营目的前发生的必要支出，借记(　　)，贷记"库存现金""银行存款""产品物资""应付工资""应付劳务费"等科目。
　　A. 经营支出　　　　　　　　　　　　　　B. 生产成本
　　C. 生产性生物资产　　　　　　　　　　　D. 公益生物资产
7. 平均年限法是在固定资产规定的使用年限内，平均计提折旧的一种方法，采用此方法，每年计提的折旧额是(　　)的。
　　A. 不相等　　　　　　　　　　　　　　　B. 相等
　　C. 前期多后期少　　　　　　　　　　　　D. 前期少后期多
8. 合作社某辆汽车的原值为 150 000 元，预计净残值率为 3%，预计行驶总里程为 250 000千米，本月该汽车行驶了 2 000 千米。工作量法下，合作社本月应计提折旧额为(　　)元。
　　A. 582　　　　　　B. 1 164　　　　　　C. 1 746　　　　　　D. 2 328

二、多选题

1. 下列属于资产类账户的有(　　)。
　　A. 成员往来　　　　　　　　　　　　　　B. 对外投资
　　C. 经营收入　　　　　　　　　　　　　　D. 盈余公积
2. 合作社的生物资产包括(　　)。
　　A. 消耗性生物资产　　　　　　　　　　　B. 生产性生物资产
　　C. 公益性生物资产　　　　　　　　　　　D. 无形资产
3. 合作社的存货包括(　　)。
　　A. 农产品　　　　　　　　　　　　　　　B. 包装物
　　C. 工业产成品　　　　　　　　　　　　　D. 委托代销商品
4. 属于生物资产总分类账户的有(　　)。
　　A. 消耗性生物资产　　　　　　　　　　　B. 生产性生物资产
　　C. 生产性生物资产累计折旧　　　　　　　D. 公益性生物资产
5. 对外投资按投资形式的不同，可分为(　　)。
　　A. 直接投资　　　　　　　　　　　　　　B. 股权性投资
　　C. 债权性投资　　　　　　　　　　　　　D. 间接投资
6. 固定资产清理完毕后发生的净收益或净损失，应结转到(　　)科目。
　　A. 经营支出　　　　　　　　　　　　　　B. 经营收入
　　C. 其他支出　　　　　　　　　　　　　　D. 其他收入

7. 合作社应计提折旧的固定资产主要包括( )。
   A. 房屋和建筑物　　　　　　　B. 季节性停用的固定资产
   C. 在用的机器设备　　　　　　D. 以经营租赁方式租出的固定资产
8. 下列属于无形资产的特征的有( )。
   A. 长期使用性　　　　　　　　B. 没有实物形态
   C. 属于货币性资产　　　　　　D. 属于非货币性资产

三、判断题

1. 合作社的应收款核算的是合作社与成员之间发生的各种应收及暂付款项。( )
2. 合作社存货的计价方法可以根据会计核算的需要随时变更。( )
3. 合作社取得的所有现金均应及时入账，不准以白条抵扣，不准挪用，不准公款私存。( )
4. 对外投资按投资的目的和期限的不同，可分为短期投资和长期投资。( )
5. 短期投资是指合作社购入的各种能够随时变现并且持有时间超过一年(含一年)的有价证券等投资。( )
6. 生产性生物资产包括生长中的大田作物、蔬菜、用材林以及存栏待售的牲畜、鱼虾贝类等为出售而持有的或在将来收获为农产品的生物资产。( )
7. 购入的生物资产应当按照购买价款、应支付的相关税费、运输费以及外购过程发生的其他直接费用计价。( )
8. 固定资产核算包括实物核算和价值核算，并以实物核算为主。( )
9. 合作社出售、捐赠、报废和毁损的固定资产需要通过"固定资产清理"科目核算。( )
10. 合作社取得无形资产的主要方式有外购、自行研究开发、接受捐赠、投资者投入等。( )

四、简答题

1. 简述合作社应建立哪些制度加强货币资金管理。
2. 简述合作社存货的计价方法及它们的优缺点。
3. 简述合作社生物资产分类并列出合作社中常见的生物资产。
4. 简述合作社固定资产的特征。
5. 简述合作社无形资产的特征。

五、实务题

1. 100名成员共同出资组成华征合作社，每人出资5 000元。
2. 华征合作社购置办公桌椅，价款6 000元，用银行存款支付。
3. 华征合作社接受成员委托为成员购买生产资料，价款100 000元。成员款项未付。
4. 华征合作社委托超市销售蔬菜，成本120 000元，售价150 000元。超市已全部销售，款项未结，协议约定按销售收入的5%作为超市的手续费。
5. 华征合作社以银行存款10 000元对罗园公司进行投资。
6. 华征合作社以库存猪肉3 000千克对信源公司进行投资，每千克实际成本20元，双方协议价为 65 000 元。

7. 华征合作社以挂果梨树向锦绣家园公司投资，账面原价 400 000 元，已提折旧 50 000 元，协议价 450 000 元。

8. 华征合作社种植小麦 100 亩，发生各类费用 42 000 元，其中出库种子 750 千克，价格为 1 元/千克；购入肥料（直接做底肥）1 宗，价款 5 000 元以银行存款支付；金牛农机合作社作业费 12 000 元，作为对本社投资；临时人员工资 15 000 元暂欠；涌泉水务公司灌溉费 7 000 元产品出售后结清。收获小麦 50 000 千克入库。

9. 成员张三以核桃树苗出资，评估价 110 000 元，经协商按 100 000 元确认股份。

10. 因管理不善，华征合作社能繁母猪 1 头死亡，原价 5 000 元，已提折旧 1 000 元，售猪皮收现金 300 元，保险公司应赔偿 1 500 元，拟收饲养员（成员）李四罚金 200 元。

11. 华征合作社购入需要安装的设备一台，以银行存款支付购置费 50 000 元，运输费用 2 000 元、安装费用 3 000 元。

12. 华征合作社新建大棚 6 幢，购入钢筋、水泥、石子等建筑材料一批，支付价值共计 200 000 元，全部用银行存款支付，建设过程中领用建筑材料 120 000 元，为大棚建设支付劳务费用 20 000 元，尚未付款，另支付工程水电费 3 000 元。工程完工，验收并交付使用。

13. 华征合作社收到扶持帮扶单位捐赠的无形资产商标，经过第三方资产评估，确认价值 30 000 元。

14. 成员李明以 100 亩的土地经营权出资入股华征合作社，协议价 40 000 元，按照该成员占有成员出资总额的份额计算的金额为 32 000 元。

15. 华征合作社从甲单位购买非生产性发明专利，经双方协商确认价款和税费合计 25 000 元，款项暂未支付。该非生产性发明专利使用年限 5 年，预计净残值 5 000 元。华征合作社将出售转让非生产性发明专利，该专利已使用 3 年，取得转让价款 10 000 元，款项已存入银行。

案例分析

同心谋合作，兴业富乡亲
——浮梁县进来茶叶专业合作社

浮梁县进来茶叶专业合作社位于江西省景德镇市浮梁县鹅湖镇界田村，组建于 2009 年 9 月，成员出资 115 万元，具有固定资产 1 100 万元。截至 2023 年，合作社现有登记在册成员 106 人，拥有茶叶基地面积 3 000 多亩，茶叶加工厂房逾 6 000 平方米，茶叶生产加工流水线 9 条。茶叶年产量达到 500 多吨，直接带动周边农户 500 余户，间接辐射农户 1 000 余户。合作社先后被评定为市、省、国家三级示范性合作社、创业致富带头人实训基地。

一、立足资源优势，谋求合作发展

一是立足独特资源，创办合作社。界田村气候温和，四季分明，土壤多为红、黄壤，土质偏酸，由于林密谷深，终年云雾缭绕、空气湿润，对茶叶种植具有得天独厚的优势。在外务工多年返乡创业的青年农民理事长抱着一腔热血和满怀壮志回到家乡，联合本村15户茶农，承包村里荒山进行茶叶种植。2009年，"进来茶叶专业合作社"注册成立，界田村茶产业发展步入了市场化、规范化、规模化的新阶段。

二是丰富出资方式，扩大合作社。合作社鼓励村民通过茶园、资金等多种方式入股。截至2023年6月，社员从建社之初的15户发展到106户，茶园面积发展到3 000余亩，年茶园产量500吨。

三是强化服务功能，壮大合作社。合作社实行"五统一"经营管理模式，即：统一技术培训、统一农资供应、统一技术指导、统一收购加工、统一包装销售。合作社给茶农种植提供技术，收购茶农茶叶，负责茶叶管理销售，对茶叶质量进行统筹把握，有效降低茶叶成本，提高茶叶品质，打造界田村茶产业品牌，壮大合作社核心实力，培养市场核心竞争优势。

四是突出党建引领，提升合作社。合作社于2016年成立党支部，将党群服务中心打造成党建工作大平台、产业发展集散地、精准扶贫大课堂，集聚茶叶种植、培育、销售等资源，开设扶贫就业指导、农业知识科普等服务课程，2016年至2023年，合作社共开展30余次服务课程，惠及农户800余人次。合作社借助"党建+合作社+扶贫"模式，助力脱贫攻坚，发挥示范引领作用，党建水平全面提升，致力于走高质量发展道路，合作社党支部先后被评为全县"十佳"基层党组织、市级"两新"组织示范点。

二、聚力产业发展，壮大经济实力

一是建基地，提品质，夯实产业发展基础。合作社流转荒坡地1 000多亩、茶园1 520亩，新开发油茶林400余亩，新发展茶园500亩，不断扩大茶园规模，茶园总面积现已发展至3 000余亩，其中标准茶园1 620亩。为避免鲜叶运输到领县加工厂破坏新鲜程度，合作社投资建成面积近6 000平方米的加工厂房，茶农采摘的鲜叶可即刻进行初级加工，保证茶叶的质量。合作社社员不断学习优秀茶叶种植经验与制作技艺，为界田村茶种植提供技术支持，有效提升村民种植茶叶品质，基地茶叶已获得有机认证。

二是办公司，育品牌，提升产业发展潜力。为进一步打造品牌，带动农户"同心同力、共进共赢"，2014年合作社成立景德镇市三田有机农业开发有限公司，以"公司+合作社+基地+农户"模式，在技术、资金、信息、生产、加工、销售等方面实行互助合作。界田村是唐代名门望族"三田李氏"发源地的典故，由此，合作社注册商标"三田李记"。同时合作社加入浮梁县茶叶协会，所产茶叶使用"浮梁茶"地理标志农产品认证区域品牌。合作社不断推广浮梁茶品牌与文化，提升品牌溢价。茶产业的不断扩大，让界田村的实力不断扩大，被列入第十批全国"一村一品"示范村镇。

三是拓业态，创新路，拓展产业发展空间。界田村毗邻瓷土发源地"高岭村"，合作社利用得天独厚的地理优势和文化底蕴，以茶叶和陶瓷为基础，将茶叶与瓷产业、休闲农业等有机结合起来，开展"茶园基地研学"项目，建成三田茶园，游客可以通过亲身尝试，体验采茶、制茶的乐趣，形成"茶叶+研学+旅游"的茶文化茶叶链条，推动了一、二、三产业发展，带动周边农户增收，助力界田村产业振兴。茶旅融合的做法也在2023年4月被新华社以《"茶海园丁"：茶园变公园》在新华每日电讯上进行宣传。

三、优化利益联结，带动乡亲致富

一是合作分红，提高社员收入。合作社统一销售农产品获得的收入，在扣除生产经营管理成本后，年终按经营利润根据进行二次分配。合作社根据与社员交易量按比例进行分红，为社员人均增收 5 000 元以上。

二是就业增收，增加村民收入。合作社有力带动周边村民增收，鼓励村民种植茶叶并收购村民茶叶，为村民提供种茶、采茶、加工等岗位 60 余个，并安置村保洁员及其他公益性岗位，月工资标准 700 元，让村民能通过自身劳动增加收入。

三是参与扶贫，帮助贫困户增收。合作社依托镇村联运建设项目，以茶叶基地建设为基础，以茶叶加工企业为带动，以合作社为纽带，采取以农户土地入社的形式参与分红，建成"合作社+当地贫困户+茶业市场+茶业加工厂+茶叶基地"五位一体的产业扶贫开发模式，推动整村村民增收。同时针对贫困户采取金融帮扶，合理利用国家政策帮助脱贫户增加收入，2018 年与 20 户脱贫户签订金融帮扶协议，2018 年累计发放分红 18 万元。

四是村社联动，增加村集体收入。村委会委托进来茶叶专业合作社开发 200 亩茶园，由合作社统一管理、销售。每亩茶园纯利润大概有 1 500～2 000 元，94 亩茶园利润归贫困户所有，剩下 106 亩茶园利润进行分红，村委会得其中 51%，用来壮大村集体经济。界田村在合作社发展茶产业的带动下，近年来村民年人均收入达 3 万元。

案例思考

1. 根据上述材料，可否使用商业模式画布画出进来茶叶专业合作社的商业模式？
2. 从进来茶叶专业合作社的商业模式中，分析该合作社的资产类型；可能涉及的会计科目及如何进行资产管理。
3. 从进来茶叶专业合作社的发展历程分析对目前茶叶类合作社发展提供的新思路。

第三章　农民专业合作社负债核算

学习目标

知识目标	能力目标	价值目标
了解农民合作社负债筹资的相关管理规定、税收政策优惠及国家财政直接补助等内容；理解合作社负债与企业负债核算产生差异的内在机理；掌握合作社负债的构成及核算；重点把握合作社应付工资、应付劳务费、涉税业务、专项应付款核算	具备综合应用合作社法与会计核算方法开展合作社负债核算的能力；具备综合应用涉农税收优惠政策开展合作社涉税业务处理的能力	了解国家给予合作社的税收优惠政策及其意义；理解国家财政直接补助，并从合作社盈余二次分配盈余中体会合作社经济属性和社会属性

学习导入

农民专业合作社高质量发展提升行动

习近平总书记在党的二十大报告中强调，"高质量发展是全面建设社会主义现代化国家的首要任务"。在国家高质量发展的宏伟蓝图中，农民合作社的高质量发展无疑是浓墨重彩的一笔。为了加快推动新型农业经营主体高质量发展，合作社相继开展质量提升行动。

一是开展"空壳社"专项清理。2019 年，中央农办、农业农村部等 11 个部门和单位联合开展农民专业合作社"空壳社"专项清理工作。2021 年 12 月，农业农村部办公厅印发《关于建立"空壳社"治理长效机制促进农民合作社规范发展的通知》，进一步巩固"空壳社"专项清理成果，提升农民合作社规范发展水平。

二是创新监管方式。市场监管总局印发《关于做好 2022 年度年报公示工作的通知》，同步推进农民合作社年报，要求各地总结近年来疫情防控中年报工作的经验做法，进一步丰富便利年报的措施，做好服务工作。加强农民合作社信用体系建设，列入严重违法失信名单，依法依规实施联合惩戒。

三是加强制度建设。相继出台或修订的《农民专业合作社法》《农民专业合作社示范章程》《农民专业合作社联合社示范章程》《农民专业合作社解散、破产清算时接受国家财政直接补助形成的财产处置暂行办法》《农民专业合作社财务制度》《农民专业合作社会计制度》等为增强农民合作社民主管理能力、保障成员权利、规范财务会计核算等提供制度遵循。

四是完善扶持政策。2019 年，经国务院同意，中央农办、农业农村部等 11 个部门和单位联合印发《关于开展农民合作社规范提升行动的若干意见》，从加大财政项目扶持、创新金融服务、强化人才支撑等方面加大对农民合作社发展的政策支持力度。

五是加强试点示范。农业农村部会同全国农民合作社发展部际联席会议成员单位，深入推进国家级、省级、市级、县级示范社四级联创，县级以上示范社达到19.1万家。连续启动三批全国农民合作社质量提升整县推进试点，406个试点县(市、区)聚焦打造农民合作社高质量发展的县域样板。遴选180家农民合作社典型案例并出版，宣传推介农民合作社保障粮食安全、推动乡村产业发展、促进农民增收致富的经验做法。

六是强化人才培养。农业农村部依托"耕耘者"振兴计划、乡村产业振兴带头人培育"头雁"项目、高素质农民培育计划等，面向家庭农场主、农民合作社理事长等重点群体，加快培养一批有技术、懂管理、善经营的新型农业经营主体带头人。

第一节 农民专业合作社负债概述

一、合作社负债的含义

合作社负债是指合作社过去的交易或者事项形成的、预期会导致经济利益流出合作社的现时义务。合作社负债主要是为满足合作社日常生产经营活动、为成员提供服务，或者是为了合作社的长远发展需要，通过借贷、货款或劳务结算等原因形成的。科学、合理、适度地负债，能够有利于合作社发展壮大、发挥杠杆效应提高盈余水平。

合作社的负债按流动性(即偿还时间长短)可分为流动负债和非流动负债。流动负债是指偿还期在1年内(含1年)的债务，包括短期借款、应付款项、应付工资、应付劳务费、应交税费、应付利息、应付盈余返还、应付剩余盈余等。非流动负债是指偿还期在1年以上的债务，包括长期借款、专项应付款等。

3-1 合作社盈余及盈余分配管理

二、合作社负债的核算特点

合作社作为特殊的市场主体，其负债核算与一般企业负债核算有所差别，主要体现在以下几点。

第一，利息计算不考虑货币时间价值。合作社的负债，不论是流动负债还是非流动负债，应当在应付利息日，对借款按照本金和借款合同利率计提利息费用计入财务费用，不考虑货币时间价值。

第二，区分内部应付款和外部应付款。合作社会计制度中规定将各项应付暂收款项区分为外部应付和内部应付项目。合作社与合作社成员以外的单位和个人所发生的应付及暂收款项列入"应付款"核算；与合作社成员间发生的应付及暂收款项列入"成员往来"核算。

需要特别说明的是，合作社的应付款项包括与成员和非成员之间发生的各项应付及暂收款项。在编制资产负债表时，"应付款项"项目应根据"应付款"科目余额和"成员往来"各明细科目期末贷方余额合计数合计填列。因此，合作社会计实践中，需将"成员往来"科目的贷方余额列为流动负债。

第三，区分应付工资和应付劳务费。合作社的应付工资是合作社为获得管理人员、固定员工等职工提供的服务而应付给职工的各种形式的报酬以及其他相关支出。应付劳务费是合作社为获得季节性用工等临时性工作人员提供的服务而应支付的各种形式的报酬以及其他相关支出。

第四，区分应付盈余返还和应付剩余盈余。合作社可分配盈余在提取公积金后，形成可分配盈余。按照合作社法依次进行盈余返还和剩余盈余分配。合作社法中规定第一次盈余分配按照成员与合作社的交易量(额)进行返还，比例不得低于可分配盈余的60%，第二次盈余分配按照成员账户记载该成员的出资额、量化到该成员的公积金份额、国家财政直接补助和接受他人捐赠形成的财产平均量化份额等再进行分配。两次盈余分配的法律规定前者体现公平原则，引导成员通过合作社与市场交易，缓解小农户与大市场之间的矛盾；后者总体上是按出资情况分配，体现的是效益原则，引导成员出资入股。从而体现合作社这一特殊法人的特殊性，以体现合作社是劳动的联合与资本的联合，而不是单一的资本联合。

三、合作社负债的管理

负债是合作社重要的筹资方式，合理地控制负债的规模和结构，能够发挥杠杆效应，促进合作社的稳定发展。相反，负债管理不善，将会增加合作社的财务风险和利息负担，进而影响合作社的正常经营。为此，合作社应根据《农民专业合作社财务制度》相关规定，加强债务管理。

3-2 合作社债务资金筹集及使用管理

首先，建立健全债务资金筹集决策制度。合作社应当明确债务资金筹集的目的、项目、内容等，根据资金成本、债务风险和资金需求，进行必要的筹资决策，控制债务比例，签订书面合同，并制订还款计划，诚信履行债务合同。合作社筹集债务资金应当召开成员(代表)大会进行决议，由本社成员表决权总数过半数通过，章程对表决权数有较高规定的从其规定。

其次，建立健全借款内部控制制度。合作社借款业务内部控制制度应明确审批人和经办人的权限、程序、责任和相关控制措施，按章程规定进行决策和审批，加强对借款合同等文件和单据凭证的管理。合作社在向金融机构申请借款时，优先选择金融机构的优惠贷款。需要提供担保的，应当注意担保物价值与借款金额的匹配性。

最后，建立健全应付及暂收款项管理制度。合作社应付及暂收款项管理制度包括完善款项审批手续，及时入账，定期对账，按合同约定的时间适时付款和提供产品及劳务。合作社应当对成员往来、应付及暂收款设立明细账，详细反映应付及暂收款项的发生、增减变动、余额，应付及暂收款收款单位或个人，账期等财务信息，确保款项的安全。

第二节　农民专业合作社流动负债核算

合作社在日常的生产经营活动中和为成员提供服务时，形成了流动负债，包括短期借款、应付款项、应付工资、应付劳务费、应交税费、应付利息、应付盈余返还、应付剩余盈余等。通过对流动负债的核算，可以及时、准确地了解流动负债的构成情况，并便于经营管理者及时掌握合作社的短期偿债能力。

一、合作社短期借款的核算

为了全面反映和核算合作社从银行、信用社或其他金融机构，以及外部单位和个人借入的期限在1年内(含1年)的各种借款，设置"短期借款"科目进行核算。该科目为负债类账户，贷方登记合作社借入的各种短期借款；借方登记合作社偿还的短期借款；期末贷方余额反映合作社尚未偿还的短期借款本金。"短期借款"科目应按照借款单位和个人设置明细科目，进行明细核算。

合作社借入各种短期借款时，借记"库存现金""银行存款"科目，贷记"短期借款"。在应付利息日，按照借款本金和借款合同利率计算确定的利息费用，借记"财务费用"科目，贷记"应付利息"科目。实际支付短期借款利息时，借记"应付利息"科目，贷记"库存现金""银行存款"科目。偿还短期借款时，借记"短期借款"，贷记"库存现金""银行存款"科目。

【例3-1】20×4年1月，玉丰合作社为社员统一购买饲料，向信用社贷款50 000元，款项已存入合作社开户银行账户，贷款合同约定：贷款期限为6个月，贷款年利率为3%。办理贷款手续花费100元现金。

①合作社签订借款合同及取得信用社回单，其会计分录为：

借：银行存款　　　　　　　　　　　　　　　　　　　50 000
　贷：短期借款　　　　　　　　　　　　　　　　　　　　50 000

②合作社收到信用社返回的手续费凭单，其会计分录为：

借：财务费用　　　　　　　　　　　　　　　　　　　　100
　贷：库存现金　　　　　　　　　　　　　　　　　　　　100

【例3-2】接[例3-1]1月末，合作社用银行存款计提该项贷款利息。

收到信用社"付款通知单"，可知利息金额为50 000×3%÷12＝125元，其会计分录为：

借：财务费用　　　　　　　　　　　　　　　　　　　　125
　贷：应付利息　　　　　　　　　　　　　　　　　　　　125

接下来4个月，每月月末，做相同的会计分录。

【例3-3】接[例3-2]6个月到期时，计提最后一个月的利息，并用银行存款偿还该项贷款本金及利息。

合作社收到借款合同及信用社回单，其会计分录为：

借：短期借款　　　　　　　　　　　　　　　　　　　50 000
　　财务费用　　　　　　　　　　　　　　　　　　　　125
　　应付利息　　　　　　　　　　　　　　　　　　　　625
　贷：银行存款　　　　　　　　　　　　　　　　　　　50 750

二、合作社应付款的核算

为了全面反映和核算合作社与非成员之间发生的各种应付及暂收款项,包括因购买产品物资和接受服务等应付的款项以及应付的赔款等,设置"应付款"科目进行核算。该科目为负债类账户,贷方登记合作社与非成员之间发生的各种应付及暂收款项;借方登记合作社偿还的应付及暂收款项;期末贷方余额反映合作社应付但尚未付给非成员的应付及暂收款项。"应付款"科目应按照发生应付及暂收款项的非成员单位和个人设置明细账,进行明细核算。

合作社与非成员之间发生各种应付及暂收款项时,借记"库存现金""银行存款""产品物资""经营支出""其他支出"等科目,贷记"应付款"。偿还应付及暂收款项时,借记"应付款",贷记"库存现金""银行存款"等科目。

因债权人特殊原因等确实无法支付的应付款或获得债权人的债务豁免时,按规定程序批准后,借记"应付款"科目,贷记"其他收入"科目。

【例3-4】20×4年11月4日,玉丰合作社为社员统一防治鱼病,向南方鱼药厂购进鱼药一批,不含税价款为6 000元,并取得增值税专用发票,发票列明税款为780元。合同约定一个月后付款。

合作社收到购货发票,其会计分录为:

借:产品物资——鱼药　　　　　　　　　　　　　　　　　　　　6 000
　　应交税费——应交增值税(进项税额)　　　　　　　　　　　　780
　　贷:应付款——南方鱼药厂　　　　　　　　　　　　　　　　6 780

【例3-5】20×4年11月5日,玉丰合作社为开展鱼病统防统治,聘请省水产科学研究所技术人员开展防治工作,应支付水产研究所技术服务费2 000元(含税),取得增值税专用发票,发票列明税款为275.86元。以上款项尚未支付。

合作社根据有关合同并取得发票,其会计分录为:

借:经营支出——技术服务费　　　　　　　　　　　　　　　　1 724.14
　　应交税费——应交增值税(进项税额)　　　　　　　　　　　275.86
　　贷:应付款——省水产科学研究所　　　　　　　　　　　　2 000

【例3-6】20×4年11月15日,玉丰合作社与某水产批发商签订商品鱼销售合同,约定12月起收购合作社商品鱼,期限一个月,每天保证给批发商商品鱼2 500千克,每千克价格2元。水产批发商预付定金2 000元,现金已收讫。

合作社收到的定金,其会计分录为:

借:库存现金　　　　　　　　　　　　　　　　　　　　　　　　2 000
　　贷:应付款——某水产批发商　　　　　　　　　　　　　　　2 000

【例3-7】接[例3-6]20×4年12月,玉丰合作社捕捞商品鱼时,突然遭遇冰雪灾害,导致鲜鱼不能按照每天2 500千克的产量向批发商供货。按合同约定属违约,经协商,合作社应支付赔款4 000元,待合同履行完毕时支付。

合作社确认应付赔款,其会计分录为:

借：其他支出　　　　　　　　　　　　　　　　　　　　　　　4 000
　　　　贷：应付款——某水产批发商　　　　　　　　　　　　　　　　4 000

【例 3-8】接[例 3-4]20×4 年 12 月 20 日，玉丰合作社用银行存款支付南方鱼药厂货款 6 000 元。

合作社按照合同规定归还货款，其会计分录为：

　　借：应付款——南方鱼药厂　　　　　　　　　　　　　　　　　　6 780
　　　　贷：银行存款　　　　　　　　　　　　　　　　　　　　　　6 780

【例 3-9】20×4 年 12 月 21 日，玉丰合作社购运输车一辆，不含税价款为 100 000 元，按合同预先付款 40%，运输车运达后付清款项。假设该合作社为一般纳税人合作社按照合同规定支付预付款项，其会计分录为：

　　借：应付款——某企业　　　　　　　　　　　　　　　　　　　40 000
　　　　贷：银行存款　　　　　　　　　　　　　　　　　　　　　40 000

合作社收到购买运输车辆，并支付剩余款项，其会计分录为：

　　借：固定资产——运输车　　　　　　　　　　　　　　　　　　100 000
　　　　应交税费——应交增值税(进项税额)　　　　　　　　　　　 13 000
　　　　贷：银行存款　　　　　　　　　　　　　　　　　　　　　73 000
　　　　　　应付款——某企业　　　　　　　　　　　　　　　　　40 000

【例 3-10】接[例 3-5、3-6、3-7]20×4 年末，玉丰合作社用统一收回的货款，一次性偿还省水产科研所技术服务费 2 000 元，水产批发商的定金及应付赔款 6 000 元。

合作社偿还货款及技术服务费，其会计分录为：

　　借：应付款——省水产科研所　　　　　　　　　　　　　　　　2 000
　　　　　　　——某水产批发商　　　　　　　　　　　　　　　　6 000
　　　　贷：银行存款　　　　　　　　　　　　　　　　　　　　　8 000

【例 3-11】20×4 年末，玉丰合作社欠某厂饲料款 1 000 元，因该饲料厂撤销确实无法支付，经批准核销。

根据有关批示意见，无法支付款项转入其他收入，同时应付款减少。其会计分录为：

　　借：应付款——某饲料厂　　　　　　　　　　　　　　　　　　1 000
　　　　贷：其他收入　　　　　　　　　　　　　　　　　　　　　1 000

三、合作社应付工资与应付劳务费的核算

为全面反映合作社应支付给管理人员、固定员工等职工的工资总额，设置"应付工资"科目进行核算。该科目为负债类账户，贷方登记合作社按照成员(代表)大会批准的标准，应该支付给管理人员及固定员工的工资总额；借方登记合作社实际发放给管理人员和固定员工的工资总额。"应付工资"科目期末一般应无余额，如有余额，反映合作社已提取但尚未支付的工资额。合作社应当设置"应付工资明细账"，按照管理人员和固定员工等职工的姓名、类别及应付工资的组成内容进行明细核算。

合作社应当按照劳动工资制度规定，编制"工资表"，计算各种工资，再将"工资表"

进行汇总，编制"工资汇总表"。提取工资时，根据人员岗位进行工资分配，借记"在建工程""生产成本""经营支出""管理费用"等科目，贷记"应付工资"。实际支付工资时，借记"应付工资"，贷记"库存现金""银行存款"等科目。

为全面反映合作社应支付给季节性用工等临时性工作人员的劳务费，设置"应付劳务费"科目进行核算。该科目为负债类账户，贷方登记合作社按照岗位劳务费标准核定的临时用工的劳务费总额；借方登记合作社实际发放临时用工的劳务费总额。"应付劳务费"科目期末一般应无余额，如有余额，反映合作社已提取但尚未支付的劳务费。合作社应当设置"应付劳务费明细账"，按照临时用工人员的姓名、类别及应付劳务费的组成内容进行明细核算。

合作社提取临时用工劳务费时，根据人员岗位进行劳务费分配，借记"在建工程""生产成本""经营支出"等科目，贷记"应付劳务费"。实际支付劳务费时，借记"应付劳务费"，贷记"库存现金""银行存款"等科目。

需要说明的是"应付工资""应付劳务费"中的各项薪酬，不论是否在当月支付，都应该通过上述两个科目核算。

企业会计准则中职工薪酬的核算包括的内容较多，较为复杂，而目前合作社的经济业务比较简单，管理人员及固定员工的工资大多为补助性工资收入，核算中只有基本工资、奖金等少数项目，存在少量的代扣款项目。合作社的"应付工资明细账""应付劳务费明细账"由合作社会计人员根据实际具体确定其项目构成。计提工资或劳务费时需要按照服务部门不同计入不同的账户，管理人员的薪酬借记"管理费用"、直接从事生产人员的薪酬借记"生产成本"、业务人员薪酬借记"经营支出"等科目，贷记"应付工资"或"应付劳务费"科目。实际支付薪酬时，按照实发工资贷记"银行存款"或"库存现金"科目，所得税或其他代扣款项*等代扣款项分别贷记"应交税费"和"应付款"科目，根据应发工资总额或劳务费总额借记"应付工资"或"应付劳务费"科目。

【例 3-12】20×4 年 11 月，玉丰合作社工资汇总表如下（表 3-1）：

表 3-1 工资费用总额汇总表

编报单位：玉丰合作社　　　　　　20×4 年 11 月

工资类别	人数(人)	工资、奖金、津贴等(元)	应扣工资(元)	应付工资(元)	代扣款项(元)		实发工资(元)
					水电费	其他	
管理人员	2	2 000	0	2 000	0	0	2 000
业务人员	1	1 200	0	1 200	0	200	1 000
生产人员	3	2 400	0	2 400	0	0	2 400

根据表 3-1 工资费用汇总表，将管理人员工资记入"管理费用"，业务人员工资记入"经营支出"，生产人员工资记入"生产成本"，同时增加"应付工资"，其会计分录为：

＊ 代扣款项指在发放工资时，合作社扣下部分工资不发给员工，然后代员工统一交纳各项费用。例如，扣下员工个人应负担的保险费，替员工统一交纳给当地社区保险部门。

借：管理费用 2 000
　　经营支出 1 200
　　生产成本 2 400
　　贷：应付工资 5 600

如果是提取养殖牲畜(禽)或种植林木固定员工的工资报酬，则需要记入"消耗性生物资产""生产性生物资产——未成熟""生产成本"或"经营支出"等科目的借方，贷记"应付工资"科目。

【例3-13】接[例3-12]玉丰合作社到乡信用社提取现金，准备发放上述工资表所列人员工资。

合作社提取现金，其会计分录为：

借：库存现金 5 400
　　贷：银行存款 5 400

【例3-14】接[例3-13]玉丰合作社按上述工资表所列人员，发放该月工资，并扣回李某(非成员)月初200元借款。

合作社发放固定职工工资，并收回非成员欠款，其会计分录为：

借：应付工资 5 600
　　贷：库存现金 5 400
　　　　应收款——李某 200

【例3-15】玉丰合作社正在自行建设一座仓库，20×4年11月30日计算基建人员11月工资5 000元。基建人员均为临时用工，工资尚未支付。

合作社计提固定资产建设临时用工劳务费，其会计分录为：

借：在建工程——仓库 5 000
　　贷：应付劳务费 5 000

【例3-16】20×4年11月25日，玉丰合作社为了让渔民科学防治鱼病，从省水产科学研究所请来专家给社员培训，约定应付省水产科学研究所培训费共2 000元，尚未支付。

合作社计提外聘专家培训费，其会计分录为：

借：经营支出——培训费 2 000
　　贷：应付劳务费——某专家 2 000

四、合作社应交税费的核算

应交税费是指合作社按照税法等规定计算应缴纳的各种税费，包括增值税、企业所得税、消费税、城市维护建设税、资源税、房产税、土地使用税、车船使用税、印花税、教育费附加及地方教育费附加等。

为了全面反映和核算合作社按照税法等规定计算应缴纳的各种税费，包括增值税、企业所得税、消费税、城市维护建设税、资源税、房产税、土地使用税、车船使用税、印花税、教育费附加及地方教育费附加等，以及合作社代扣代缴的个人所得税，设置"应交税费"科目进行核算。该科目为负债类账户，贷方登记合作社按照税法等规定应缴纳的税费；

借方登记合作社缴纳的税费;期末贷方余额反映合作社尚未缴纳的税费;期末借方余额反映合作社多缴纳或尚未抵扣的税费。"应交税费"科目应按照应缴纳的税费科目等,进行明细核算。

(一)增值税核算

增值税是以商品或应税劳务在流转过程中产生的增值额作为计税依据而征收的一种流转税。从计税原理上说,增值税是对商品生产、流通、劳务服务中多个环节新增价值或商品的附加值征收的流转税。

1. 纳税义务人及税率

税法规定,在中华人民共和国境内销售货物或者加工、修理修配劳务,销售服务、无形资产、不动产以及进口货物的单位和个人为增值税的纳税人。

现行增值税制度是以纳税人年应税销售额的大小、会计核算水平和能否提供准确税务资料等标准为依据,划分一般纳税人和小规模纳税人。

(1)一般纳税人

增值税纳税人,年应税销售额超过 500 万元,或者虽然年应税销售额未超过规定标准的纳税人,但会计核算健全,能够提供准确税务资料的均应当向主管税务机关办理一般纳税人登记。

纳税人自一般纳税人生效之日起,按照增值税一般计税方法计算应纳税额,并可以按照规定领用增值税专用发票,财政部、国家税务总局另有规定的除外。

一般纳税人的增值税税率包括 13%、9%、6%、零税率 4 档。一般纳税人应缴纳增值税按公式计算为:

$$应交增值税额 = 当期销项税额 - 可抵扣的进项税额$$
$$当期销项税额 = 不含税销售额 \times 适用税率$$
$$当期进项税额 = 不含税购进额 \times 适用税率$$

需要注意的是并不是纳税义务人支付的所有进项税额都可以从销项中抵扣。进项税额必须取得增值税专用发票以及其他扣税凭证,才能按照规定抵扣税款。

(2)小规模纳税人

小规模纳税人是指年应征增值税销售额在 500 万元及以下,并且会计核算不健全,不能按规定报送有关税务资料的增值税纳税人。

根据《关于扩大小规模纳税人自行开具增值税专用发票试点范围等事项的公告》的规定:自 2019 年 3 月 1 日起,扩大小规模纳税人自行开具增值税专用发票试点范围。将小规模纳税人自行开具增值税专用发票试点范围由住宿业、鉴证咨询业、建筑业、工业、信息传输、软件和信息技术服务业,扩大至租赁和商务服务业,科学研究和技术服务业,居民服务、修理和其他服务业。

小规模纳税人(其他个人除外)发生增值税应税行为,需要开具增值税专用发票的,可以自愿使用增值税发票管理系统自行开具。

小规模纳税人大多数业务适用 3%征收率。依据《关于增值税小规模纳税人减免增值税政策的公告》相关规定自 2023 年 1 月 1 日至 2027 年 12 月 31 日,对月销售额 10 万元以下

(含本数)的增值税小规模纳税人，免征增值税；适用3%征收率的应税销售收入，减按1%征收率征收增值税；适用3%预征率的预缴增值税项目，减按1%预征率预缴增值税。

小规模纳税人应按照不含税销售额和征收率计算应纳税额，且不得抵扣进项税额。

小规模纳税人增值税应纳税额计算公式为：

$$应纳税额 = 不含税销售额 \times 征收率 = 含税销售额 \div (1+征收率) \times 征收率$$

2. 增值税税收优惠

根据财政部、国家税务总局有关通知，合作社享受以下增值税税收优惠。

（1）农民合作社销售本社成员生产的农产品，视同农业生产者销售自产农产品，免征增值税。农产品是指种植业、养殖业、林业、畜牧业、水产业生产的各种植物、动物的初级产品①。

（2）农民合作社向本社社员销售的农膜、种子、种苗、肥料、农药、农机，免征增值税②。

（3）农民合作社从事农业机耕、排灌、病虫害防治、植物保护、农牧保险以及相关技术培训业务，家禽、牲畜、水生动物的配种和疾病防治，免征增值税③。

（4）农民合作社采取转包、出租、互换、转让、入股等方式，将承包地流转给农业企业等农业生产者用于农业生产，免征增值税④。

（5）农民合作社以批发、零售方式销售的蔬菜免征增值税⑤。

（6）农民合作社以批发、零售方式销售的部分肉蛋产品免征增值税⑥。

3. 科目设置

以一般纳税人为例，合作社涉及增值税会计核算的相关业务，应按照国家统一的会计制度有关增值税会计处理的规定，设置"应交税费——应交增值税"等科目进行账务处理，享受的税费减免记入"其他收入"科目。采购物资时产生增值税进项，不含税价款部分借记"产品物资"等科目，税款部分借记"应交税费——应交增值税（进项税额）"，贷记"银行存款"等科目。销售货物时产生增值税销项，按照应收或已收的款项借记"银行存款""应收款"等科目，按照不含税售价贷记"经营收入"。直接减免销项税额，借记"应交税费——应交增值税（减免税额）"，贷记"其他收入"。增值税销项部分贷记"应交税费——应交增值税（销项税额）"。缴纳当月增值税时，借记"应交税费——已交税金"，贷记"银行存款"；缴纳以前月份增值税欠款时，借记"应交税费——未交增值税"，贷记"银行存款"。

3-3《关于农民专业合作社有关税收政策的通知》

【例3-17】20×4年12月3日，玉丰合作社购入饲料一批，采购发票上注明不含税价款为100 000元，增值税款为9 000元。款项已用银行存款支付，该批饲料已验收入库。

---

① 《中华人民共和国增值税暂行条例》《关于农民专业合作社有关税收政策的通知》《关于印发〈农产品征税范围注释〉的通知》。
② 《关于农民专业合作社有关税收政策的通知》。
③ 《关于全面推进营业税改增值税试点的通知》附件3。
④ 《关于建筑服务等营改增试点政策的通知》。
⑤ 《关于免征蔬菜流通环节增值税有关问题的通知》。
⑥ 《关于免征部分鲜活肉蛋产品流通环节增值税政策的通知》。

合作社购买饲料，并已验收入库，其会计分录为：

借：产品物资——饲料　　　　　　　　　　　　　　　　　100 000
　　应交税费——应交增值税(进项税额)　　　　　　　　　　9 000
　　贷：银行存款　　　　　　　　　　　　　　　　　　　　　109 000

【例3-18】20×4年12月4日，玉丰合作社销售成鱼一批给某水产加工企业，价款为200 000元。提货单已交给买方，款项尚未收到。该批成鱼的成本为140 000元。

(1) 合作社销售免税农产品，其相关计算及会计分录为：

$$免征增值税额 = 200\,000 \div (1+9\%) \times 9\% = 16\,513.76(元)$$

$$应确认收入 = 200\,000 - 16\,513.76 = 183\,486.24(元)$$

借：应收款——某水产加工企业　　　　　　　　　　　　　200 000
　　贷：经营收入——粗加工农产品　　　　　　　　　　　　　183 486.24
　　　　其他收入——免征增值税　　　　　　　　　　　　　　16 513.76

(2) 结转所销物资的实际成本，其会计分录为：

借：经营支出　　　　　　　　　　　　　　　　　　　　　140 000
　　贷：消耗性生物资产——成鱼　　　　　　　　　　　　　　140 000

【例3-19】20×4年12月5日，玉丰合作社缴纳11月应交未交的增值税3 500元，税款已经由银行转账支付。

合作社缴纳以前月份增值税，其会计分录为：

借：应交税费——应交增值税(未交增值税)　　　　　　　　3 500
　　贷：银行存款　　　　　　　　　　　　　　　　　　　　　3 500

【例3-20】20×4年12月31日，玉丰合作社计算当月应交增值税为13 000元，税款已经由银行转账支付。

合作社缴纳当月增值税，其会计分录为：

借：应交税费——应交增值税(已交增值税)　　　　　　　　13 000
　　贷：银行存款　　　　　　　　　　　　　　　　　　　　　13 000

(二)其他应交税费的核算

根据税法规定合作社其他应缴纳的各种税费，包括消费税、企业所得税、城市维护建设税、资源税、房产税、土地使用税、车船使用税、印花税、教育费附加及地方教育费附加等。以下将就主要税种主要征税规定进行介绍。所得税相关规定在费用部分进行介绍，在此不再赘述。

税法规定在中华人民共和国境内生产、委托加工和进口应税消费品的单位和个人，为消费税的纳税人，应当缴纳消费税。与合作社日常经营相关的应税消费品主要是香烟及酒精、鞭炮与烟火、木质一次性筷子、实木地板、电池、涂料等对人类健康、社会秩序和生态环境造成危害的消费品，如烟丝、白酒、黄酒和其他酒。消费税采用从价定率、从量定额或者复合计征的方式征税。其中，烟丝从价定率征收，税率为30%；白酒采用复合计征的方式，税率为20%，并按每千克(每升)1元的定额税率计征；黄酒240元/吨的定额税率计征；甲类啤酒250元/吨，乙类啤酒220元/吨；其他酒类按10%的税率从价计征。

城市维护建设税和教育费附加是以增值税和消费税为依据按照一定比率附加的税费。城市维护建设税率市区为7%，县城和乡镇为5%，不在市区、县城或镇的为1%。教育费附加征收率为3%，地方教育费附加的征收率为2%。

城镇土地使用税是对使用国有土地的单位和个人，按使用土地面积定额征收的一种税。依据《中华人民共和国城镇土地使用税暂行条例》和《关于土地使用税若干具体问题的解释和暂行规定》相关规定，合作社直接用于农、林、牧、渔的生产用地，免征城镇土地使用税。印花税是对经济活动和经济交往中书立、领受具有法律效力的凭证的行为所征收的一种税。印花税按照计税依据乘以适用税率计算。依据《中华人民共和国印花税法》相关规定，对合作社与本社成员签订的农产品和农业生产资料购销合同免征印花税。

按照税法等规定应缴纳的消费税、城市维护建设税、资源税、房产税、土地使用税、车船使用税、印花税、教育费及地方教育费附加等，借记"税金及附加"等科目，贷记"应交税费"科目（消费税、城市维护建设税、资源税、房产税、土地使用税、车船使用税、印花税、教育费附加、地方教育费附加等）。

缴纳的消费税、城市维护建设税、资源税、房产税、土地使用税、车船使用税、印花税、教育费附加及地方教育费附加等，借记"应交税费"科目（消费税、城市维护建设税、资源税、房产税、土地使用税、车船使用税、印花税、教育费附加、地方教育费附加等），贷记"银行存款"科目。

【例3-21】20×4年12月21日，昌隆烟叶种植合作社销售烟叶一批，不含税售价为200 000元，适用的增值税税率为9%，消费税税率为30%。该批烟叶为收购的非成员生产的烟叶，成本为150 000元。产品已经发出，款项尚未收到。

①合作社确认收入，其会计分录为：

借：应收款　　　　　　　　　　　　　　　　　　　　　218 000
　　贷：经营收入　　　　　　　　　　　　　　　　　　　　200 000
　　　　应交税费——应交增值税（销项税额）　　　　　　　18 000

同时，结转成本，其会计分录为：

借：经营成本　　　　　　　　　　　　　　　　　　　　150 000
　　贷：产品物资——烟叶　　　　　　　　　　　　　　　150 000

②合作社确认应缴纳的消费税，其会计分录为：

借：税金及附加——消费税　　　　　　　　　　　　　　60 000
　　贷：应交税费——应交消费税　　　　　　　　　　　　60 000

③合作社缴纳消费税，其会计分录为：

借：应交税费——应交消费税　　　　　　　　　　　　　60 000
　　贷：银行存款　　　　　　　　　　　　　　　　　　　60 000

【例3-22】20×4年12月31日，昌隆烟叶种植合作社根据当月增值税和消费税计算缴纳城市维护建设税和教育费附加。当月增值税额为10 000元，当月消费税为70 000元。适用的城市维护建设税税率为1%。

①合作社计算城市维护建设税和教育费附加时，其相关计算及会计分录为：

当月应交城市维护建设税=(10 000+70 000)×1%=800(元)
当月应交教育费附加=(10 000+70 000)×3%=2 400(元)
当月应交地方教育费附加=(10 000+70 000)×2%=1 600(元)

借：税金及附加——城市维护建设税　　　　　　　　　　800
　　　　　　　——教育费附加　　　　　　　　　　　2 400
　　　　　　　——地方教育费附加　　　　　　　　　1 600
　贷：应交税费——应交城市维护建设税　　　　　　　　　800
　　　　　　　——应交教育费附加　　　　　　　　　2 400
　　　　　　　——应交地方教育费附加　　　　　　　1 600

②合作社缴纳税费时，其会计分录为：

借：应交税费——应交城市维护建设税　　　　　　　　　　800
　　　　　　——应交教育费附加　　　　　　　　　　2 400
　　　　　　——应交地方教育费附加　　　　　　　　1 600
　贷：银行存款　　　　　　　　　　　　　　　　　　　4 800

五、合作社应付利息的核算

应付利息是合作社按照合同约定应支付的利息，包括合作社短期借款当期计提应付的利息、借入的分期付息到期还本、长期借款当期计提的应付利息。

为全面反映合作社利息的计提和偿还，设置"应付利息"科目进行核算。该科目属于负债类账户，贷方登记合作社本期计提的利息；借方登记合作社支付的利息；期末贷方余额反映合作社尚未支付的利息。"应付利息"科目按照借款单位和个人设置明细账，进行明细核算。

有关利息的计提与支付的会计核算在短期借款及长期借款内容中进行介绍。

六、合作社应付盈余返还的核算

为全面反映合作社盈余返还的分配和支付，设置"应付盈余返还"科目进行核算。该科目属于负债类账户，贷方登记合作社本年按照成员与本社按交易量(额)比例提取的盈余返还金额；借方登记合作社实际支付给成员的盈余返还金额；期末贷方余额反映合作社尚未支付的盈余返还。"应付盈余返还"按成员设置明细账户，进行明细核算。

合作社根据章程规定或者经成员(代表)大会决议确定的盈余分配方案，按照成员与本社的交易量(额)比例等提取返还盈余时，借记"盈余分配"科目，贷记"应付盈余返还"。实际支付时，借记"应付盈余返还"，贷记"库存现金""银行存款"等科目。

根据成员(代表)大会表决同意，将应支付的盈余返还转为成员对合作社出资的，借记"应付盈余返还"科目，贷记"股金"等科目。

【例3-23】玉丰合作社20×4年度可分配盈余2 753 998.77元。按照合作社章程及成员大会决定，当年实现的可分配盈余的60%按照成员与合作社的交易额进行返还。盈余返还额为2 753 998.77×60%=1 652 399.26元，其中杨福才、祝三苟、胡金水分别可得盈余返还 8 029.56 元。

以上述 3 位成员为例，合作社计提应付盈余返还时，其会计分录为：

借：盈余分配——各项分配		24 088.68
贷：应付盈余返还——杨福才		8 029.56
——祝三苟		8 029.56
——胡金水		8 029.56

【例 3-24】接［例 3-23］合作社兑现盈余返还时，其会计分录为：

借：应付盈余返还——杨福才		8 029.56
——祝三苟		8 029.56
——胡金水		8 029.56
贷：银行存款		24 088.68

七、合作社应付剩余盈余的核算

为全面反映和核算合作社剩余盈余的分配、支付，设置"应付剩余盈余"科目进行核算。该科目属于负债类账户，贷方登记合作社应分配给成员的剩余盈余的金额；借方登记合作社实际支付给成员的剩余盈余金额；期末贷方余额反映合作社应分配给成员的剩余盈余中尚未支付的部分。"应付盈余返还"科目应按成员设置明细科目，进行明细核算。

合作社提取返还盈余后，根据章程规定或者经成员(代表)大会决议确定的盈余分配方案，分配剩余盈余时，借记"盈余分配"科目，贷记"应付剩余盈余"。实际支付时，借记"应付剩余盈余"，贷记"库存现金""银行存款"等科目。

根据成员(代表)大会表决同意，将应支付的剩余盈余转为成员对合作社出资的，借记"应付剩余盈余"科目，贷记"股金"等科目。

【例 3-25】玉丰合作社根据章程及成员大会决议，按照成员账户中记载的出资额、公积金，以及本社接受国家财政直接补助和他人捐赠形成的财产平均量化到各成员的份额进行分配，计算每个成员应得的剩余盈余金额，黄林香、刘火根、杨福才 3 位成员应得剩余盈余分别为 54 088.54 元、51 477.48 元和 10 456.43 元。

以上述 3 位成员为例，合作社计提应付剩余盈余时，其会计分录为：

借：盈余分配——剩余盈余分配		116 022.45
贷：应付剩余盈余——黄林香		54 088.54
——刘火根		51 477.48
——杨福才		10 456.43

【例 3-26】接［例 3-25］玉丰合作社兑现剩余盈余返还时，其会计分录为：

借：应付剩余盈余——黄林香		54 088.54
——刘火根		51 477.48
——杨福才		10 456.43
贷：银行存款		116 022.45

第三节　农民专业合作社非流动负债核算

为满足经营规模的扩张或正常生产经营活动需要，合作社向金融机构借入期限较长的借款，或在采购各项物资时采用分期付款的方式形成非流动负债。通常，合作社非流动负债一般用于重要项目建设以及一些项目配套设施的购建等。

合作社可以充分利用长期负债把握发展时机，增强合作社生产经营能力。但长期负债偿还时间长、利率高，导致合作社产生大额的利息支出，构成合作社的一项长期的固定性支出，伴随高额本金的偿还，增加了合作社的财务风险和破产风险。因此，需要按照《农民专业合作社财务制度》要求对债务资金的筹集应当召开成员（代表）大会进行决议，应当建立健全借款业务内部控制制度，加强对借款合同等文件和单据凭证的管理。合作社向金融机构申请借款，优先选择金融机构的优惠贷款。需要提供担保的，应当注意担保物价值与借款金额的匹配性。

3-4 合作社流动负债和非流动负债

一、合作社长期借款的核算

为正确反映和监督合作社长期借款本金的取得、偿还及结余情况，设置"长期借款"科目进行核算。该科目属于负债类账户，贷方登记合作社取得的长期借款；借方登记合作社归还以及核销的长期借款；期末贷方余额反映合作社尚未归还的长期借款本金。"长期借款"科目应按借给合作社款项的单位和个人设置明细科目，进行明细分类核算。

对于长期借款过程中发生的利息支出与手续费，不通过"长期借款"科目核算，而是通过"财务费用"科目来核算所计提的借款利息支出及借款手续费支出。

（一）借款核算

合作社借入长期借款时，借记"银行存款"等科目，贷记"长期借款"科目。在应付利息日，按照借款本金和借款合同利率计算确定的利息费用，借记"财务费用"科目，贷记"应付利息"科目。实际支付利息时，借记"应付利息"科目，贷记"银行存款"等科目。偿还长期借款时，借记"长期借款"科目，贷记"银行存款"等科目。

【例3-27】20×4年1月1日，玉丰合作社向某信用社贷款60 000元，贷款合同约定借款期限为2年，年利率为6%，每半年偿还一次利息，到期时偿还本金和剩余利息，该款项已到户。办理借款支付手续花费300元。

①合作社取得长期借款时，其会计分录为：

借：银行存款　　　　　　　　　　　　　　　　　　60 000
　　贷：长期借款——某信用社　　　　　　　　　　　　　60 000

②合作社根据银行手续费缴费回单确认借款手续费时，其会计分录为：

借：财务费用　　　　　　　　　　　　　　　　　　　300
　　贷：库存现金　　　　　　　　　　　　　　　　　　　　300

【例3-28】接[例3-27]20×4年1月末计提当月借款利息，当月利息费＝60 000×6%÷

12=300元,其会计分录为:

借:财务费用 300
  贷:应付利息——某信用社 300

后续2~5月,根据权责发生制,每月月末做同样会计分录。

【例3-29】 接[例3-28]20×4年6月末支付长期借款半年利息。

根据信用社付款通知单,支付半年利息,并计提当月利息,其会计分录为:

借:应付利息——某信用社 1 500
  财务费用 300
  贷:银行存款 1 800

【例3-30】 接[例3-29]20×6年1月1日,到期偿还本金,并支付最后一笔利息费用。

根据信用社付款通知单,偿还的本金与最后一笔利息费用,其会计分录为:

借:长期借款 60 000
  应付利息——某信用社 1 800
  贷:银行存款 61 800

【例3-31】 20×4年1月1日,玉丰合作社向成员胡金水借入20 000元用于修建仓库,借款合同约定借款期限为2年,年利率为9%,每年末偿还一次利息,到期时偿还本金和剩余利息,该款项已到合作社账户。

①取得借款时,其会计分录为:

借:银行存款 20 000
  贷:长期借款——胡金水 20 000

②月末计提利息时,其相关计算及会计分录为:

当月利息费用:20 000×9%÷12=150(元)

借:财务费用 150
  贷:成员往来——胡金水 150

由于每年末偿还一次利息,因此2~12月每月月末,都需要计提当月利息费用,会计分录同上。

【例3-32】 玉丰合作社20×4年年初向某服务企业借入2年长期借款10 000元,半年后该服务企业就破产倒闭,因此形成的长期借款10 000元及相应利息(10 000×8%×6÷12=400元)无法偿还,经批准核销。

因债务免除合作社无需偿还的长期借款及利息,其会计分录为:

其会计分录为:

借:长期借款——某服务企业 10 000
  应付利息——某服务企业 400
  贷:其他收入 10 400

(二)融资租赁核算

在融资租赁业务当中,"长期借款"主要是核算合作社采用融资租赁方式租入的有关资产所发生的租赁本金,其应付租赁本金可以在租赁期内逐年偿还。对于租赁期间所支付的租赁费大于租赁本金的差额部分,通过"财务费用"进行核算。

合作社融资租入大型农机等固定资产时,在租赁开始日,应按合作社会计制度确定的应计入固定资产成本的金额,借记"固定资产"或"在建工程"科目,贷记"长期借款"科目。对于租入设备时支付的手续费通过"财务费用"科目核算。租赁期间,合作社支付租赁费用时,按支付的租赁本金部分借记"长期借款"科目,按实际支付租赁费,贷记"银行存款"或"库存现金"科目,其差额计入"财务费用"科目。对于无法支付的融资租赁费用,根据其未偿还本金部分借记"长期借款"科目,贷记"其他收入"科目。

【例 3-33】20×4 年 1 月 1 日,玉丰合作社向某租赁公司租入不需安装新捕捞机器一台,根据发票显示价税合计 60 000 元。租赁合同约定:租赁期限为 5 年,月租赁费 1 200 元,从 20×1 年 1 月开始支付,该机器已验收入库。办理租赁时支付手续费 400 元。

①根据租赁合同收到的固定资产及发票,其会计分录为:

借:固定资产　　　　　　　　　　　　　　　　　　　　　　60 000
　　贷:长期借款——某租赁公司　　　　　　　　　　　　　　60 000

②支付手续费,其会计分录为:

借:财务费用　　　　　　　　　　　　　　　　　　　　　　400
　　贷:库存现金　　　　　　　　　　　　　　　　　　　　　400

【例 3-34】接[例 3-33]20×4 年 1 月末支付租赁费用。

融资租赁业务与银行借款业务都属于负债融资业务,此业务相当于合作社借入 60 000 元买入设备后,按月归还本金和利息。合作社根据合同约定,支付给租赁公司 1 200 元费用中,其中承担偿还租赁本金是 60 000÷(12×5)= 1 000 元,按制度规定要通过长期借款科目核算,而差额 200 元则相当于融资租入设备后,支付给租赁公司的利息支出。

合作社分期支付租赁款,其会计分录为:

借:财务费用　　　　　　　　　　　　　　　　　　　　　　200
　　长期借款　　　　　　　　　　　　　　　　　　　　　　1 000
　　贷:银行存款　　　　　　　　　　　　　　　　　　　　　1 200

【例 3-35】20×4 年 12 月 31 日已取得确凿证据证明某债权人单位由于经营不善已倒闭,合作社未偿还的 25 000 元借款无法支付,经合作社成员大会决议列作"其他收入"。

合作社某债权单位债务豁免,其会计分录为:

借:长期借款——某租赁公司　　　　　　　　　　　　　　　25 000
　　贷:其他收入　　　　　　　　　　　　　　　　　　　　　25 000

二、合作社专项应付款的核算

专项应付款是国家为扶持引导合作社发展,而专门拨付给合作社的直接补助性资金。为了全面反映和核算合作社国家财政直接补助资金的取得、使用及结存情况,设置"专项应付款"科目进行核算。该科目为负债类账户,贷方登记合作社取得的国家财政直接补助资金的数额;借方登记合作社使用国家财政直接补助资金的数额;期末贷方余额反映合作社尚未使用和结转的国家财政直接补助资金数额。"专项应付款"按专项基金的来源设置明细科目，进行明细分类核算。

合作社获得国家财政补助资金的拨付形式有两种：一种是直接以货币资金进行直接补助，另一种是以机器设备、无形资产或农业资产等实物形式进行补助。而合作社通过"专项应付款"核算的，仅指接受货币资金形态的国家财政补助。如果是接受以机器设备、无形资产或生物资产等形态的国家财政补助，在账务处理上直接反映"固定资产（无形资产或生物资产）"与"专项基金"的同时增加，详见第五章专项基金核算。

根据《农民专业合作社法》有关规定，合作社将收到的国家财政直接补助资金用于信息、培训、农产品质量认证、市场营销及农业技术推广等作为费用消耗的部分，进行费用化处理，直接计入当期损益；形成资产的，服务于合作社日常生产经营，由合作社自主支配、使用并享有产生收益的一方面确认为合作社资产，另一方面纳入"专项基金"核算。同时合作社法要求在解散、破产清算时，不得将国家财政直接补助形成的资产作为可分配剩余资产分配给成员，需要按照财政部、农业部2019年出台的《农民专业合作社解散、破产清算时结合国家财政直接补助形成财产处置暂行办法》的规定处置。

3-5 合作社
扶持措施

合作社收到国家财政直接补助的资金时，借记"库存现金""银行存款"等科目，贷记"专项应付款"。按照国家财政直接补助资金的项目用途，取得生物资产、固定资产、无形资产等非货币性资产，或用于兴建农业农村基础设施时，按照实际使用国家财政直接补助资金的数额，借记"消耗性生物资产""生产性生物资产""固定资产""无形资产""在建工程"等科目，贷记"库存现金""银行存款"等科目，同时借记"专项应付款"，贷记"专项基金"科目；用于开展信息、培训、农产品质量标准与认证、市场营销和技术推广等项目支出时，借记"专项应付款"科目，贷记"库存现金""银行存款"等科目。

取得生物资产、固定资产、无形资产等非货币性资产之后收到对应用途的国家财政直接补助资金的，按照收到的金额，借记"库存现金""银行存款"等科目，贷记"专项应付款"，同时按照实际使用国家财政直接补助资金的数额，借记"专项应付款"科目，贷记"专项基金"科目；发生信息、培训、农产品质量标准与认证、市场营销和技术推广等项目支出之后收到对应用途的国家财政直接补助资金的，按照收到的金额，借记"库存现金""银行存款"等科目，贷记"专项应付款"，同时按照实际使用国家财政直接补助资金的数额，借记"专项应付款"科目，贷记"经营支出""管理费用"等科目。因有结余等情况而退回国家财政直接补助资金时，借记"专项应付款"，贷记"库存现金""银行存款"等科目。

【例3-36】20×4年1月，玉丰合作社收到国家财政直接补助资金100 000元，款项已收妥并存入银行。

合作社收到的国家财政补助资金，其会计分录为：
借：银行存款   100 000
    贷：专项应付款   100 000

【例3-37】接［例3-36］合作社用财政补助资金购买一台鱼苗孵化设备，金额60 000元。

合作社使用国家财政直接补助资金形成固定资产，其会计分录为：
借：固定资产——鱼苗孵化设备　　　　　　　　　　　　　　　60 000
　　贷：银行存款　　　　　　　　　　　　　　　　　　　　　　60 000
同时，按照合作社会计制度规定将专项应付款转入专项基金，其会计分录为：
借：专项应付款　　　　　　　　　　　　　　　　　　　　　　60 000
　　贷：专项基金　　　　　　　　　　　　　　　　　　　　　　60 000
【例3-38】接[例3-36]合作社用财政补助资金支付优良品种的技术推广培训3 000元。
合作社将国家财政直接补助资金用于技术推广培训，其会计分录为：
借：专项应付款　　　　　　　　　　　　　　　　　　　　　　3 000
　　贷：银行存款　　　　　　　　　　　　　　　　　　　　　　3 000

学习巩固

【思考题】

1. 简述合作社进行两次盈余分配的原因。
2. 简述合作社盈余返还比例规定能否有效保障社员权益。
3. 简述合作社负债筹资时应考虑的因素。
4. 简述如何加强合作社负债筹资的管理。
5. 简述合作社专项应付款会计处理的缘由。
6. 简述合作社增值税税收优惠政策。

【技能题】

一、单选题

1. 应付款是合作社因购买产品物资和接受劳务，应该支付但尚未支付给（　　）款项。
   A. 成员　　　　　　　　　　　　B. 非成员
   C. 成员和非成员　　　　　　　　D. 成员、供应商及客户

第三章答案

2. 合作社应支付给季节性用工等临时工作人员的劳务费、资金、津贴、补助等，应通过（　　）科目核算。
   A. 应付工资　　B. 应付款　　C. 应付劳务费　　D. 成员往来
3. 根据《农民合作社财务制度》规定，合作社盈余返还不得低于可分配盈余的（　　）。
   A. 40%　　　　B. 50%　　　　C. 60%　　　　D. 70%
4. 合作社借款过程中发生的手续费和借款的利息，通过（　　）科目核算。
   A. 管理费用　　B. 财务费用　　C. 经营支出　　D. 其他支出
5. 合作社提取育肥猪养殖人员的薪酬时，应借记（　　）科目。
   A. 消耗性生物资产　　　　　　　B. 生产性生物资产
   C. 管理费用　　　　　　　　　　D. 经营支出

6. 合作社减免的税额应( )。
   A. 计入"经营收入"贷方　　　　　B. 计入"其他收入"贷方
   C. 计入"管理费用"贷方　　　　　D. 计入"应交税费——应交增值税"贷方
7. 经成员(代表)大会表决同意,将应支付的剩余盈余转为成员对合作社的出资时,应借记"应付盈余返还",贷记( )。
   A. 股金　　　　　　　　　　　　B. 资本公积
   C. 专项基金　　　　　　　　　　D. 盈余公积
8. 合作社因债权人债务豁免而无需偿还的款项,应( )。
   A. 计入经营收入　　　　　　　　B. 计入其他收入
   C. 冲减管理费用　　　　　　　　D. 冲减经营支出
9. 合作社使用国家财政直接补助资金开展技术推广培训时的会计处理是( )。
   A. 借：专项应付款　　　　　　　B. 借：管理费用
      贷：银行存款　　　　　　　　　 贷：银行存款
   C. 借：管理费用　　　　　　　　D. 借：专项应付款
      贷：专项应付款　　　　　　　　 贷：管理费用
10. 合作社"应付款"科目应按照( )设置明细账。
   A. 成员单位　　　　　　　　　　B. 非成员单位和个人
   C. 债务人　　　　　　　　　　　D. 成员个人

二、多选题

1. 下列有关增值税的表述中正确的有( )。
   A. 一般纳税人的税率包括13%、9%、6%、零税率4档
   B. 现行税法规定小规模纳税人适用3%征收率的应税销售收入,减按1%征收率征收增值税
   C. 合作社从事农业机耕、排灌、病虫害防治业务免征增值税
   D. 合作社批发、零售蔬菜、肉蛋产品免征增值税
2. 合作社"税金及附加"科目核算的税种有( )。
   A. 增值税　　　　　　B. 消费税　　　　　　C. 教育费附加
   D. 印花税　　　　　　E. 车船使用税
3. 下列关于合作社专项基金表述正确的有( )。
   A. 合作社收到国家财政直接补助的资金,可以用于购置资产,也可以用于开展信息化或技术服务等
   B. 合作社收到国家财政直接补助的机器设备、无形资产或生物资产等,在账务处理上不通过专项应付款核算
   C. 合作社使用已收到的国家财政直接补助资金取得资产时,应将相应的金额由专项应付款转入专项基金
   D. 合作社解散、破产清算时,可以将国家财政直接补助形成的资产作为可分配剩余资产分配给成员

4. 下列有关合作社负债表述正确的有（   ）。
   A. 利息计算不考虑货币时间价值
   B. 区分外部应付款和内部应付款核算
   C. 固定员工和季节性用工的薪酬都通过"应付工资"科目核算
   D. 盈余返还和剩余盈余分配的比例由合作社成员（代表）大会确定
5. 合作社的非流动负债包括（   ）。
   A. 应付盈余返还　　　　　　　　B. 应付剩余盈余
   C. 专项应付款　　　　　　　　　D. 长期借款
6. 下列有关合作社工资和劳务费核算的表述正确的有（   ）
   A. 应付工资科目核算合作社管理人员及固定员工的薪酬
   B. 应付劳务费核算合作社临时性工作人员的劳务费
   C. 合作社计提工资及劳务费时，按照相关人员的服务部门不同或受益对象不同，分别计入管理费用、经营支出、生产性生物资产、消耗性生物资产等账户
   D. "应付工资"科目期末贷方余额表示合作社尚未支付给管理人员及固定员工的工资
7. 下列有关合作社应付盈余返还和应付剩余盈余表述正确的有（   ）。
   A. 应付盈余返还是按照成员与合作社交易量（额）占比计算的应返还给成员的盈余
   B. 应付剩余盈余是依据出资额、公积金份额、享有的国家财政直接补助和他人捐赠形成财产的量化份额计算出的应分配给成员的盈余
   C. 可分配盈余是指合作社在弥补亏损、提取公积金后剩余的本年盈余
   D. 经成员（代表）大会表决同意，应付盈余返还和应付剩余盈余都可以转为成员对合作社的出资
8. 下列关于合作社一般纳税人增值税核算的表述中正确的有（   ）。
   A. "应交税费——应交增值税（进项税额）"核算在采购过程中产生的进项税
   B. "应交税费——应交增值税（销项税额）"核算在销售过程中产生的销项税
   C. 享受的税收减免冲减当期的管理费用
   D. 缴纳当月增值税和以前月份增值税欠款时，都通过"应交税费——已交税金"
9. 合作社流动负债形成的原因有（   ）。
   A. 借贷　　　　　　　　　　　　B. 与个人或客户交易
   C. 盈余分配　　　　　　　　　　D. 涉税业务
10. 合作社在提取管理人员及固定员工工资时，可以借记的科目有（   ）。
    A. 经营支出　　　　B. 生产成本　　　　C. 在建工程
    D. 生产性生物资产　　E. 管理费用

三、判断题

1. 合作社应支付而尚未支付的工资和劳务报酬均列入"应付工资"科目核算。（   ）
2. 合作社与成员之间的应付和暂收款项，均通过"成员往来"核算。（   ）
3. 合作社的盈余返还、剩余盈余分配的具体办法在监事会的监督下由理事会确定即

可。（　　）

4. 合作社在编制资产负债表时，"应付款项"项目应根据"应付款"科目余额和"成员往来"各明细科目期末贷方余额合计数合计填列。（　　）

5. 合作社筹集债务资金时应当召开成员（代表）大会进行决议，由本社成员表决权总数过半数通过，章程对表决权数由较高规定的从其规定。（　　）

6. 合作社核算借款利息时，需要根据还款方式的不同确定单利计息或复利计息。（　　）

7. 某合作社虽然会计核算健全，但年销售额为400万元，因此，该合作社认定为小规模纳税人。（　　）

8. 合作社销售本社成员生产的农产品，免征增值税。（　　）

9. 合作社与本社成员签订的农产品和农业生产资料购销合同需要按照税法要求缴纳印花税。（　　）

10. 国家财政补助资金只能按照项目用途用于取得资产或兴建农业基础设施。（　　）

四、实务题

1. 华征合作社（一般纳税人）20×4年6月发生如下业务：

(1) 购进肥料等生产物资，不含税售价为20 000万元，款项未支付，物资已验收入库；

(2) 雇佣临时工20人采摘蓝莓，用工15天，每天支付报酬150元，并以现金付讫；

(3) 向水果批发商张某销售蓝莓1 000千克，不含税单价16元/千克，款项尚未收回；

(4) 计提并支付合作社固定员工工资，其中蓝莓田间管理员工工资15 000元，蓝莓果酱果汁加工车间工人工资20 000元，合作社行政管理人员工资5 000元。

2. 华征合作社为扩大生产规模，从银行借入期限为2年的借款100 000元，合同利率为3%，每半年付息一次。

(1) 收到借款本金100 000元；

(2) 借款时支付500元手续费；

(3) 每半年计提并支付利息；

(4) 借款到期，偿还本金及最后一期利息。

3. 华征合作社取得国家财政直接补助项目资金100 000元用于生猪养殖项目，养殖项目不足部分资金合作社自筹解决。该项目主要业务如下：

(1) 银行存款收到项目资金100 000元；

(2) 使用项目资金购入种猪10头，单价2000元，共计20 000元，银行存款付讫；

(3) 改建猪舍设施，发生材料、人工费等开支共计90 000元，其中：财政补助资金70 000元，自筹20 000元；

(4) 按照项目实施方案，对合作社成员进行生猪养殖技术培训，共发生技术培训支出12 000元，其中：财政补助资金10 000元，自筹2 000元。

案例分析

绿色生产谋发展，建设乡村共富裕
——上饶市广丰区廿三都种养专业合作社

上饶市广丰区廿三都种养专业合作社地处闽浙赣三省交汇处的广丰区丘陵地带，适合种植广丰马家柚。随着大量农村劳动力外出，种植农作物的成本不断提高，致使耕地实际利用率不足1/3。为解决家乡荒地成片的情况，合作社理事长以"提高耕地种植，为家乡做贡献"为初心，于2011年6月开始筹备，2012年2月注册登记了廿三都种养专业合作社，并于2012年4月召开了全体成员代表大会。第一次成员代表大会选举产生了第一届理事会成员7名，监事会成员9名；同年10月成立党支部，党员9名。

合作社以"合作社+农场+基地"的模式开展经营，提升当地耕地利用率，带动农户增收。合作社注册资金为1 200万元。合作社启动股东15人，以货币入股(500元/股)；农户社员有土地、现金两种方式入股。经过十余年的发展壮大，截至2023年6月末，合作社农户成员达到237户。合作社的主要经营项目包括：种植业，面积达510亩；经营场所达1 200平方米；养殖业，建成标准化波尔山羊暖棚2 000平方米、猪栏500平方米(10间)、水塘20 000平方米；地方特色产业扶贫基地，由该项目扶贫资金建成初级存储仓库600平方米，该存储仓库闲置时用于农家乐经营。

合作社在党支部的领导及全体社员的共同努力下，先后被评为产业化经营"县级龙头企业""省、市级示范社"，并于2019年被评为国家级示范合作社。

一、生态高技术生产，实现绿色发展

一是整合土地资源，套种实现增收。合作社在马家柚基地建设过程中，结合马家柚的生长特征，在不同的生长阶段采用间种、套种不同品种作物，采用不同收益分配方式充分利用土地资源实现农户增收。树苗培植初期，因树苗小、树苗间距空间大，以每亩奖励20元的形式号召成员在马家柚基地套种花生、大豆等农作物，种植陆地西瓜等方式充分利用土地资源。这一做法，一方面降低了除草、松土等成本支出，另一方面增加了合作社的收益，实现了农户增收。树苗成长中期及成熟期，随着果树的生长，已不适合套种农作物。此时，合作社引进养殖业，其中包括波尔山羊、猪等，以后陆续又开展了鱼、家禽的养殖。该阶段开展养殖业，一方面充分利用果树种植中草资源，节约了养殖业的成本；另一方面，合作社拓展了经营范围，分散了合作社的经营风险。

二是使用自产肥料，绿色促进增产。合作社利用自产有机肥，实现绿色增产主要有两个渠道。养殖业产生的粪便又转化成有机肥用于马家柚种植，形成了种养一体的绿色循环。合作社在发展中拓展业务，增加了菜籽油生产销售，菜籽油的加工过程中形成的副产品菜籽饼是高效的有机肥。合作社将自产菜籽饼作为有机肥投入马家柚种植过程中，年均节约有机肥成本近2万元。

三是积极参加培训，生产经营增效。随着合作社的发展壮大，技术薄弱问题日益突出，增加了合作社的生产经营风险。为增强合作社的核心竞争力，合作社通过请进来、走

出去相结合的方式引领合作社成员学习技术和生产经营理念。合作社积极参加各级政府、农业部及协会举办的技术讲座，也曾多次派社员到外地进行培训，并请专家、技术人员到基地进行现场指导。通过专家讲授指导，有效预防了炭疽病、疮痂病、树脂病等真菌性病害的发生；通过参观学习，引进了西瓜套种，并成功与浙江某企业签订了产销合作协议。

二、创新合作共赢，带动农户致富

一是创新入股方式，竭力带农助农。合作社入股方式主要有现金和土地入股两种。为确保集中连片种植，合作社采取土地置换的补付差价的方式解决入股土地插花地的问题，以解决想入社而又无雄厚货币资本的社员入社，同时降低合作社种植成本。此外，为防止一股独大、个人控股的情况出现，合作社规定每人限20股。

二是立足新业态，发展产销一体化。传统销售采用线上线下相结合的方式进行马家柚的销售，线上以微商销售方式为主，线下与批发商、零售商建立了稳固的销售渠道。此外，立足新业态，拓展销售渠道和经营新业态。发挥距离市中心1小时的地理优势，开展马家柚收获季节开展采摘拓展活动；通过微信朋友圈、抖音短视频进行宣传，吸引了学生团体前来开展研学活动；拓展业务开展垂钓、农家乐、烧烤等周末休闲活动等。实现了"产品销出去，人流引进来"，进一步凸显合作经营、多元化经营、一体化经营的优势。

三是强化党建引领，助推农户增收。合作社实现了党在合作社的组织覆盖和在农业生产领域的工作覆盖，推动了基层党组织服务能力、服务水平的现代化。合作社2022年种养殖业、农家乐等服务业总计发生劳务支出410余万元。其中，种植业劳务支出280余万元，养殖业劳务支出50余万元，服务业劳务支出80余万元，使本受益贫困户（155户，681人）人均每年增收2 900元，发挥了合作社的示范引领，推动区域内经济发展的作用。

三、延伸服务内容，助力乡村建设

一是提供技术服务，拓展经济价值。合作社积极发挥自身技术优势，为种植马家柚的农户免费提供嫁接、移苗、施肥等方面的技术指导；每年至少一次开办马家柚、大西瓜种植、波尔山羊的养殖等专题培训课；推广生产种植标准和绿色种植技术，提高马家柚种植产量，提升果品品质，提升了每亩产值。

二是助力脱贫攻坚，发挥社会价值。合作社将扶贫扶智相结合，定期组织低收入农户开展集中培训，帮助他们快速掌握马家柚的种植技术，解决种植难题；根据不同种植时间段，分批多次入户开展指导。在合作社脱贫攻坚地方特色产业扶贫基地运营中，通过贫困户认领马家柚树苗的方式获取对应果树的销售收益；结合贫困户特征提供工作岗位实现贫困户增收，例如，聘请一名双腿残疾人的贫困户做合作社电商客服工作；为种植马家柚的30家贫困户免费提供物资，这30户在2018年全部实现脱贫。

三是坚守疫情防控，凸显人文价值。合作社一直秉承"为人民服务"宗旨，定期将合作社的部分收入用于为农民办实事。合作社累计为群众修建道路、种植树苗等实事23件，累计投入资金350万元。在新冠疫情防控期间，合作社第一时间发动社员捐款捐资，同时组建了疫情防控志愿者服务队，主动参与各路口执勤，发挥基层堡垒作用。

四是完善基础设施，深挖乡土价值。"要想富，先修路；要幸福，修好路"，为解决甘三都村交通问题，合作社在2013年投入了215万元进行乡村道路的修建。自道路条件改善后，不仅降低了合作社的运输成本，还为后期的新产业新业态发展奠定了一个良好的基础。

上饶市广丰区横山镇廿三都种养专业合作社探索出了一个多赢的局面。从农业现代化角度看，合作社积极拓展了农业的多种功能，发展新业态，助推产销一体化；从基层党建角度看，合作社通过党支部领导带领合作社增收增产，积极参与乡村建设，发展绿色、高效农业，激活乡村振兴发展动力，解决农村就业问题，带领农户实现共同富裕。

【案例思考】

1. 根据上述材料，可否使用商业模式画布画出廿三都种养专业合作社的商业模式？
2. 结合廿三都种养专业合作社的运营情况，分析该合作社可能会有哪些负债？合作社在负债筹资中应注意哪些问题？
3. 结合廿三都种养专业合作社的经济业务，分析该合作社可能涉及哪些税种？合作社在纳税管理中应注意哪些问题？
4. 廿三都种养专业合作社在未来发展中可能面临哪些风险？

第四章　农民专业合作社损益核算

学习目标

知识目标	能力目标	价值目标
了解农民合作社损益的含义；掌握合作社收入、成本和费用的构成；掌握合作社盈余的形成过程及本年盈余的计算公式；掌握合作社各项损益要素的业务处理，能对各项损益进行正确结转与分配	思考并解决合作社损益核算问题，具备"举一反三"的能力，能够提出问题、分析问题、解决问题；具备将理论正确应用到实践的能力，能对标合作社实际业务进行具体分析	合理管理损益可以监控合作社的经营状况，及时发现问题并采取措施；主动管理合作社成本结构、盈利能力、市场需求等情况，助力制定合理的经营策略，提高盈利能力和市场竞争力

学习导入

农民专业合作社法的修订背景及调整内容

自《中华人民共和国农民专业合作社法》发布以来，我国农民合作社发展迅速。同时，一些新情况不断涌现，农民专业合作社法的一些规定越来越不适应合作社实践发展的需要。第一，越来越多的合作社逐步由最初的单一经营向多种经营、由生产经营向服务及综合经营方向发展，合作社的内涵发生了重大的变化。第二，随着合作社经营范围不断扩大、服务领域不断拓宽，相应的规范和扶持范围也需要进一步调整。第三，长期以来，合作社存在管理不民主、财务制度不健全等问题，影响和制约了合作社的健康发展，需要进一步规范和完善其内部运行机制。第四，合作社之间的联合缺乏相应的法律规定，需要明确其法律地位，规范和保障其发展。最后，合作社内部开展信用合作、合作社成员的加入与退出、盈余分配制度的完善等方面也需要进一步明确或规范，以引导和支持合作社的发展。鉴于合作社在农业农村经济发展中发挥着越来越重要的作用，2017年12月27日第十二届全国人民代表大会常务委员会第三十一次会议通过修订，自2018年7月1日起施行。

农民专业合作社法修订前后主要有以下6个方面的区别：一是发展方向更明确。修订后的法律强调规范和提高，旨在推进农业农村现代化，而旧版法律的重点是支持和引导合作社的发展，并在此基础上进行规范。二是合作对象和经营范围更加明确。新合作社法取消了关于"同类"农产品或服务的限制，扩大了合作社的对象和经营范围，允许合作社向旅游业、服务业等第三产业领域扩张。三是外部合作权利更加灵活。新合作社法规定农民合作社可以依法向公司等企业投资，成员可以用土地经营权、林权等非货币财产出资，这增加了合作社的权益保护措施，并提高了农户投资的积极性。四是增加农民专业合作社联合社。新合作社法增加了"农民专业合作社联合社"一章，允许3个以上的合作社在自愿基础上出资设立联合社，并取得法人资格。五是调整法律范围。新合作社法取消了"同类"的限制，扩大了法律调整的范围，并结合新兴服务类型的发展，例如，农村民间工艺及制品、休闲农业和乡村旅游资源开发经营等，以列举方式扩大了合作社的服务类型。六是县级以上人民政府建立综合协调机制。新合作社法规定县级以上人民政府应建立农民专业合作社工作的综合协调机制，统筹指导、协调、推动合作社的建设和发展。

第一节　农民专业合作社损益概述

一、合作社损益的含义

合作社损益也称盈余，是合作社在一定会计期间的经营成果，是合作社在一定期间（月、季、年）生产经营、服务和各项活动所得的净收益，即各项收入和投资收益之和减去各项费用支出后的差额。差额为正值表示合作社获得盈余；差额为负值表示合作社发生了亏损。盈余或亏损是反映合作社生产经营活动情况的综合指标。

按照《农民专业合作社会计制度》要求，合作社本年盈余的计算公式为：

$$本年盈余=经营收益+其他收入-其他支出-所得税费用 \quad (4-1)$$

其中：

$$经营收益=经营收入+投资收益-经营支出-税金及附加-管理费用-财务费用 \quad (4-2)$$

综合起来：

$$本年盈余=经营收入+投资收益+其他收入-经营支出-其他支出-税金及附加-管理费用-财务费用-所得税费用 \quad (4-3)$$

合作社在进行年终盈余分配工作之前，要准确地核算全年的各项收入和费用支出。从"本年盈余"计算式（4-3）可以看出，合作社收入核算包括经营收入和其他收入。为简化合作社会计核算，将投资收益直接列为经营成果核算。合作社费用核算包括经营支出、税金及附加、管理费用、财务费用和其他支出等，其中，合作社经营支出核算涉及产品或劳务成本核算。

4-1 合作社本年盈余计算

二、合作社损益核算的特点

合作社损益核算具有如下特点。

（一）合作社收入与费用核算内容相对较广

合作社收入、费用核算内容与企业略有不同。合作社收入的来源既包括日常经营管理活动中销售商品、提供劳务、出租资产、为成员代购代销、向成员提供技术、信息服务等形成的销售产品物资收入、劳务收入、租金收入、代购代销收入、服务收入等总经济利益流入；又包括非日常经营管理活动中形成的偶然所得等带来的经济利益流入。与合作社收入相对应，费用除了日常经营管理活动所直接形成的经营支出和管理费用外，还包括由于罚款、盘亏等偶然损失形成的其他支出。

(二)合作社收入与费用核算内容相对简单

合作社与成员发生的各项经济活动所取得的收入,不涉及税费问题。根据农民专业合作社法第六十七条的规定,合作社享受国家规定的对农业生产、加工、流通、服务和其他涉农经济活动相应的税收优惠。因此,合作社与成员发生的经济收入,不需要考虑是否为含税收入;同时也不需要承担和计算各项税费支出,如增值税、消费税及所得税费用支出等。

(三)合作社成本核算过程相对简化

对于企业来说,成本核算是一个复杂的过程,要严格区分成本费用界限等。目前,虽然合作社数量和种类较多,涉及领域较广,但就某个合作社而言,生产经营的品种少,规模小,农产品加工多属于简单的初级加工。因此,合作社采取简化的成本核算方法,即合作社成本项目直接分配由某农产品或某劳务服务承担相应部分,可先通过"生产成本",但不需要"制造费用"进行过渡核算;对于不能直接由某农产品或某劳务服务承担的支出,则通过"经营支出"或"其他支出"进行核算。

三、合作社损益核算的原则

(一)简化权责发生制核算原则

根据《农民专业合作社会计制度》第八条规定,合作社的会计核算采用权责发生制,例如,对于固定资产价值由收益期间受益对象承担当期应计提的折旧费。但考虑到合作社经营对象的特殊性,其生产销售的某些农产品,其生产周期往往与会计期间不一致,合作社可根据实际情况采取简化的权责发生制灵活处理。如玉丰合作社在销售商品鱼时,往往会等到春节旺季,以求能卖个较好的价钱,这时对鱼收入的确认不应当硬套"权责发生制"原则,而应当以实际卖鱼时实现的收入作为入账时间。这在某种意义上说是采用了收付实现制,但实质上是一种简化权责发生制。

(二)简化配比核算原则

《农民专业合作社会计制度》没有明确规定,合作社的会计核算采用配比核算原则。合作社的盈余来源于多种收入,但它所抵减的支出与相应的收入之间多数情况下并不存在严格的配比关系。有的收入与它所抵减的支出存在严格的配比关系,如加工农产品的销售收入与农产品购入成本和加工、销售费用支出,就存在着严格的配比关系;有的收入没有与之配比的支出项目,如银行存款利息收入、违约金收入、罚款收入等;有的收入与多项支出配比,例如,果树投产后的产品销售收入,不仅与该产品的采摘、挑选、贮藏、保管、包装、运输、销售等费用支出配比,还与该果树的营造、培植、管护所产生的费用支出配比;有的费用与多项收入配比,例如,合作社免费为成员代购代销发生的费用支出,没有与之相对应的收入项目,结转盈余时直接从收入中抵减,应与全部收入配比。而在企业等经营主体中,盈余性收入与其相应的支出一般都有着严格的配比关系。

(三)正确划分盈余性支出与资本性支出原则

合作社盈余性支出是在生产经营活动中为取得本会计期间盈余而发生的各项耗费支出,直接以当期收入补偿,例如,合作社管理活动发生的各项支出,管理人员工资、办公费等就是盈余性支出。合作社的盈余性支出应作为当期的费用进行确认，包括经营支出、管理费用、财务费用及其他支出等。合作社资本性支出是合作社为取得长期经营能力，而发生的当年消耗、多年补偿的支出。按照权责发生制及配比原则要求，该支出必须通过多年的收入来补偿，因此必须对此支出资本化。例如，对购置饲养鱼机器等资产支出，必须作为合作社的固定资产来核算。

合作社的各项收入和各项支出是合作社在经营活动中，直接发生的、承担盈亏责任并纳入盈余分配的各种所得和耗费。准确核算各项收入与各项成本费用，对于正确反映合作社生产经营成果、有针对性地采取增收节支措施、提高经济效益、增加合作社盈余、提高分配水平等，具有重要的意义。

第二节 农民专业合作社收入核算

一、合作社收入的确认和计量

合作社收入核算主要是解决收入确认时间和收入金额计量两大问题。

合作社确认收入时间是指收入在何时记账，并在盈余及盈余分配表上反映的时间。合作社收入确定应根据简化的权责发生制进行。按照《农民专业合作社会计制度》第四十七条规定，合作社一般于产品物资已经发出，服务已经提供，同时收讫价款或取得收取价款的凭据时，确认经营收入的实现。在实际收讫罚款、违约金等款项时，确认合作社其他收入的实现。

合作社收入金额的计量是指实际收到价款或收取价款凭证上所注明的实际金额作为确认收入的金额。收入的实现，是合作社盈余实现的前提和基础，也是合作社经济活动的重要目标。因此，合作社应加强对收入实现过程的管理和核算，正确计算各项收入，为准确核算全年收益提供扎实的基础。

4-2 合作社收入成本费用管理

二、合作社收入的核算

为全面反映和核算合作社收入实现情况，合作社应根据收入形成原因设置"经营收入""其他收入"等科目，进行收入实现全过程核算。

（一）经营收入核算

为了全面反映和核算合作社提供农业生产资料的购买、使用，农产品的生产、销售、加工、运输、贮藏以及与农业生产经营有关的技术、信息、设施建设运营等服务，开发经营农村民间工艺及制品、休闲农业和乡村旅游资源等，以及销售本社产品取得的收入，设置"经营收入"科目进行核算。该科目为损益类账户，贷方登记合作社实现的收入金额；借方登记年末转出的收入金额；余额在贷方，贷方余额反映合作社本年度实现的经营收入总额。年终结转后，"经营收入"科目应无余额。"经营收入"科目应按经营项目设置明细科目，进行明细核算。

合作社实现经营收入时，应按实际收到或应收的价款，借记"库存现金""银行存款""应收款""成员往来"等科目，贷记"经营收入"科目，同时结转成本。

1. 农产品销售收入核算

合作社销售农产品，一般于该农产品已经发出，同时收讫价款或取得收取价款的凭证时，根据销售合同或协议确定的金额确认收入。

【例 4-1】20×4 年 7 月玉丰合作社出售自己承包水面的鲜鱼 100 万千克，卖价 2.5 元/千克，款项已存入银行，假定这批鱼的养殖成本 1.75 元/千克，同时结转成本。

①出售鲜鱼时，收到银行存款后，根据银行回执单，其会计分录为：

借：银行存款　　　　　　　　　　　　　　　　　　10 000 000
　　贷：经营收入——农产品销售收入　　　　　　　　10 000 000

②结转已售鱼的成本时，其会计分录为：

借：经营支出——农产品销售支出　　　　　　　　　　7 000 000
　　贷：消耗性生物资产——鲜鱼　　　　　　　　　　7 000 000

【例 4-2-1】20×4 年 7 月玉丰合作社出售自己当期采摘入库的柑橘一批，卖价为 5 000 元，款项已存入银行，柑橘已结转的生产成本为 3 000 元。

①柑橘采摘入库时，结转生产成本，其会计分录为：

借：产品物资——柑橘　　　　　　　　　　　　　　　3 000
　　贷：生产成本——柑橘　　　　　　　　　　　　　3 000

②出售柑橘时，收到银行存款后，根据银行回执单，其会计分录为：

借：银行存款　　　　　　　　　　　　　　　　　　　5 000
　　贷：经营收入——农产品销售收入　　　　　　　　5 000

③结转已售柑橘成本，其会计分录为：

借：经营支出——农产品销售支出　　　　　　　　　　3 000
　　贷：产品物资——柑橘　　　　　　　　　　　　　3 000

【例 4-2-2】若玉丰合作社出售购入的非成员的柑橘，买价 3 000 元，以 5 000 元价卖出，且合作社为增值税一般纳税人，税率 9%。

①柑橘购入时，其会计分录为：

借：产品物资——柑橘　　　　　　　　　　　　　　　2 730
　　应交税费——应交增值税(进项税额)　　　　　　　270
　　贷：银行存款　　　　　　　　　　　　　　　　　3 000

②出售柑橘时根据银行回执单和增值税专用发票，其会计分录为：

借：银行存款　　　　　　　　　　　　　　　　　　　5 450
　　贷：经营收入——农产品销售收入　　　　　　　　5 000
　　　　应交税费——应交增值税(销项税额)　　　　　450

③结转已售柑橘成本，其会计分录为：

借：经营支出——农产品销售支出　　　　　　　　　　2 730

　　　　贷：产品物资——柑橘　　　　　　　　　　　　　　　　　　　　　　　2 730

2. 委托代销商品收入核算

合作社委托外单位销售自己生产的产品时，一般于收到代销单位报来的代销清单时，按照应收金额，借记"应收款"科目，按照应确认的收入，贷记"经营收入"科目。对委托代销商品，可按委托代销单位分别设置二级明细科目进行明细核算，并据以登记多栏式明细账；同时根据商品种类设置三级明细科目，登记数量金额式的明细账，以加强对代销产品收、发、存等过程核算和监督。

【例4-3】 20×4年6月玉丰合作社与新华农贸公司签订委托代销农产品合同，合同约定，合作社加工的鱼干对外统一售价是15元/千克，新华农贸公司代销手续费按售价的10%收取。次日，合作社即发给该农贸公司1 000千克鱼干，鱼干加工成本为10元/千克。月底，收到该公司的代销清单，记录已出售200千克。

①发出鱼干时，合作社应及时登记委托代销商品明细账，根据发货单，其会计分录为：

　　借：委托代销商品——新华农贸公司（鱼干）　　　　　　　　　　　10 000
　　　　贷：产品物资——鱼干　　　　　　　　　　　　　　　　　　　　10 000

②根据收到代销清单，其会计分录为：

　　借：应收款——新华农贸公司　　　　　　　　　　　　　　　　　　 3 000
　　　　贷：经营收入——委托代销商品收入　　　　　　　　　　　　　　3 000

③在确认委托代销商品收入的同时，按照配比原则，将合同约定的手续费确认为经营支出的增加，其会计分录为：

　　借：经营支出——委托代销商品手续费支出　　　　　　　　　　　　　 300
　　　　贷：应收款——新华农贸公司　　　　　　　　　　　　　　　　　　 300

④收到代销公司汇来的鱼干代销款时，其会计分录为：

　　借：银行存款　　　　　　　　　　　　　　　　　　　　　　　　　 2 700
　　　　贷：应收款——新华农贸公司　　　　　　　　　　　　　　　　　 2 700

⑤结转已销售的委托代销商品成本时，其会计分录为：

　　借：经营支出——委托代销商品支出　　　　　　　　　　　　　　　 2 000
　　　　贷：委托代销商品——新华农贸公司（鱼干）　　　　　　　　　　 2 000

3. 受托代购商品收入核算

合作社受托代购商品，一般于将代购商品交付委托方时，根据受托代购合同中有关手续费的约定，确认当期经营收入的实现。为便于与委托方结算相应受托代购商品，可按委托方设置二级明细科目进行明细核算，并据以登记多栏式明细账；同时根据商品种类设置三级明细科目，登记数量金额式的明细账，以加强对代购商品的收、发、存等过程核算和监督。

【例4-4】 20×4年3月玉丰合作社接受成员张富贵委托代购鱼苗10万尾，预收代购款20 000元，并约定按每千尾收取手续费1元。合作社以每万尾2 500元购入鱼苗，按时交付成员，代购货款差价和手续费尚未收到。

①预收代购款时，由于此经济利益流入没有导致合作社所有者权益的增加，此时不能

确认收入的增加，只能反映资产与负债同时增加，其会计分录为：
　　借：银行存款　　　　　　　　　　　　　　　　　　　　20 000
　　　　贷：成员往来——张富贵　　　　　　　　　　　　　　　20 000
②用银行存款购入鱼苗时，根据采购发票，其会计分录为：
　　借：受托代购商品——张富贵(鱼苗)　　　　　　　　　　25 000
　　　　贷：银行存款　　　　　　　　　　　　　　　　　　　25 000
③将代购鱼苗交付给成员时，其会计分录为：
　　借：成员往来——张富贵　　　　　　　　　　　　　　　25 100
　　　　贷：受托代购商品——张富贵(鱼苗)　　　　　　　　25 000
　　　　　　经营收入——受托代购商品收入　　　　　　　　　　100

4. 受托代销商品收入核算

合作社受托代销商品，一般于受托代销商品售出并收到有关货款或有关款项凭证时，确认收入的实现。为便于与委托方结算相应受托代销商品，可按委托代销方设置二级明细科目进行明细核算，并据以登记多栏式明细账；同时根据商品种类设置三级明细科目，登记数量金额式的明细账，以加强对受托代销商品的收、发、存等过程核算和监督。

【例 4-5】20×4 年 7 月玉丰合作社接受成员李贵根委托代销活鱼 1 000 千克，合同约定的价格为每千克 6.5 元。合作社以每千克 7 元售出活鱼，货款已收到。

①收到受托代销商品时，应及时登记有关明细账，其会计分录为：
　　借：受托代销商品——李贵根(鲜鱼)　　　　　　　　　　6 500
　　　　贷：成员往来——李贵根　　　　　　　　　　　　　　6 500
②销售代销商品完成，取得款项后，根据销售发票结转已售受托代销商品成本，同时确认经营收入，其会计分录为：
　　借：银行存款　　　　　　　　　　　　　　　　　　　　7 000
　　　　贷：受托代销商品——李贵根(鲜鱼)　　　　　　　　　6 500
　　　　　　经营收入——受托代销商品收入　　　　　　　　　　500

5. 服务收入核算

合作社的服务收入，一般于服务已经提供，同时收讫价款或取得收取价款的凭据时，确认收入的实现。

【例 4-6】20×4 年 5 月玉丰合作社为成员提供现场养殖技术指导活动，收取服务费用 500 元。

提供技术指导服务后，其会计分录为：
　　借：库存现金　　　　　　　　　　　　　　　　　　　　　500
　　　　贷：经营收入——服务收入　　　　　　　　　　　　　　500

6. 租金收入核算

合作社的租金收入，一般于物资设备已经提供，同时收讫租金或取得收取价款的凭据时，确认收入的实现。

【例 4-7】20×4 年 7 月水产批发商杨某向玉丰合作社租用活鱼专用运输车一天，租金

2 500元，款项已存入银行。

根据银行存款回单，其会计分录为：

借：银行存款   2 500
　　贷：经营收入——设备租金   2 500

7. 劳务收入核算

合作社的劳务收入，一般于劳务已经提供，同时收讫劳务收入款项或取得收取款项的凭据时，确认收入的实现。

【例4-8】20×4年5月玉丰合作社为非成员养鱼大户张金锁提供鱼药施用服务，工作结束后收取劳务费800元，张金锁用现金支付该款项。

收到张金锁交纳的现金时，其会计分录为：

借：库存现金   800
　　贷：经营收入——劳务收入   800

8. 经营收入其他内容核算

除销售产品、提供劳务、为成员代销产品、代购商品、向成员提供技术、信息服务等活动取得的收入外，合作社取得的其他收入一般于收入到账或取得收入凭证时确认收入的实现。

【例4-9】20×4年10月玉丰合作社收到张三金上交承包鱼场的承包金10 000元，款项通过银行存款收妥。

取得银行存款回单时，其会计分录为：

借：银行存款   10 000
　　贷：经营收入——鱼场承包金   10 000

9. 经营收入冲减核算

当合作社已销售货物发生销售退回或折让时，应冲减其相应的经营收入。

【例4-10】接[例4-3]20×4年11月玉丰合作社委托新华农贸公司销售的剩余鱼干800千克已在当月售完，账款也通过银行结清。本月发现20千克有质量问题，被客户退回。退回价款300元已通过银行存款支付，退回的鱼干合作社已验收入库待处理。

①根据收到代销清单时，其会计分录为：

借：应收款——新华农贸公司   12 000
　　贷：经营收入——委托代销商品收入   12 000

②在确认委托代销商品收入的同时，按照配比原则，将合同约定的手续费确认为经营支出的增加，其会计分录为：

借：经营支出——委托代销商品手续费支出   1 200
　　贷：应收款——新华农贸公司   1 200

③收到代销公司汇来的鱼干代销款时，其会计分录为：

借：银行存款   10 800
　　贷：应收款——新华农贸公司   10 800

④结转已销售的委托代销商品成本时，其会计分录为：

借：经营支出——委托代销商品支出   8 000

贷：委托代销商品——新华农贸公司（鱼干）　　　　　　　　8 000

　　⑤因客户退货导致合作社的经营收入和银行存款减少，应记入"经营收入"科目的借方和"银行存款"科目的贷方；同时产品物资增加，经营支出减少，应记入"产品物资"科目的借方和"经营支出"科目的贷方，其会计分录为：

　　收到退货凭证，退回货款时，其会计分录为：

　　借：经营收入——委托代销商品收入　　　　　　　　　　　　300
　　　　贷：银行存款　　　　　　　　　　　　　　　　　　　　　　300

　　同时冲回已结转的委托代销商品成本，其会计分录为：

　　借：产品物资——鱼干　　　　　　　　　　　　　　　　　　200
　　　　贷：经营支出——委托代销商品支出　　　　　　　　　　　　200

（二）其他收入核算

为了全面反映和核算合作社的固定资产及产品物资等的盘盈、无法支付的应付款项等除经营收入以外的收入，设置"其他收入"科目进行核算。该科目为损益类账户，贷方登记合作社实际收到的其他各项收入金额；借方登记合作社转出的其他收入金额；余额在贷方，贷方余额反映合作社本年度实现的其他收入总额。年终结转后，"其他收入"科目应无余额。"其他收入"科目应按其他收入的来源设置明细科目，进行明细核算。

合作社其他收入主要包括罚款收入、违约金收入、固定资产及产品物资盘盈收入等，对因债权人特殊原因确实无法支付的应付款项，也计入其他收入。对于罚款收入、违约金收入一般于实际收到时根据到账金额确认收入；对于固定资产及产品物资盘盈收入及核销无法支付的应付款项，一般于得到批准后根据盘盈的产品物资市场价格和应付款项的账面金额确认收入。

1. 收取罚款收入

【例4-11】20×4年7月玉丰合作社根据章程制度规定对成员张某在生产中违规行为罚款300元，款项已入账。

张某交纳罚款时，根据收款单，其会计分录为：

　　借：库存现金　　　　　　　　　　　　　　　　　　　　　　　300
　　　　贷：其他收入——罚款收入　　　　　　　　　　　　　　　　300

2. 收取违约金

【例4-12】20×4年9月玉丰合作社与某商场签订一批渔具采购合同，某商场在履约时因各种原因致使该商场无法按期提供合作社所需要渔具，愿意支付给玉丰合作社1 000元违约金作为补偿。

该业务使合作社的库存现金和违约金收入增加，应记入"库存现金"科目的借方和"其他收入"科目的贷方，其会计分录为：

　　借：库存现金　　　　　　　　　　　　　　　　　　　　　　　1 000
　　　　贷：其他收入——违约金收入　　　　　　　　　　　　　　　1 000

3. 赔偿收入

【例4-13】20×4年9月玉丰合作社收到设施损坏赔款收入600元。

根据银行寄来的收款通知单，其会计分录为：
　　借：银行存款　　　　　　　　　　　　　　　　　　　　　600
　　　　贷：其他收入——赔偿收入　　　　　　　　　　　　　　　　600

4. 盘盈资产收入

【例 4-14】20×4 年 12 月玉丰合作社在进行财产清查时发现鱼饲料实际库存多出账面记录 10 包，同类产品价值 1 000 元，经领导批示处理意见，作为合作社"其他收入"。

合作社盘点报告表发现饲料盘盈时，其会计分录为：
　　借：产品物资——鱼饲料　　　　　　　　　　　　　　　　1 000
　　　　贷：待处理财产损溢——待处理流动资产损溢　　　　　　　　1 000

经领导批示后进行业务处理，其会计分录为：
　　借：待处理财产损溢——待处理流动资产损溢　　　　　　　　1 000
　　　　贷：其他收入——物资盘盈收入　　　　　　　　　　　　　1 000

5. 无法支付应付款

【例 4-15】20×4 年 12 月经核实，玉丰合作社欠某药厂 1 000 元鱼用疫苗款，因该药厂已经倒闭清算，现无法支付，经批示核销应付款。

根据领导批示意见，其会计分录为：
　　借：应付款——某鱼药厂　　　　　　　　　　　　　　　　1 000
　　　　贷：其他收入——无法支付应付款　　　　　　　　　　　　1 000

三、合作社投资收益的核算

为了全面反映和核算合作社对外投资取得的收益或发生的损失，设置"投资收益"科目进行核算。该科目为损益类账户，贷方登记合作社投资过程所形成的各项收益及投资亏损的结转；借方登记合作社投资过程所发生的各项费用、形成的亏损及投资盈利的结转；贷方余额反映合作社对外投资取得的净收益；借方余额反映合作社对外投资发生的净损失。年终结转后，"投资收益"科目应无余额。"投资收益"科目应按投资项目设置明细科目，进行明细核算。

被投资单位宣告分配现金股利或利润、联合社返还和分配盈余等时，借记"应收款"等科目，贷记"投资收益"科目；合作社收到投资收益时，借记"库存现金""银行存款"等科目，贷记"应收款"科目；合作社获得股票股利时，不作账务处理，但应在备查簿中登记所增加的股份；到期收回或中途转让对外投资时，按实际收回的价格或价值，借记"库存现金""银行存款"等科目，按对外投资账面余额，贷记"对外投资"科目，按实际收回的价格或价值和账面余额的差额，借记或贷记"投资收益"科目。年终，应将"投资收益"科目的贷方余额转入"本年盈余"科目的贷方；如为净损失，应将"投资收益"科目的借方余额转入"本年盈余"科目的借方，结转后，"投资收益"科目应无余额。

【例 4-16】20×4 年 10 月玉丰合作社以银行存款 20 000 元对顺风鱼药厂进行投资，年末分得红利 1 000 元。

①进行对外投资时，根据顺风鱼药厂开具的收款凭证及相关合同，其会计分录为：

借：对外投资——顺风鱼药厂 20 000
　　贷：银行存款 20 000
②被投资单位宣布发放红利，玉丰合作社应分得 1 000 元，其会计分录为：
借：应收款——顺风鱼药厂 1 000
　　贷：投资收益 1 000
③收到被投资单位红利时，根据银行收款回单，其会计分录为：
借：银行存款 1 000
　　贷：应收款——顺风鱼药厂 1 000

【例 4-17】 接[例 4-16]玉丰合作社认为顺风鱼药经营管理不佳，未来发展前景不理想，决定将顺风鱼药厂的股权转让给其他单位，转让价格为 22 000 元，转让时支付律师费 500 元，用现金付讫。

①由于投资转让价格高于账面金额，差额 2 000 元，应确认 2 000 元的投资收益，其会计分录为：
借：银行存款 22 000
　　贷：投资收益 2 000
　　　　对外投资 20 000
②根据支付律师费付款凭证，其会计分录为：
借：投资收益 500
　　贷：库存现金 500

【例 4-18】 接[例 4-16]假定玉丰合作社转让顺风鱼药厂的股权价格为 17 000 元，转让时支付的律师费仍为 500 元，用现金付讫。

①由于股权转让价格低于账面金额，差额 3 000 元，应确认 3 000 元的投资亏损，其会计分录为：
借：银行存款 17 000
　　投资收益 3 000
　　贷：对外投资 20 000
②根据支付律师费付款凭证，其会计分录为：
借：投资收益 500
　　贷：库存现金 500

【例 4-19】 接[例 4-17]假设本年度玉丰合作社就这几笔投资业务，年末结转投资收益。

根据前几章例题涉及的投资收益，未结转投资收益前，投资收益贷方发生额合计数是 5 600 元，借方发生额合计数是 4 500 元，因此年末投资收益是贷方差额 1 100 元，可结转当期投资净收益，其会计分录为：
借：投资收益 1 100
　　贷：本年盈余 1 100

如果投资收益是[例 4-18]所述情况，本年度玉丰合作社这笔投资业务是亏损的，尚未结转投资收益前,投资收益是借方差额 3 900 元(借方 7 500-贷方 3 600),因此在结转投资收益时,当期投资为净损失,其会计分录为:

  借:本年盈余   3 900
    贷:投资收益   3 900

第三节　农民专业合作社成本核算

一、合作社成本核算的项目

农业在一定时期内发生的与生产直接有关的各种耗费,称为生产费用。属于一定种类和数量产品的生产费用称为产品生产成本。合作社生产成本是指合作社直接组织生产或对外提供服务等活动所发生的各项生产费用和服务成本。合作社发生各项生产费用和服务成本时,应当按照成本核算对象和成本项目分别归集。

4-4 合作社成本含义、分类和管理

(一)生产费用

合作社生产费用包括直接材料费、直接人工费、其他直接费用和间接费用等。

(1)直接材料费

它是指合作社生产农产品过程中直接耗用的各种材料,包括自产或外购的种子、种苗、肥料、地膜、农药等。

(2)直接人工费

它是指合作社直接从事农产品生产人员的工资、工资性津贴、奖金、福利费,包括固定生产人员与临时生产人员的人工费。

(3)其他直接费用

它是指除直接材料、直接人工以外的其他直接为农产品生产或劳务服务支付的支出,包括机械作业费、灌溉费、田间运输费等。

(4)间接费用

它是指应摊销、分配计入各产品的间接生产费用,包括为组织和管理生产所发生的管理人员工资、折旧费、修理费、水电费、办公费等。

(二)服务成本

合作社对外提供服务的成本包括提供服务的直接耗费及提供服务人员的培训费、工资福利、差旅费、保险费等。

二、合作社成本核算的程序

为正确进行成本核算,必须划分收益性支出与资本性支出的界限、产品生产成本与期间费用的界限、本期产品与下期产品的界限、各种产品之间的界限、本期完工产品与期末在产品的界限、受托加工生产和直接组织生产的界限。这 6 个方面费用界限的划分都应遵循受益原则,即谁受益谁负担,负担费用的多少与受益程度的大小相匹配,这种划分过程也是产品和劳务成本计算的过程。

为了全面反映和核算合作社直接组织生产和提供服务等活动所发生的各项生产费用和服务成本,设置"生产成本"科目进行核算。该科目为成本类账户,借方登记合作社按成本核算对象归集的各项生产费用和劳务服务成本;贷方登记合作社完工入库产品和已实际提供的劳务服务的成本。年终结转后,"生产成本"科目余额应在借方,借方余额反映合作社尚未生产完成的各项在产品和尚未完成的服务成本。"生产成本"科目应按生产费用和服务成本种类设置明细科目,进行明细核算。

1. 农产品生产成本核算

农产品在成本核算时有两个最大的特点:一是按农产品生产周期计算归集农产品成本。由于农产品生产周期较长,各项费用和用工发生不均匀,为正确核算其生产成本,应根据农产品生产周期归集和分配生产费用。二是通过"生产成本"科目归集直接为农产品生产发生的直接和间接费用,即按成本对象归集和分配生产费用,能够分清属于某种产品负担的,就直接归集计入该种产品成本;不能区分的,可采用一定方法分配后直接计入产品生产成本。

合作社发生各项生产费用和服务成本时,应当按照成本核算对象和成本项目分别归集,借记"生产成本"科目,贷记"库存现金""银行存款""成员往来""产品物资""累计折旧""生产性生物资产累计折旧""累计摊销""长期待摊费用""应付款""应付工资""应付劳务费"等科目。会计期间终了,合作社已经生产完成并已验收入库的产成品,按照实际成本,借记"产品物资"科目,贷记"生产成本"科目。提供服务实现销售时,借记"经营支出"科目,贷记"生产成本"科目。

【例 4-20】玉丰合作社种植的柑橘树已成林,20×4 年 1 月统一组织柑橘树施肥、剪枝等生产活动,柑橘树计提折旧 2 000 元,使用机器设备本期应承担 1 000 元折旧费,投入培养基 1 500 元,肥料 2 000 元,农药 2 000 元,提取临时工报酬 2 000 元,支付技术服务费 1 000 元,提取固定生产工人工资 2 500 元。

①分摊本期应由柑橘树承担的机器设备折旧费时,其会计分录为:

借:生产成本——柑橘　　　　　　　　　　　　　　　　　　　1 000
　贷:累计折旧　　　　　　　　　　　　　　　　　　　　　　　1 000

②计提本期柑橘树的折旧时,其会计分录为:

借:生产成本——柑橘　　　　　　　　　　　　　　　　　　　2 000
　贷:生产性生物资产累计折旧——柑橘树　　　　　　　　　　　2 000

③归集柑橘树生产活动中发生的直接材料费(培养基、肥料、农药等)时,其会计分录为:

借:生产成本——柑橘　　　　　　　　　　　　　　　　　　　5 500
　贷:产品物资——培养基　　　　　　　　　　　　　　　　　　1 500
　　　　　　——肥料　　　　　　　　　　　　　　　　　　　　2 000
　　　　　　——农药　　　　　　　　　　　　　　　　　　　　2 000

④归集柑橘树生产活动中发生的直接人工费(固定工工资、临时工报酬)时,其会计分

录为：

借：生产成本——柑橘　　　　　　　　　　　　　　4 500
　贷：应付劳务费　　　　　　　　　　　　　　　　　2 000
　　　应付工资——生产工人姓名　　　　　　　　　　2 500

⑤支付技术服务费时，其会计分录为：

借：生产成本——柑橘　　　　　　　　　　　　　　1 000
　贷：库存现金　　　　　　　　　　　　　　　　　　1 000

⑥生产周期结束后，柑橘采摘入库时，应将成本核算时按柑橘归集的生产成本及费用及时进行结转，借记"产品物资"科目，贷记"生产成本"科目，其会计分录为：

借：产品物资——柑橘　　　　　　　　　　　　　　14 000
　贷：生产成本——柑橘　　　　　　　　　　　　　　14 000

2. 工业产品生产成本核算

【例4-21】20×4年3月玉丰合作社收购成员王木根木材3吨，作为合作社加工鱼形工艺品的原料，收购价6 000元，款项等工艺品售出后结算。合作社统一组织工艺品的加工、包装和销售，领用包装物2 100元，应付临时工工资2 000元，计提固定员工李兰花等人员工资2 700元，提取加工车间折旧费800元，加工完全部入库待售。

①收购木材时，其会计分录为：

借：产品物资——木材　　　　　　　　　　　　　　6 000
　贷：成员往来——王木根　　　　　　　　　　　　　6 000

②领用木材与包装物进行加工时，其会计分录为：

借：生产成本——工艺品　　　　　　　　　　　　　8 100
　贷：产品物资——包装物　　　　　　　　　　　　　2 100
　　　产品物资——木材　　　　　　　　　　　　　　6 000

③计提加工工艺品人工费时，其会计分录为：

借：生产成本——工艺品　　　　　　　　　　　　　4 700
　贷：应付工资——李兰花等　　　　　　　　　　　　2 700
　　　应付劳务费　　　　　　　　　　　　　　　　　2 000

④计提折旧时，其会计分录为：

借：生产成本——工艺品　　　　　　　　　　　　　800
　贷：累计折旧　　　　　　　　　　　　　　　　　　800

⑤月底，将完工的工艺品生产成本进行结转，其会计分录为：

借：产品物资——工艺品　　　　　　　　　　　　　13 600
　贷：生产成本——工艺品　　　　　　　　　　　　　13 600

3. 对外提供服务成本核算

【例4-22】20×4年3月玉丰合作社为某水库提供了一年鱼病防疫服务，按合同约定，应收取服务费共计6 000元。服务期间支付燃料费1 000元，计提鱼药投放机具折旧600元，计提技术服务人员和操作员工资2 500元。

①归集提供服务中所发生的直接外购材料费、外购动力费、折旧费、人工费等，其会计分录为：

借：生产成本——鱼病防治服务　　　　　　　　　　　　　　4 100
　　贷：库存现金　　　　　　　　　　　　　　　　　　　　　1 000
　　　　应付工资　　　　　　　　　　　　　　　　　　　　　2 500
　　　　累计折旧　　　　　　　　　　　　　　　　　　　　　　600

②收到服务收入时，其会计分录为：

借：银行存款　　　　　　　　　　　　　　　　　　　　　　6 000
　　贷：经营收入——鱼病防治服务收入　　　　　　　　　　　6 000

③结转服务成本，其会计分录为：

借：经营支出——鱼病防治服务支出　　　　　　　　　　　　4 100
　　贷：生产成本——鱼病防治服务　　　　　　　　　　　　　4 100

第四节　农民专业合作社费用核算

一、合作社费用的确认和计量

合作社费用核算主要是解决费用确认时间和金额计量两个问题。

(一) 费用确认时间

费用的确认时间包括两种：一是合作社收益性的各项费用，应在实际支付款项或开出有关付款凭证手续或按规定计提时，直接确认为当期费用，如办公费的支出、计提管理人员工资等；二是合作社前期作为资本性支出并确认为资产，而在本期应该负担的部分于期末确认为当期费用，计入相关费用科目，如固定资产的折旧、生产性生物资产的折旧等。

成本和费用既有联系也有区别。成本是针对一定成本计算对象而言的，与一定种类和数量的产品或劳务服务直接相关联的，是对象化的费用，与发生在哪一个会计期间无关。费用则是针对某一期间而言的，它与一定的会计期间相联系，而与生产哪一种产品或提供哪一种劳务服务无关。

(二) 费用金额计量

合作社在生产经营过程中发生的、并已实际支付或按合作社有关规定计提的各项费用，作为合作社当期费用的入账金额进行确认。它包括生产产品、提供服务过程中直接发生的一系列材料费、人工费等。

二、合作社费用的核算

为全面反映和核算合作社在组织生产与服务期间发生的各项费用支出，设置"经营支出""税金及附加""管理费用""财务费用"和"其他支出"等科目。这些科目均为损益类账户，借方登记费用的增加；贷方登记结转或摊销的费用。

4-5 合作社费用含义、分类和管理

（一）经营支出核算

为了全面反映和核算合作社提供农业生产资料的购买、使用，农产品的生产、销售、加工、运输、贮藏以及与农业生产经营有关的技术、信息、设施建设运营等服务，开发经营农村民间工艺及制品、休闲农业和乡村旅游资源等，以及销售本社产品发生的实际支出，设置"经营支出"科目进行核算。该科目为损益类账户，借方登记合作社实际发生的经营支出；合作社发生经营支出时，借记"经营支出"科目，贷记"产品物资""生产成本""应付工资""应付劳务费""成员往来""应付款""消耗性生物资产"等科目。期末，应将"经营支出"科目余额转入"本年盈余"科目借方；年终结转后，"经营支出"科目应无余额。"经营支出"科目应按经营项目设置明细科目，进行明细核算。

1. 符合配比原则的成本支出核算

为取得某项"经营收入"而发生的各项成本支出，能够按配比原则进行核算。因为此类支出是为获取"经营收入"而直接发生的产品成本或劳务成本。如农产品的销售成本支出、委托代销商品成本支出、受托代购商品成本支出、服务收入成本支出等。

在本章第二节介绍"经营收入"科目核算时，已列举关于提供农业产品及劳务服务过程中经营支出核算，为避免重复，在此只简单举例说明核算方法。要强调的是，核算时应注意在确认经营收入的同时，按已售产品实际成本，或提供服务时实际发生的成本支出，及时结转经营支出。

（1）农产品销售成本支出核算

【例4-23】20×4年3月玉丰合作社出售库存鱼干5吨，发生运费300元，用现金支付，该批鱼干收购入库价为80 000元，货款100 000元已收并存入银行。

①合作社发生销售产品运费，并用现金支付，其会计分录为：

借：经营支出——运费　　　　　　　　　　　　　　　300
　　贷：库存现金　　　　　　　　　　　　　　　　　　　　300

②根据银行收款通知单，确认收入，其会计分录为：

借：银行存款　　　　　　　　　　　　　　　　　　100 000
　　贷：经营收入——鱼干销售收入　　　　　　　　　　100 000

③结转已售鱼干产品的销售成本，其会计分录为：

借：经营支出——农产品销售支出　　　　　　　　　　80 000
　　贷：产品物资——鱼干　　　　　　　　　　　　　　　80 000

（2）委托代销产品成本支出核算

【例4-24】20×4年5月玉丰合作社与国贸农贸市场签订委托代销农产品合同，合同约定，合作社柑橘对外统一售价是每千克6.251 3元，国贸农贸市场代销手续费按售价的10%收取。次日，合作社即发给该国贸农贸市场2 000千克柑橘，现金支付运费200元，柑橘生产成本为3元/千克。月底，收到该公司的代销清单，记录已出售955千克。

①合作社发出柑橘时，现金支付运费200元，其会计分录为：

借：经营支出　　　　　　　　　　　　　　　　　　　　200
　　贷：库存现金　　　　　　　　　　　　　　　　　　　　200

②合作社发给委托代销单位柑橘后,其会计分录为:
　　借:委托代销商品——国贸农贸市场(柑橘)　　　　　　6 000
　　　　贷:产品物资——柑橘　　　　　　　　　　　　　　　　　6 000
③收到代销单位寄来的销售清单后,应及时登记往来账,其会计分录为:
　　借:应收款——国贸农贸市场　　　　　　　　　　　　5 970
　　　　贷:经营收入——委托代销商品收入　　　　　　　　　　　5 970
④确认应支付国贸农贸市场代销手续费时,确认经营支出的增加,其会计分录为:
　　借:经营支出——委托代销商品手续费支出　　　　　　　597
　　　　贷:应收款——国贸农贸市场　　　　　　　　　　　　　　　597
⑤收到代销公司汇来的柑橘代销款项时,其会计分录为:
　　借:银行存款　　　　　　　　　　　　　　　　　　　5 373
　　　　贷:应收款——国贸农贸市场　　　　　　　　　　　　　5 373
⑥结转已销售农产品成本,其会计分录为:
　　借:经营支出——委托代销商品支出　　　　　　　　　　2 865
　　　　贷:委托代销商品——国贸农贸市场(柑橘)　　　　　　　　2 865

(3)受托代销商品成本支出核算

【例4-25】20×4年6月玉丰合作社接受成员黄林香委托,帮助其销售鲜鱼1 000千克,每千克价格10元,合作社以每千克10.50元价格出售给批发商,现金支付装运费100元,收到货款存入银行后,并及时与黄林香结清往来。

①接受成员黄林香委托销售鲜鱼时,其会计分录为:
　　借:受托代销商品——黄林香(鲜鱼)　　　　　　　　　10 000
　　　　贷:成员往来——黄林香　　　　　　　　　　　　　　　10 000
②将鲜鱼卖给批发商,并收到货款时,其会计分录为:
　　借:银行存款　　　　　　　　　　　　　　　　　　　10 500
　　　　贷:受托代销商品——黄林香(鲜鱼)　　　　　　　　　　10 000
　　　　　　经营收入　　　　　　　　　　　　　　　　　　　　　500
③现金支付装运费,并与黄林香结清往来时,其会计分录为:
　　借:经营支出——受托代销商品支出　　　　　　　　　　100
　　　　贷:库存现金　　　　　　　　　　　　　　　　　　　　　100
　　借:成员往来——黄林香　　　　　　　　　　　　　　　10 000
　　　　贷:银行存款　　　　　　　　　　　　　　　　　　　　10 000

(4)受托代购商品成本支出核算

【例4-26】20×4年6月玉丰合作社接受成员刘火根委托,代其购买鱼饲料5吨,每吨价款1 600元,货款用银行存款支付。合作社按价款5%收取服务费,合作社用现金支付运费300元。饲料运到后直接送往刘火根家,所有款项刘火根收妥饲料后用银行存款付清。

①合作社接受委托代成员购买饲料后,应及时登记相关账户,其会计分录为:

借：受托代购商品——刘火根（饲料）	8 000
贷：银行存款	8 000

②合作社支付运费时，其会计分录为：

借：成员往来——刘火根	300
贷：库存现金	300

③合作社收取货款、服务费及垫付的运费时，其会计分录为：

借：银行存款	8 700
贷：受托代购商品——刘火根(饲料)	8 000
经营收入	400
成员往来——刘火根	300

（5）服务或劳务成本支出核算

【例4-27】20×4年6月玉丰合作社为成员黄林香鱼塘全面消毒，收取服务费600元，用去消毒药成本400元，支付消毒人员工资100元，已全部用现金结清。

①收到成员服务费时，其会计分录为：

借：库存现金	600
贷：经营收入	600

②结转服务成本时，其会计分录为：

借：经营支出	500
贷：产品物资——消毒药	400
库存现金	100

2. 不符合配比原则的成本支出核算

为取得当期各项"经营收入"而发生的某些费用支出，是为获取"经营收入"而必须发生的，难以按配比原则具体归集为某项经营收入的支出，如在销售产品或提供劳务所消耗的包装费、运输费、广告费、加工费及机器修理费等有关费用支出。

【例4-28】20×4年7月玉丰合作社为宣传本社、促进本社产品销售，支付网页设计制作费2 000元，款项以银行存款支付。该网页内容涵盖合作社所有产品、服务介绍，经批准一次性计入经营支出。

收到网页设计制作费发票、付款凭证及银行通知单时，其会计分录为：

借：经营支出	2 000
贷：银行存款	2 000

【例4-29】20×4年7月玉丰合作社维修养殖用农机用具，现金支付维修保养费1 000元。

根据维修发票及付款凭证支付金额时，其会计分录为：

借：经营支出	1 000
贷：库存现金	1 000

【例4-30】20×4年7月玉丰合作社印刷广告材料，全面介绍合作社鱼种鱼苗、商品鱼、柑橘、樟树、茶花树、蛋鸭以及能提供的服务项目等，目的是为合作社销售服务。这些广告材料共支出2 000元，银行存款支付，经批准作为一次性费用列支。

根据印刷发票、有关付款凭证及银行通知单，其会计分录为：

借：经营支出　　　　　　　　　　　　　　　　　　　　　　　　　2 000
　　贷：银行存款　　　　　　　　　　　　　　　　　　　　　　　　　　2 000

（二）税金及附加核算

为了全面反映和核算合作社从事生产经营活动按照税法的有关规定应负担的消费税、城市维护建设税、资源税、房产税、土地使用税、车船使用税、印花税、教育费附加及地方教育费附加等相关税费，设置"税金及附加"科目进行核算，该科目为损益类账户。

合作社按照规定计算确定的相关税费，借记"税金及附加"科目，贷记"应交税费"等科目。"税金及附加"科目应按税费种类设置明细科目，进行明细核算。期末，应将"税金及附加"科目的余额转入"本年盈余"科目的借方，结转后"税金及附加"科目应无余额。

【例 4-31】 20×4 年 12 月玉丰合作社申请缴纳营业账簿印花税，按实收资本和资本公积的合计金额 0.025% 贴花 15 元；购销合同按购销金额 0.03% 贴花 300 元，合计 315 元。

根据有关金额计提印花税时，其会计分录为：

借：税金及附加——印花税　　　　　　　　　　　　　　　　　　　315
　　贷：应交税费——印花税　　　　　　　　　　　　　　　　　　　　315

【例 4-32】 20×4 年 12 月玉丰合作社用水果生产果酒，果酒交增值税和消费税，按小规模纳税人增值税率 3% 缴税 9 000 元，消费税率 10% 缴税 30 000 元，皆以银行存款支付。应交城建税 1% 为 390 元，教育费附加 3% 为 1 170 元，地方教育费附加 2% 为 780 元。

①缴纳增值税时，其会计分录为：

借：应交税费——应交增值税　　　　　　　　　　　　　　　　　9 000
　　贷：银行存款　　　　　　　　　　　　　　　　　　　　　　　　　9 000

②计提消费税等税时，其会计分录为：

借：税金及附加　　　　　　　　　　　　　　　　　　　　　　　32 340
　　贷：应交税费——应交消费税　　　　　　　　　　　　　　　　　30 000
　　　　应交税费——应交城建税　　　　　　　　　　　　　　　　　　390
　　　　应交税费——应交教育费附加　　　　　　　　　　　　　　　1 170
　　　　应交税费——应交地方教育费附加　　　　　　　　　　　　　　780

（三）管理费用核算

为了全面反映和核算合作社为组织和管理生产经营活动而发生的各项支出，包括合作社管理人员的工资、办公费、差旅费、业务招待费、管理用固定资产的折旧、无形资产摊销等费用的形成情况，设置"管理费用"科目进行核算。该科目为损益类账户，贷方登记当期合作社因组织和管理生产经营活动而发生的各项支出；借方反映管理费用的结转，期末一般无余额。合作社应按管理费用的项目设置明细科目，进行明细核算。

合作社发生管理费用时，借记"管理费用"科目，贷记"库存现金""银行存款""产品物资""累计折旧""累计摊销""长期待摊费用""应付工资"等科目。年终，应将"管理费用"科目的余额转入"本年盈余"科目的借方，结转后本科目应无余额。

1. 管理人员工资核算

【例 4-33】20×4 年 12 月玉丰合作社经成员大会讨论，批准合作社理事长、监事会主席等管理人员本年度目标责任奖为 20 000 元，年终用银行存款发放。

根据成员大会决议，发放管理人员目标责任奖时，其会计分录为：

借：管理费用——管理人员奖金　　　　　　　　　　　　　　　20 000
　　贷：银行存款　　　　　　　　　　　　　　　　　　　　　　20 000

2. 办公费支出核算

【例 4-34】20×4 年 9 月玉丰合作社购买现金支票、转账支票等花费 100 元，用银行存款支付。

根据银行扣款通知单，其会计分录为：

借：管理费用——办公费　　　　　　　　　　　　　　　　　　100
　　贷：银行存款　　　　　　　　　　　　　　　　　　　　　　100

3. 差旅费支出核算

【例 4-35】20×4 年 9 月玉丰合作社为改善社员饲养商品鱼品种性能，到彭泽鲫鱼种场采购一批优良鲫鱼种，发生差旅费 500 元，用现金支付。

采购人员报支差旅费时，其会计分录为：

借：管理费用——差旅费　　　　　　　　　　　　　　　　　　500
　　贷：库存现金　　　　　　　　　　　　　　　　　　　　　　500

4. 折旧和摊销核算

【例 4-36】20×4 年 12 月玉丰合作社提取 20×4 年办公设备折旧费 2 500 元。

根据有关固定资产折旧计算表，其会计分录为：

借：管理费用——固定资产折旧　　　　　　　　　　　　　　　2 500
　　贷：累计折旧　　　　　　　　　　　　　　　　　　　　　　2 500

【例 4-37】20×4 年 12 月玉丰合作社摊销 20×4 年商标成本 1 000 元。

根据有关摊销计算表，其会计分录为：

借：管理费用——无形资产摊销　　　　　　　　　　　　　　　1 000
　　贷：累计摊销　　　　　　　　　　　　　　　　　　　　　　1 000

(四) 财务费用核算

为了全面反映和核算合作社筹集生产经营所需资金发生的各项支出，包括利息费用（减利息收入）、银行相关手续费等，设置"财务费用"科目进行核算，该科目为损益类账户。

合作社发生的利息费用、银行相关手续费等，借记"财务费用"科目，贷记"应付利息""库存现金""银行存款"等科目。发生的应冲减财务费用的利息收入等，借记"库存现金""银行存款"等科目，贷记"财务费用"科目。"财务费用"科目应按财务费用的项目设置明细科目，进行明细核算。期末应将"财务费用"科目的余额转入"本年盈余"科目的借方，结转后"财务费用"科目应无余额。

【例 4-38】20×4 年 12 月玉丰合作社用银行存款支付贷款利息 600 元。

根据银行通知单，其会计分录为：

借：财务费用——利息费用　　　　　　　　　　　　　　　　600
　　贷：银行存款　　　　　　　　　　　　　　　　　　　　　　　600

【例 4-39】20×4 年 12 月玉丰合作社收到银行结转的利息收入 100 元。

根据银行通知单，其会计分录为：

借：银行存款　　　　　　　　　　　　　　　　　　　　　100
　　贷：财务费用——利息收入　　　　　　　　　　　　　　　　100

【例 4-40】20×4 年 12 月玉丰合作社支付银行相关手续费 200 元。

根据银行通知单，其会计分录为：

借：财务费用——银行手续费　　　　　　　　　　　　　　200
　　贷：银行存款　　　　　　　　　　　　　　　　　　　　　　　200

（五）其他支出核算

为了全面反映和核算合作社发生的除"经营支出""税金及附加""管理费用""财务费用"以外的其他各项支出，如生物资产死亡毁损支出、损失、固定资产及产品物资的盘亏、损失、防灾抢险支出，安全生产支出，环境保护支出，罚款支出，捐赠支出，无法收回的应收款项损失等，设置"其他支出"科目进行核算。"其他支出"科目为损益类账户，借方登记当期合作社与生产、经营和管理活动无直接关联而发生的各项支出，贷方反映其他支出的结转，期末一般无余额。

合作社发生其他支出时，借记"其他支出"科目，贷记"库存现金""银行存款""应收款""累计折旧""在建工程""固定资产清理""累计摊销""长期待摊费用""待处理财产损溢""应付款"等科目。期末，应将"其他支出"科目的余额转入"本年盈余"科目的借方，结转后"其他支出"科目应无余额。"其他支出"科目应按其他支出的项目设置明细科目，进行明细核算。

【例 4-41】20×4 年 11 月玉丰合作社蔬菜遭受冻害，损失 100 箱，价值 3 000 元，由成员大会批准核销。

①确认蔬菜损失时，其会计分录为：

借：待处理财产损溢　　　　　　　　　　　　　　　　　3 000
　　贷：产品物资——蔬菜　　　　　　　　　　　　　　　　　3 000

②根据成员大会决议，其会计分录为：

借：其他支出——蔬菜毁损　　　　　　　　　　　　　　3 000
　　贷：待处理财产损溢　　　　　　　　　　　　　　　　　　3 000

【例 4-42】20×4 年 11 月玉丰合作社结转已处置一农机设备的净损失 1 200 元。

根据处置农机设备有关凭证，其会计分录为：

借：其他支出——固定资产清理损失　　　　　　　　　　1 200
　　贷：固定资产清理　　　　　　　　　　　　　　　　　　　1 200

【例 4-43】20×4 年 12 月玉丰合作社盘点发现丢失饲料 2 袋，价值 320 元。经研究批准，由保管员李安赔偿 120 元，其余计入其他支出。

该业务属于资产盘亏及其处理的业务。

①确认饲料盘亏时，其会计分录为：

借：待处理财产损溢　　　　　　　　　　　　　　　　　320
　　　　贷：产品物资——饲料　　　　　　　　　　　　　　　　320
　②根据研究决议，其会计分录为：
　　借：其他支出——产品物资盘亏　　　　　　　　　　　　200
　　　　应收款——李安　　　　　　　　　　　　　　　　　120
　　　　贷：待处理财产损溢　　　　　　　　　　　　　　　　320

【例4-44】20×4年12月玉丰合作社与国贸农贸市场签订的委托销售合同，因产品质量问题按合同需支付罚款500元，在代销产品款中直接抵扣。

　　收到产品质量认定书，并认可罚款后，其会计分录为：
　　借：其他支出——罚款支出　　　　　　　　　　　　　　500
　　　　贷：应收款——国贸农贸市场　　　　　　　　　　　　500

【例4-45】20×4年12月玉丰合作社支持当地希望小学，发生捐赠支出1 500元，用银行存款支付。

　　根据银行通知单，其会计分录为：
　　借：其他支出——捐赠支出　　　　　　　　　　　　　1 500
　　　　贷：银行存款　　　　　　　　　　　　　　　　　　1 500

【例4-46】20×4年12月，原业务关系债务人某加工厂因破产倒闭，所欠玉丰合作社的2 000元债务无法追回，经批准核销。

　　该业务因收不回欠款单位的应收账款，导致合作社的坏账损失，根据有关证据及社员会议批准意见，其会计分录为：
　　借：其他支出——坏账损失　　　　　　　　　　　　　2 000
　　　　贷：应收款——某加工厂　　　　　　　　　　　　　2 000

【例4-47】20×4年12月末，玉丰合作社将20×4年其他支出8 400元转入本年盈余。

　　结转本月其他支出，其会计分录为：
　　借：本年盈余　　　　　　　　　　　　　　　　　　　8 400
　　　　贷：其他支出　　　　　　　　　　　　　　　　　　8 400

（六）所得税费用核算

　　为了全面反映和核算合作社根据企业所得税法规定应从盈余总额中扣除的所得税费用，设置"所得税费用"科目进行核算，该科目为损益类账户。

　　合作社期末按照企业所得税法规定计算确定的当期应交所得税税额，借记"所得税费用"科目，贷记"应交税费——应交企业所得税"科目。期末，应将"所得税费用"科目的余额转入"本年盈余"科目的借方，结转后"所得税费用"科目应无余额。

【例4-48】20×4年12月玉丰合作社加工、销售精品鱼罐头盈余43 200元，按减半征收企业所得税（25%）政策，应缴所得税按12.5%的税率征收所得税5 400元。

　　计提企业所得税时，其会计分录为：
　　借：所得税费用　　　　　　　　　　　　　　　　　　5 400
　　　　贷：应交税费——应交企业所得税　　　　　　　　　5 400

第五节　农民专业合作社本年盈余核算

合作社会计核算工作的一个重要任务是在一个年度终了时，应当及时准确地向内部成员、外部相关各方以及政府监督部门提供真实可靠的经营成果。根据《农民专业合作社会计制度》规定，合作社在年度终了时，要准确地核算全年的收入、支出和损益结果；清理财产和债权债务，真实完整计算全年经营成果，并通过"本年盈余"科目进行准确核算。同时，全面正确地登记成员个人账户，为合作社根据章程或成员大会决议进行盈余分配打下基础。由于盈余分配涉及众多所有者权益核算，将在所有者权益核算一章中详细叙述，本节只介绍本年盈余核算。

为全面反映和核算合作社当期实现的盈余，设置"本年盈余"科目进行核算。该科目为所有者权益类账户，会计期末结转盈余时，将"经营收入""其他收入"科目的余额转入"本年盈余"科目的贷方，借记"经营收入""其他收入"科目，贷记"本年盈余"科目；同时将"经营支出""税金及附加""管理费用""财务费用""其他支出""所得税费用"科目的余额转入"本年盈余"科目的借方，借记"本年盈余"科目，贷记"经营支出""税金及附加""管理费用""财务费用""其他支出""所得税费用"科目；将"投资收益"科目的贷方余额转入"本年盈余"科目的贷方，借记"投资收益"科目，贷记"本年盈余"科目；如为投资净损失，应将"投资收益"科目的借方余额转入"本年盈余"科目的借方，借记"本年盈余"科目，贷记"投资收益"科目。年度终了，本年收入和支出相抵后结出本年实现的净盈余，转入"盈余分配"科目，借记"本年盈余"科目，贷记"盈余分配——未分配盈余"科目；如为净亏损，做相反会计分录，结转后本科目应无余额。

【例 4-49】综合上述各例，假定玉丰合作社 20×4 年 12 月 31 日止各损益类科目的余额*见表 4-1 所列：

表 4-1　玉丰合作社 20×4 年 12 月科目余额表

账户名称	借方余额(元)	贷方余额(元)
经营收入	300.00	10 694 556.24
其他收入		82 113.76
投资收益	4 500.00	5 600.00
经营支出	7 372 236.14	200.00
管理费用	675 081.00	
其他支出	63 960.00	
财务费用	10 150.00	100.00
税金及附加	97 455.00	
所得税费用	5 400.00	
合计	8 229 082.14	10 782 570.00

---

* 假设本教材所有业务均为 20×4 年年度，因此对于非 20×4 年度的业务均不在 20×4 年度丁字账户上反映。为了说明合作社出售自采和外购商品的两种情况，对同一销售行为，通过例 4-2-1 和例 4-2-2 两个例题进行说明，这里只选择例 4-2-1 进行损益核算。为了说明投资收益盈利和亏损的两种情况，所以对同一投资业务转让，分别例举了两种转让价格，通过例 4-17 和例 4-18 两个例题进行说明。这里为了正确核算玉丰合作社 20×4 年 12 月损益，只选择例 4-17 进行损益核算。

具体计算过程为各章例题登记丁字账户后见表 4-2、表 4-3、表 4-4 所列：

表 4-2 经营收入与经营支出丁字账

	经营收入(元)			经营支出(元)	
序号	借	贷	序号	借	贷
2-14		24 000.00	2-19	26 000.00	
2-16		500.00	2-27	6 000.00	
2-18		1 500.00	2-30	500.00	
2-19		28 600.00	2-33	4 000.00	
2-21		2 000.00	2-33	250.00	
2-27		6 600.00	2-35	200.00	
2-33		5 000.00	2-57	68 600.00	
2-34		500.00	2-67	13 000.00	
2-35		500.00	2-87	600.00	
2-57		94 000.00	3-5	1 724.14	
3-18		183 486.24	3-12	1 200.00	
3-21		200.00	3-16	2 000.00	
4-1		10 000 000.00	3-18	140 000.00	
4-2		5 000.00	4-1	7 000 000.00	
4-3		3 000.00	4-2	3 000.00	
4-4		100.00	4-3	2 300.00	
4-5		500.00	4-10	1 200.00	
4-6		500.00	4-10	8 000.00	200.00
4-7		2 500.00	4-22	4 100.00	
4-8		800.00	4-23	300.00	
4-9		10 000.00	4-23	80 000.00	
4-10	300.00	12 000.00	4-24	200.00	
4-22		6 000.00	4-24	597.00	
4-23		100 000.00	4-24	2 865.00	
4-24		5 970.00	4-25	100.00	
4-25		500.00	4-27	500.00	
4-26		400.00	4-28	2 000.00	
4-27		600.00	4-29	1 000.00	
			4-30	2 000.00	
本月合计数：300		本月合计数：10 694 556.24	本月合计数：7 372 236.14		本月合计数：200

表 4-3　其他收入与其他支出丁字账

其他收入(元)			其他支出(元)		
序号	借	贷	序号	借	贷
2-8		100.00	2-17	300.00	
2-36		200.00	2-37	150.00	
2-54		200.00	2-60	560.00	
2-66		1 800.00	2-69	200.00	
2-69		3 200.00	2-71	400.00	
2-84		4 800.00	2-74	10 000.00	
2-89		9 500.00	2-83	50.00	
2-99		5 000.00	2-87	300.00	
2-100		500.00	2-90	6 800.00	
3-11		1 000.00	2-91	30 500.00	
3-18		16 513.76	2-93	1 700.00	
3-32		10 400.00	2-99	500.00	
3-35		25 000.00	2-100	100.00	
4-11		300.00	3-7	4 000.00	
4-12		1 000.00	4-41	3 000.00	
4-13		600.00	4-42	1 200.00	
4-14		1 000.00	4-43	200.00	
4-15		1 000.00	4-44	500.00	
			4-45	1 500.00	
			4-46	2 000.00	
本月合计数：	本月合计数：82 113.76		本月合计数：63 960.00		本月合计数：

表 4-4　管理费用与投资收益丁字账

管理费用(元)			投资收益(元)		
序号	借	贷	序号	借	贷
2-3	300.00		2-42		2 000.00
2-4	600.00		2-44		600.00
2-55	640 000.00		2-46	4 000.00	
2-85	1 401.00		4-16		1 000.00
2-87	200.00		4-17	500.00	2 000.00
2-98	230.00				
2-102	6 250.00				
3-12	2 000.00				
4-33	20 000.00				

(续)

序号	管理费用(元)		序号	投资收益(元)	
	借	贷		借	贷
4-34	100.00				
4-35	500.00				
4-36	2 500.00				
4-37	1 000.00				
本月合计数：675 081.00		本月合计数：	本月合计数：4 500.00		本月合计数：5 600.00

根据上述科目余额，进行业务处理。

①结转各项收入，其会计分录为：

借：经营收入　　　　　　　　　　　　10 694 256.24(10 694 556.24-300)
　　其他收入　　　　　　　　　　　　82 113.76
　贷：本年盈余　　　　　　　　　　　10 776 370

②结转各项支出，其会计分录为：

借：本年盈余　　　　　　　　　　　　8 224 082.14
　贷：经营支出　　　　　　　　　　　7 372 036.14(7 372 236.14-200)
　　　管理费用　　　　　　　　　　　675 081
　　　其他支出　　　　　　　　　　　63 960
　　　财务费用　　　　　　　　　　　10 150
　　　税金及附加　　　　　　　　　　97 455
　　　所得税费用　　　　　　　　　　5 400

③结转投资收益，其会计分录为：

借：投资收益　　　　　　　　　　　　1 100(5 600-4 500)
　贷：本年盈余　　　　　　　　　　　1 100

④经过上面3步的结转，"本年盈余"科目借方发生额合计为8 224 082.14元，贷方发生额合计为10 776 370元。根据借贷方发生额之差，计算出本年度的盈余为2 552 287.86元(10 776 370-8 224 082.14)。最后结转"盈余分配"科目，其会计分录为：

借：本年盈余　　　　　　　　　　　　2 552 287.86
　贷：盈余分配——未分配盈余　　　　2 552 287.86

若"本年盈余"贷方发生额小于借方发生额，则做相反分录。

学习巩固

【思考题】

1. 简述合作社如何对不同类别的收入进行核算。
2. 简述合作社如何对不同类别的费用进行核算。

3. 简述各类涉税业务中哪些会影响合作社本年盈余核算。
4. 简述合作社盈余分配的主要依据及需使用的相应会计科目。

【技能题】

一、单选题

1. 年末合作社将"经营支出"账户的余额从本账户的贷方转入(　　)账户的借方，结转后，"经营支出"账户无余额。
   A. 盈余分配　　　　　　　　B. 本年盈余
   C. 本年利润　　　　　　　　D. 利润分配

第四章答案

2. 合作社提供服务时，实际发生的支出按成本对象归集成本项目，计入(　　)账户借方。
   A. 经营支出　　B. 应付工资　　C. 劳务成本　　D. 生产成本
3. 合作社对外投资取得的联合社盈余返还和盈余分配应计入(　　)账户。
   A. 经营收入　　B. 投资收益　　C. 其他收入　　D. 营业外收入
4. 合作社管理用固定资产的折旧应计入(　　)。
   A. 经营支出　　B. 管理费用　　C. 劳务成本　　D. 生产成本
5. 合作社为非成员单位提供技术指导服务取得的收入计入(　　)。
   A. 营业外收入　　B. 其他收入　　C. 经营收入　　D. 投资收益

二、多选题

1. 合作社的短期借款利息会涉及的会计科目是(　　)。
   A. 财务费用　　B. 应付利息　　C. 应收利息　　D. 其他支出
2. 以下哪些是"经营收入"账户的核算范围(　　)。
   A. 销售产品收入
   B. 提供信息服务收入
   C. 死亡毁损生物资产收到过失人赔偿金额超过资产账面余额
   D. 开发休闲农业取得的收入
3. 合作社从事生产经营活动按照税法的有关规定应计入"税金及附加"账户的有(　　)。
   A. 消费税　　　　　　　　　B. 城市维护建设税
   C. 增值税　　　　　　　　　D. 房产税
4. 以下应计入"其他支出"账户的有(　　)。
   A. 罚款支出　　　　　　　　B. 利息支出
   C. 捐赠支出　　　　　　　　D. 生物资产死亡毁损支出
5. 以下属于合作社费用的有(　　)。
   A. 经营支出　　B. 税金及附加　　C. 财务费用　　D. 管理费用

三、判断题

1. 凡是属于合作社本年的收入和支出，都要按照权责发生制的原则计入本年的收入

和支出项目。（　　）

2. 盈余是指合作社在一定会计期间内生产经营、服务和管理活动所取得的总收入。（　　）

3. 合作社发生的业务招待费应计入"销售费用"账户。（　　）

4. 合作社"投资收益"账户属于损益类账户。（　　）

5. 为正确进行成本核算，合作社必须划分收益性支出和资本性支出的费用界限。（　　）

四、实务题

1. 20×4年12月华征合作社非成员债务人李三所欠债务3 000元确认无法追回，经批准核销。

2. 20×4年12月华征合作社结转销售的大米10 000千克、大豆11 000千克，出库成本玉米10 880元、大豆9 840元。

3. 20×4年华征合作社承包了一个水库成鱼捕捞项目，10月捕捞期间共支付食宿费500元、交通费150元、渔民保险费800元，暂欠渔业队渔民捕捞作业报酬2 600元。

4. 20×4年12月华征合作社接受成员委托代销玉米5 000千克。合同约定价格每千克1.2元。合作社以每千克1.3元售出。

5. 20×4年12月华征合作社当年盈余89 000元，按减半征收企业所得税政策，计算应交所得税费用。

案例分析

社办企业聚合力，延链整资促富强
——上饶市广丰区文力林业专业合作社

上饶市广丰区文力林业专业合作社组建于2008年12月（前身是上饶市广丰区齐力林业专业合作社），位于江西省上饶市广丰区上饶高新区芦洋产业园，原有成员613人，后因工商注册手续只保留5个原始股东，合作社总出资额851.4万元，现阶段建有茶叶基地800亩、马家柚基地500亩、杨梅基地500亩。2009年，经过成员大会和理事会表决通过后，合作社入股了江西齐力实业发展有限公司，开展以二产加工业为主的业务；2014年入股成立了江西河红茶业有限公司，发展高山有机茶产业，有效提高了合作社的经济效益和带动能力。合作社于2014年被认定为"国家级示范社"，江西齐力实业发展有限公司获"国家林业重点龙头企业""国家级星创天地""江西省诚信示范企业""高新技术企业"等多项荣誉称号。

一、合作社办公司，提高核心竞争力

一是创办企业，做大做强。江西齐力实业发展有限公司的前身是成立于2001年的江西齐力酒业有限公司。该公司取得白酒和果露酒的生产许可，注册了"齐力春"商标，就与农业结下了不解之缘。而后成立的江西齐力实业发展有限公司自2009年成立以来，一直立足于江西本身地方特色水果深加工领域技术的研究和生产，从杨梅深加工开始起步发展

起来的，以"齐力春"品牌的杨梅酒打开市场，积累技术与经验，后因当地丰富的马家柚资源，开始以马家柚深加工的探索之路，如2015年开始马家柚柚子皮深加工项目；2018年开始马家柚果汁深加工项目；2022年开始马家柚柚香鱼加工项目；2023年开始马家柚双柚汁深加工项目。建成加工车间15 000平方米，建成果酒、饮料、休闲食品生产线3条，发展至今，企业已具备杨梅、柚子、蓝莓、橙子、桑葚等各种水果完整的加工体系，主要有果酒、果汁、果脯等相关产品。

二是各司其职，产权明晰。合作社以种植生产基地为依托，以江西齐力实业发展有限公司为桥梁，探索"公司+合作社+基地"的主体融合发展模式，形成了水果产业链条。合作社主要负责种植基地的管理，公司负责二产加工、销售及研发等工作，各个主体各司其职，融合发展。

三是财务独立，自主经营。合作社与公司实行财务独立核算，为减少管理费用支出，合作社与公司的会计账簿均委托会计事务所进行代账。合作社是公司的股东之一，参与公司决策，公司设立了综合部、研发部、生产部、市场部、仓储部等业务部门，公司中层以上管理人员超80%为合作社成员，剩余为社会聘用人员。此外，公司给予合作社的分红，由合作社依据章程规定进行分配。2022年，公司经营收入3亿元，净利润1 000多万元，给合作社的分红200多万元。

二、延长产业链条，助推三产融合

一是产加销一体促提升。合作社全面推行绿色生态生产方式，建设产加销一体的全产业经营链条，提升产品的附加值和市场竞争力。首先，加强源头质量把控。合作社严格把控基地的生产标准，企业严格管理加工环节的生产标准，实行统一技术、统一种苗、统一加工、统一包装、统一销售的"五个统一"经营。其次，建立产品质量可追溯系统，全面规范记录杨梅酒、马家柚皮等生产经营过程，定期检测产品质量，确保质量安全。再次，积极开展"三品一标"认证保护，多项产品获得绿色食品、有机食品生产许可证。最后，注册"齐力春""铜钹山"等商标。产品远销浙江、上海、福建、广东等沿海地区，2022年合作社生产的40万千克马家柚由企业进行加工、销售，实现销售收入400万元。

二是产学研联合共进步。任何经营主体的发展及产品的升级都离不开科技的支撑。多年来，张处平理事长持续支持产品研发，江西齐力实业发展有限公司投200多万元建立了浆果加工工程技术研究中心，先后与西南大学柑橘研究所、南昌大学、江西农业大学、上海食品科技学校、上饶农业创新研究院开展产学研合作，潜心钻研水果、茶叶等产品精深加工技术。目前已拥有2项发明专利、6项实用新型专利、10项外观设计专利。2003年，研发出的原汁酿造的杨梅酒，填补了江西省果类酒的一项空白。2016年，技术团队取得新型水果型白酒方面技术突破，成功研发的"广丰马家柚酒"得到了市场的认可。多项产品荣获"江西名牌产品""江西省名酒""江西优质酒"荣誉称号。

三是服务社会同发展。张处平理事长提到"热心公益、回馈社会是每一个企业的责任"。为帮扶省级贫困村广丰铜钹山叶家村顺利脱贫，江西齐力实业发展有限公司出资新建了三座小桥、改造了村委办公场所、资助大学生上学等，捐款捐物累计达100多万元。同时，通过"公司+合作社+基地+扶贫"的模式，纳优返乡农民工和大学生就业创业。在铜铜钹山叶家村设立河红茶叶种植专业合作社，发展茶叶种植经济，平均分给贫困户茶园0.8亩，由公司统一进行管理，还以高出市场价格20%的高价收购他们的茶青和以高出平均工资20%的薪资聘请他们作为茶园的员工，致力于产业扶贫。同样的扶贫模式，在马家柚、杨梅产业的发展过程中，都实行了模式复制，在产业扶贫的道路上都体现特色，为早日实现农业、农村、农民新面貌发挥着重要作用。

三、集聚资源要素，提高经营效益

一是立足资源，发展特色产业。首先，结合当地特色，发展马家柚产业。马家柚是产于江西省广丰区大南镇的地方特产水果，是红心柚的一个品种，是地方特色农产品，已经获得"国家地理标志保护产品"和"农产品地理标志保护"认定，先后获得"中华名果""中国果品50强"等殊荣，未来的发展潜力和动力都很强大，企业目前已开发出柚子皮、柚子果酒等休闲食品，试生产柚子精油、果胶化妆品等高附加值产品。其次，基于区域生态，发展茶叶产业。合作社的茶叶种植基地位于海拔1 200米的铜钹山叶家村，该行政村有林地面积4.38万亩，山高林茂，森林覆盖率高，自然环境优美，生态无比优越，野生茶资源丰富，特别适宜茶叶的生产。最后，源于企业资源，发展果酒产业。张处平理事长及其制酒团队曾经经营过酒厂，有多年的技术积累，拥有独特的酿酒技术，并有丰富的酒业经营经验和坚实的酒产业基地，因此，江西齐力实业发展有限公司也持续研发并生产各种酒产品。

二是着力品质，打造产品品牌。要打造自己的独特品牌一方面要着力保证产品品质高，另一方面要有自己独特之处。合作社为保障茶叶的品质，每年都会联系中国农业科学院茶叶研究所、上饶农业创新研究院等的专家进行授课与现场指导，规范生产，制订标准化的生产方案，如种植、施肥、采摘等，有效地预防了各类病虫害的发生，降低了茶农的生产种植风险，提高了茶叶的产量与品质。此外，为凸显产品的独特性，2021年，江西齐力实业发展有限公司通过旗下的江西河红茶业有限公司从中国农业科学研究院茶叶研究所柔性引进"千人计划"创新领军人才董春旺博士，联合研发了新品——铜钹山"博士茶"并成功推向市场，使河红茶的产品品质及品牌形象均得到较大的提升。

三是助农增收，拓展销售渠道。合作社对成员实行统购统销，即合作社收购成员的产品后，到上海、浙江、福建等城市联系销售渠道，进行统一加工、统一包装、统一销售。近年来，通过合作社的组织，合作社成员种植的茶青、马家柚、杨梅等销售价格均有显著增长。如叶家村的茶农由于没有自己的茶叶品牌，每年产出大量茶青时，易陷入"有茶无市"的困境，被浙江、福建的茶商以极低的价格收购，使当地茶农的利益得不到保障。自合作社成立以来，通过联系内地经销商、展销会，共销售茶青、茶叶逾20吨，茶青的销售价格平均提高了10%~15%，合作社成员及周围乡镇农民，每户提高销售收入一万余元，切实提高了高山茶的种植效果，增加了种植户的收入，促进了农村建设的发展，加快了农民脱贫致富的步伐。

案例思考

1. 请结合案例分析"公司+合作社+基地"的模式有哪些优点？

2. 根据上述材料,可否使用商业模式画布画出文力林业合作社的商业模式?
3. 从文力林业合作社的商业模式中,分析该合作社的增收渠道。
4. 文力林业合作社在未来发展中可能面临哪些困境?

第五章　农民专业合作社所有者权益核算

学习目标

知识目标	能力目标	价值目标
了解农民合作社所有者权益的构成；理解合作社所有者权益对于保障成员权益的意义和价值；掌握合作社所有者权益的相关业务处理方法，特别是合作社盈余分配的顺序、盈余分配核算以及相应的会计分录等	结合本章重点知识与实务案例的学习，具备分析合作社所有者权益的能力，能够将理论知识运用于实践中；具备运用会计理论和方法对合作社盈余分配业务进行会计核算的能力	了解如何通过有效会计核算保障合作社成员权益；理解合作社带动小农户共同发展、共同富裕的特征，从而帮助合作社做到规范发展、可持续发展；做到"知农、懂农、爱农"，继而助力合作社做大做强，为乡村振兴、农业强国而努力奋斗

学习导入

农民专业合作社财务制度与会计制度修订背景及内容

《农民专业合作社财务会计制度(试行)》(以下简称"原制度")自2008年1月1日施行以来，对规范合作社财务管理、促进合作社健康发展发挥了重要作用。根据2017年修订后的《农民专业合作社法》和国家有关法律法规，结合合作社的实际情况，2021年12月30日，财政部印发《农民专业合作社会计制度》。2022年7月8日，财政部与农业农村部联合印发《农民专业合作社财务制度》，两个制度于2023年1月1日起施行。为什么要对原制度进行修订呢？

一方面，农民专业合作社法对加强财务管理提出了新要求。一是丰富成员出资方式。该法第十三条规定，农民专业合作社成员可以用货币出资，也可以用实物、知识产权、土地经营权、林权等可以用货币估价并可以依法转让的非货币财产，以及章程规定的其他方式作价出资。二是可分配盈余可转为成员出资。三是国家财政直接补助形成的财产处置办法更加具体。四是确立了联合社独立的法人资格。

另一方面，农民专业合作社发展实践对财务规范提出了新需求。随着市场经济的发展，农民专业合作社的业务范围在不断扩大，农村民间工艺及制品、休闲农业和乡村旅游资源的开发经营等业务类型的合作社逐步兴起。合作社服务领域不断拓宽，合作社涉税业务日益增多，经济业务不断细分，合作社这一系列发展实践需要在财务会计制度上予以及时规范，助力组织内部健康运行。

与原制度相比，新的财务制度主要在构成体系、管理制度以及特殊财务事项处置等方面进行修订。一是独立构成财务体系。新制度从原制度中独立成章，包括总则、资金筹集及使用管理、资产及运营管理、收入成本费用管理、盈余及盈余分配管理、财务清算、财务监督及附则等八章四十七条。二是优化了需要建立健全的财务内部控制制度和财务管理制度。新制度进一步丰富了原制度，包括借款业务内部控制制度、应付及暂收款项管理制度、货币资金管理制度、应收及暂付款项管理制度、存货管理制度、固定资产管理制度、对外投资内部控制制度、生物资产管理制度、无形资产摊销制度、费用支出管理制度、财务审计制度以及财务公开制度等12项。其中，后5项制度为新增。三是新增了财务清算和财务监督规定。新的财务制度新增财务清算有关内容，明确财务清算的流程与要求、清算组职责等，以规范农民合作社解散、破产时的财务清算工作；新增财务监督有关内容，从内部审计、违法违规情形及罚则等方面，加强农民合作社的财务监督。新的会计制度主要从会计科目和会计报表方面进行了必要的更新。

第一节　农民专业合作社所有者权益概述

一、合作社所有者权益的分类

所有者权益是全体成员作为合作社的拥有者，对合作社净资产所享有的权益，其金额为合作社全部资产减去全部负债后由成员享有的剩余权益。它包括股金、专项基金、资本公积、盈余公积、未分配盈余等。

5-1 合作社法财务会计方面新变化

二、合作社所有者权益的特点

农民合作社所有者权益具有以下特点：

第一，成员股东投入的股金是按合作社章程规定缴交的，法律没有明确规定最低限额。合作社成员以其在市场监管部门的注册资本份额和合作社公积金份额为限对合作社承担有限责任，即成员在其出资和公积金份额以外，对合作社不再承担其他清偿责任。

第二，合作社按照有关法律法规和合作社章程规定向成员进行盈余返还和剩余盈余分配，而且法律对可分配盈余的分配比例有明确规定。在弥补亏损、提取公积金后的当年盈余，为农民专业合作社的可分配盈余。可分配盈余主要按照成员与本社的交易量(额)比例返还。可分配盈余按成员与本社的交易量(额)比例返还的返还总额不得低于可分配盈余的60%；返还后的剩余部分，以成员账户中记载的出资额和公积金份额，以及本社接受国家财政直接补助和他人捐赠形成的财产平均量化到成员的份额，按比例分配给本社成员。因此在剩余盈余分配时，各成员每年所占的比例会因专项基金及公积金的量化而发生变化。

第三，合作社成员入社自愿，退社自由。农民专业合作社成员要求退社的，应当在会计年度终了的3个月前向理事长或者理事会提出书面申请；其中，企业、事业单位或者社会组织成员退社，应当在会计年度终了的6个月前提出；章程另有规定的，从其规定。退社成员的成员资格自会计年度终了时终止。合作社应按规定退回成员账户内记载的出资额和公积金份额，同时返回其成员资格终止前的相应比例可分配盈余，或承担相应比例的亏损及债务。

第四，盈余公积的量化标准应根据章程规定，或者通过成员大会决议确定。一般有以下几种方法：一是依据当年该成员与合作社的交易量(额)来确定；二是以成员出资额为标准进行量化；三是将成员出资和交易额结合起来考虑，两者各占一定比例来量化；最后，也可以单纯地按成员人数平均的办法量化。

第五，合作社成员在大会选举和表决时，实行一人一票制。但为调动贡献较大的成员积极性，允许出资额比例大或者与本社交易量大的成员可按章程规定，享有不超过20%的附加表决权。

第六，专项基金的量化应按照合作社成员人数平均量化。成员账户中专项基金及公积金是成员进行分配的依据之一，因此两者的量化情况每年应记载在成员账户中。

第七，资本公积中由股金溢价及资产评估增值形成的部分，量化时应按照股金份额进行。

第二节　农民专业合作社股金核算

为了全面反映合作社股金及其增减变化情况，设置"股金"科目进行核算。该科目属于所有者权益类账户，贷方登记合作社实际收到的股金，以及用资本公积转增的股金数额；借方登记合作社成员退社时退还的股金；贷方余额反映合作社实际拥有的股金数额。"股金"科目应按合作社成员名册设置明细科目，进行明细核算，记载在成员账户里。

合作社成员以非货币方式出资的，应当按照有关规定和合作社章程规定，确认出资额，计入成员账户，按照享有合作社成员出资总额的份额确定股金，差额作为资本公积管理。

一、合作社股金增加的核算

(一)成员货币资金入股核算

合作社收到成员以货币资金投入的股金时，按实际收到的金额，借记"库存现金""银行存款"科目，按成员应享有合作社注册资本的份额计算的金额，贷记"股金"科目，按两者之间的差额，贷记"资本公积"科目。

【例5-1】玉丰合作社于20×4年底新吸收张喜旺入社，约定张喜旺缴存5 000元作为入社的股金，与合作社创立时成员缴交的3 000元股金享有同等权利。入社股金已存入开户行。

该业务导致合作社的存款和股金同时增加，应记入"银行存款"科目的借方和"股金"科目的贷方。其会计分录为：

借：银行存款　　　　　　　　　　　　　　　　　　5 000
　　贷：股金——张喜旺　　　　　　　　　　　　　　3 000
　　　　资本公积　　　　　　　　　　　　　　　　　2 000

(二)成员非货币资金入股核算

合作社收到成员投资入股的非货币资产，按照确定的成本，借记"产品物资""消耗性生物资产""生产性生物资产""固定资产""无形资产"等科目，按成员应享有合作社出资总额的份额计算的金额，贷记"股金"科目，按两者之间的差额，贷记或借记"资本公积"

科目。

【例5-2】玉丰合作社于20×4年新接纳渔民张伟入社。该成员用一辆活鱼运输专用车作为入社的出资，评估确认价15 000元，与合作社创立时成员缴交的13 000元股金享有同等权利。该运输车原价为75 000元，已折旧60 000元。

该业务使合作社固定资产增加，应按评估价记入"固定资产"科目的借方；同时按章程约定的成员份额股限额增加股金，记入"股金"科目的贷方，差额部分记入"资本公积"科目，其会计分录为：

借：固定资产——运输车　　　　　　　　　　　　　　15 000
　　贷：股金——张伟　　　　　　　　　　　　　　　　13 000
　　　　资本公积　　　　　　　　　　　　　　　　　　 2 000

【例5-3】某饲料厂为与玉丰合作社结成利益共同体，以法人身份申请加入玉丰合作社，以一批渔用饲料作为投入合作社的股金，按市场价确认价值30 000元。

该业务导致合作社的产品物资增加，应借记"产品物资"科目；贷记"股金"，所以，其会计分录为：

借：产品物资——饲料　　　　　　　　　　　　　　　30 000
　　贷：股金——法人股金(饲料厂)　　　　　　　　　　30 000

【例5-4】成员张伟将他个人拥有的省著名商标权作为向玉丰合作社的再投资，评估价50 000元，账面价10 000元。

该业务导致合作社的无形资产增加，应按评估价记入"无形资产"科目的借方，同时记入"股金"科目的贷方，其会计分录为：

借：无形资产——商标权　　　　　　　　　　　　　　50 000
　　贷：股金——张伟　　　　　　　　　　　　　　　　50 000

(三) 资本公积或盈余公积转增股金核算

合作社经批准以股金溢价形成的资本公积转增股金时，借记"资本公积"科目，贷记"股金"科目。

【例5-5】玉丰合作社经成员大会表决，同意将资本公积20 000元转增股金。

合作社将资本公积转增股金，其会计分录为：

借：资本公积　　　　　　　　　　　　　　　　　　　20 000
　　贷：股金(成员明细)　　　　　　　　　　　　　　　20 000

会计处理后，按成员账户中资本公积减少的数额相应地增加个人的股金数额。

【例5-6】玉丰合作社根据业务需要，经成员大会批准，将盈余公积20 000元转增股金。

合作社将盈余公积转增股金，其会计分录为：

借：盈余公积　　　　　　　　　　　　　　　　　　　20 000
　　贷：股金(明细)　　　　　　　　　　　　　　　　　20 000

会计处理后，应在成员账户中相应增加个人按比例量化的股金数额(明细)。

(四) 可分配盈余转增股金核算

合作社根据成员(代表)大会表决同意，将可分配盈余转为成员对合作社出资的，借记

"应付盈余返还""应付剩余盈余""盈余分配"科目,贷记"股金"科目。

【例 5-7】玉丰合作社经成员大会表决,同意将可分配盈余 80 000 元转增股金。

合作社将可分配盈余转增股金,其会计分录为:

借:应付盈余返还	48 000
应付剩余盈余	32 000
贷:股金(成员明细)	80 000

会计处理后,按成员账户中资本公积减少的数额相应地增加个人的股金数额。

二、合作社股金减少的核算

合作社按照法定程序减少成员出资总额或成员退股时,借记"股金"科目,贷记"库存现金""银行存款""固定资产""产品物资"等科目,并在有关明细账及备查簿中详细记录股金发生的变动情况。

合作社成员要求退社的,应当在会计年度终了的 3 个月前向理事长或者理事会提出书面申请;其中,企业、事业单位或者社会组织成员退社,应当在会计年度终了的 6 个月前提出;章程另有规定的,从其规定。退社成员的成员资格自会计年度终了时终止。成员资格终止的,农民专业合作社应当按照章程规定的方式和期限,退还记载在该成员账户内的出资额和公积金份额;对成员资格终止前的可分配盈余,依照法律规定向其返还。

【例 5-8】20×4 年 6 月,玉丰合作社成员刘明提出退社申请,20×4 年 12 月 31 日办理退社手续。刘明加入合作社时只投入股金 3 000 元。在 20×4 年被列为国家示范社后,获国家财政补助 150 000 元。经合作社会计计算,量化到刘明个人账户的资本公积额为 500 元,盈余公积为 300 元。20×4 年产生可分配盈余,经计算,按交易量返回部分刘明可得数额为 500 元,剩余盈余部分为 100 元。按照合作社章程,可以用货币资金,也可以用其他资产形式退股。经协商,合作社和刘明都同意用银行存款退回。专项基金为本社接受国家财政直接补助和他人捐赠形成的财产,按法律平均量化到成员的份额虽记载在成员账户里,但成员退社时不能带走。其会计分录为:

借:股金——刘明	3 000
资本公积——刘明	500
盈余公积——刘明	300
应付盈余返还——刘明	500
应付剩余盈余——刘明	100
贷:银行存款	4 400

第三节　农民专业合作社专项基金核算

国家财政直接补助、他人捐赠是针对合作社这个特定主体的,其扶持对象为全体成员,在个别成员退社及合作社在解散、破产清算时,不能用于分配。合作社接受国家财政直接补助和他人捐赠形成的财产,构成专项基金。

为了全面核算合作社专项基金变动情况，设置"专项基金"科目进行核算。该科目为所有者权益类账户，贷方登记合作社接受国家财政直接补助和他人捐赠形成的财产金额数；贷方余额反映合作社实有的专项基金数额。"专项基金"科目应按形成原因的不同设置明细科目，进行明细核算。

一、合作社专项基金增加的核算

合作社收到国家财政直接补助的货币资金时，借记"银行存款"，贷记"专项应付款"。使用时，如用于不形成资产的开支，如培训费用，则直接冲减专项应付款。会计分录为借记"专项应付款"，贷记"银行存款"等科目。合作社使用已收到的国家财政直接补助资金取得生物资产、固定资产、无形资产等非货币性资产，或用于兴建农业农村基础设施时，按照实际使用国家财政直接补助资金的数额，借记"消耗性生物资产""生产性生物资产""固定资产""无形资产""在建工程"等科目，贷记"库存现金""银行存款"等科目，同时借记"专项应付款"科目，贷记"专项基金"科目。

取得生物资产、固定资产、无形资产等非货币性资产之后收到对应用途的国家财政直接补助资金的，按照收到的金额，借记"库存现金""银行存款"等科目，贷记"专项应付款"科目，同时按照实际使用国家财政直接补助资金的数额，借记"专项应付款"科目，贷记"专项基金"科目。

实际收到他人捐赠的货币资金时，借记"库存现金""银行存款"科目，贷记"专项基金"科目。

收到国家财政直接补助的生物资产、固定资产、无形资产等非货币性资产（包括以前年度收到或形成但尚未入账的）或者他人捐赠的非货币性资产时，按照有关凭据注明的金额加上相关税费等，借记"消耗性生物资产""生产性生物资产""固定资产""无形资产"等科目，贷记"专项基金"科目等。没有相关凭据的，按照资产评估价值或者比照同类或类似资产的市场价格，加上相关税费等，借记"消耗性生物资产""生产性生物资产""固定资产""无形资产"等科目，贷记"专项基金"科目等。如无法采用上述方法计价的，应当按照名义金额，借记"消耗性生物资产""生产性生物资产""固定资产""无形资产"等科目，贷记"专项基金"科目，并设置备查簿进行登记和后续管理；按照应支付的相关税费等，借记"其他支出"科目，贷记"库存现金""银行存款""应付款""应交税费"等科目。

【例5-9】玉丰合作社经有关部门审定，批准为市级农民合作社示范社，获得国家财政直接补助150 000元。其中补助货币资金100 000元，运输车一辆，价值50 000元。项目实施要求补助资金的10 000元用于成员培训，其余资金全部用于鱼池扩建。

①合作社收到国家直接补助的货币资金时，其会计分录为

借：银行存款　　　　　　　　　　　　　　　　　　　　　　100 000
　　贷：专项应付款——示范社补助　　　　　　　　　　　　　　　100 000

②实际收到补助的运输车时，其会计分录为：

借：固定资产——运输车　　　　　　　　　　　　　　　　　50 000
　　贷：专项基金——示范社补助　　　　　　　　　　　　　　　　50 000

③在使用补助资金进行成员培训，补助费用化后，直接冲减"专项应付款"，其会计分录为：

借：专项应付款——示范社补助　　　　　　　　　　　　10 000
　　贷：银行存款　　　　　　　　　　　　　　　　　　　　　　10 000

④使用国家财政直接补助，扩建鱼种池3座，形成固定资产，固定资产增加而银行存款减少，其会计分录为：

借：固定资产——鱼种池　　　　　　　　　　　　　　　　90 000
　　贷：银行存款　　　　　　　　　　　　　　　　　　　　　　90 000

同时，将专项应付款转为专项基金，其会计分录为：

借：专项应付款——示范社补助　　　　　　　　　　　　90 000
　　贷：专项基金——示范社补助　　　　　　　　　　　　　　90 000

【例5-10】玉丰合作社收到捐赠的旧机器一台，机器账面原价为30 000元，已提折旧10 000元。

收到机器时，其会计分录为：

借：固定资产　　　　　　　　　　　　　　　　　　　　　20 000
　　贷：专项基金——捐赠　　　　　　　　　　　　　　　　　20 000

二、合作社专项基金量化的计算

专项基金按规定应当以盈余分配时的合作社成员人数进行平均量化，据此作为剩余盈余分配的依据之一。专项基金应在盈余分配之前，按现有成员数平均量化到每个成员，并记载在成员账户中。

【例5-11】接【例5-9】玉丰合作社收到国家示范合作社补助资金后，90 000元已经用于建造鱼池，收到的运输车也已登记为固定资产。假定20×4年年底只有合作社创设时的100个成员。年底量化专项基金时，只考虑这100人，不考虑成员出资比例，也不考虑成员交易量（额），平均量化到每个成员时，只需将专项基金金额除以100即可，并记载到成员账户中。在【例5-10】的基础上，每个成员可量化的专项基金金额是：（50 000+90 000+20 000）÷100=1 600元，将量化到每个成员的专项基金数额登记到其账户中：

成员甲专项基金数　1 600
成员乙专项基金数　1 600
……
其他98名成员专项基金　156 800

然后据此登记到各成员账户下，作为计算剩余盈余分配的依据之一。

第四节　农民专业合作社公积金核算

合作社公积金包括资本公积和盈余公积两方面。资本公积是股金溢价、资产评估增值等所形成的；盈余公积是合作社根据章程或成员大会决议从当年盈余中按一定比例提取的。合作社每年按章程或成员大会决议,将盈余公积和资本公积遵照合作社会计制度规定量化到每个成员的名下,这是合作社会计核算中的一个重要特点。

一、合作社资本公积的核算

为了全面反映合作社资本公积的来源和使用情况,设置"资本公积"科目进行核算。该科目为所有者权益类账户,贷方登记合作社股金溢价、资产评估增值等增加的资本公积数额;借方登记合作社按规定转增股金减少和因资产评估减值等原因而导致资本公积减少的数额;贷方余额反映合作社实有的资本公积数额。"资本公积"科目应按资本公积的来源设置明细科目,进行明细核算。

资本公积形成的一个原因是股金溢价。由于投入股金时间不同,合作社已经开始经营,有一定的市场并产生积累,所以,新加入的合作社成员通常要缴纳大于原有合作社成员的出资额,才能取得与原合作社成员相同的权利。新成员缴纳的股金中按其投资比例计算的出资额,记入"股金"科目。实际投资额与其入账股金的差额,为股金溢价。合作社收到成员投资入股的货币资金,按照实际收到的金额,借记"库存现金""银行存款"科目,按照成员应享有合作社成员出资总额的份额计算的金额,贷记"股金"科目,按照两者之间的差额,贷记"资本公积"科目。

收到成员投资入股的非货币性资产,按照确定的成本,借记"产品物资""消耗性生物资产""生产性生物资产""固定资产""无形资产"等科目,按照成员应享有合作社成员出资总额的份额计算的金额,贷记"股金"科目,按照两者之间的差额,贷记或借记"资本公积"科目。

以实物资产、无形资产等非货币性资产方式对外投资时,按照评估确认或者合同、协议约定的价值和相关税费,借记"对外投资"科目,按照已计提的累计折旧或摊销,借记"生产性生物资产累计折旧""累计折旧""累计摊销"科目,按照投出资产的原价(成本),贷记"消耗性生物资产""生产性生物资产""固定资产""无形资产"等科目,按照应支付的相关税费,贷记"应交税费"等科目,按照其差额,借记或贷记"资本公积"科目。

用资本公积转增股金时,借记"资本公积"科目,贷记"股金"科目。

【例 5-12】某单位以团体成员身份加入玉丰合作社,该单位向合作社出资 25 000 元,20 000 元计入股金,5 000 元作为资本公积。款已存银行。

该单位出资到合作社的资金 25 000 元中,20 000 元记入股金贷方,5 000 元为股金溢价。记入"资本公积"科目,其会计分录为:

借:银行存款　　　　　　　　　　　　　　　　　　　　　　25 000
　　贷:股金——法人股金(某单位)　　　　　　　　　　　　　　20 000
　　　　资本公积　　　　　　　　　　　　　　　　　　　　　 5 000

【例 5-13】玉丰合作社收到成员梁某投入大米加工机械一套,双方确认价值 40 000 元,又投入银行存款 10 000 元,协议约定入股为 40 000 元。

该业务使合作社的固定资产和银行存款增加,按该项固定资产的确认价值借记"固定资产"科目;由于双方协议约定价值低于确认价值,应按双方约定入股份额增加股金,记入"股金"科目的贷方；二者差额的 10 000 元，只能作为股金溢价，记入"资本公积"科目，其会计分录为：

借：固定资产——大米加工机械　　　　　　　　　　　　　　40 000
　　银行存款　　　　　　　　　　　　　　　　　　　　　　10 000
　　贷：股金——梁某　　　　　　　　　　　　　　　　　　40 000
　　　　资本公积　　　　　　　　　　　　　　　　　　　　10 000

【例 5-14】玉丰合作社以一幢厂房对外投资。该厂房原账面价值 200 000 元，已提折旧 30 000 元，双方协议作价 190 000 元。

厂房原账面价值 200 000 元，已提折旧 30 000 元，其会计分录为：

借：对外投资——其他投资　　　　　　　　　　　　　　　190 000
　　累计折旧　　　　　　　　　　　　　　　　　　　　　30 000
　　贷：固定资产　　　　　　　　　　　　　　　　　　　200 000
　　　　资本公积　　　　　　　　　　　　　　　　　　　20 000

【例 5-15】玉丰合作社 20×4 年 7 月成立时，30 位成员中，甲、乙各出资 30 000 元，丙、丁各出资 20 000 元，其他人 900 000 元，总股金 1 000 000 元。20×4 年 12 月底，资本公积余额为 8 000 元。

8 000 元资本公积按股金比例量化，其中，股金中甲、乙各 3%，丙、丁各 2%。

以甲为例：

①计算甲所占份额比例：30 000÷1 000 000＝3%
②计算资本公积量化到甲账户的份额：8 000×3%＝240

其他成员以此类推，并据此登记到 30 个成员账户中：

资本公积——甲　　240
资本公积——乙　　240
资本公积——丙　　160
资本公积——丁　　160
资本公积——其他成员　　7 200

合作社将量化后的资本公积记入成员账户。

二、合作社盈余公积的核算

为了全面反映合作社盈余公积的来源和使用情况，设置"盈余公积"科目进行核算。该科目为所有者权益类账户，贷方登记合作社提取盈余公积数额；借方登记合作社转增股金或弥补亏损等原因减少的盈余公积数额；贷方余额反映合作社实有的盈余公积数额。"盈余公积"科目应按照用途设置明细科目，进行明细核算。

合作社年终进行盈余分配前，应弥补以前年度亏损，然后按章程或者成员大会决议，从当年盈余中按一定比例提取盈余公积。每年提取的公积金按照章程规定量化为每个成员的份额。盈余公积可以用于弥补亏损、扩大生产经营或者转为成员出资。

（一）盈余公积增加核算

合作社年终进行盈余分配时，可以按一定比例从当年盈余中提取盈余公积，也可按章程规定不提取。合作社年终从当年盈余中提取盈余公积时，借记"盈余分配"科目，贷记"盈余公积"科目。"盈余公积"科目期末贷方余额，反映合作社实有的盈余公积数额。

为了说明盈余增加、减少核算方法，这里仅作简要介绍，并且所举3个例题不纳入玉丰合作社的会计分录系列，详细方法在后面盈余分配一节介绍。

【例5-16】玉丰合作社由20位成员各出资10 000元在20×2年1月1日成立，合作社章程规定，应提取10%的盈余公积，所提取的盈余公积按与成员的交易额量化到个人。20×4年实现本年盈余50 000元，当年成员交易额分别是：甲、乙各40 000元，丙、丁各10 000元，总交易额为1 000 000元。

本年盈余50 000元，提取10%盈余公积，即5 000元。即甲占比例为40 000÷1 000 000＝4%，甲应得量化份额为5 000×4%＝200元，乙为200元。丙、丁应得的量化份额计算方法类同，经计算为50元。

提取盈余公积，其会计分录为：

借：盈余分配——各项分配　　　　　　　　　　　　　　　5 000
　　贷：盈余公积　　　　　　　　　　　　　　　　　　　　　　5 000

量化到成员时，在成员账户中分别登记：

盈余公积——甲　200
盈余公积——乙　200
盈余公积——丙　50
盈余公积——丁　50
盈余公积——其他成员　4 500

(二)盈余公积减少核算

合作社根据业务需要，经批准以盈余公积转增股金或弥补亏损时，借记"盈余公积"科目，贷记"股金""盈余分配——未分配盈余"科目。

【例5-17】玉丰合作社将盈余公积20 000元转增股金，其会计分录为：

借：盈余公积　　　　　　　　　　　　　　　　　　　　　20 000
　　贷：股金(明细)　　　　　　　　　　　　　　　　　　　　20 000

【例5-18】玉丰合作社将盈余公积30 000元弥补亏损，其会计分录为：

借：盈余公积　　　　　　　　　　　　　　　　　　　　　30 000
　　贷：盈余分配——未分配盈余　　　　　　　　　　　　　　30 000

并相应减少成员账户中盈余公积。

第五节　农民专业合作社盈余核算

合作社的盈余指合作社在一定会计期间(月、季、年)内生产经营、服务和管理活动所取得的净收入，即为收入和支出的差额，它反映合作社在一定期间的财务成果。盈余是反映和考核合作社生产经营和服务活动质量的一项综合性财务指标。农民合作社盈余相关科目有两个，即"本年盈余"

5-2 合作社盈余及盈余分配管理

和"盈余分配"。

一、合作社本年盈余的核算

为了全面反映和监督合作社盈余形成以及结转的过程，设置"本年盈余"科目进行会计核算。该科目为所有者权益类账户，贷方登记合作社各项收入和收益转入的金额，以及转入盈余分配的金额；借方登记合作社各项费用和支出转入的金额，以及转入盈余分配的金额；贷方余额反映合作社当期实现的盈余；借方余额反映合作社当期实现的亏损。年终结转后，"本年盈余"科目应无余额。

该科目主要用于核算合作社在年度内实现的盈余(或亏损)总额。合作社会计期末结转盈余时，应将"经营收入""其他收入"科目的余额转入"本年盈余"科目的贷方，借记"经营收入""其他收入"科目，贷记"本年盈余"科目；同时将"经营支出""税金及附加""管理费用""财务费用""其他支出""所得税费用"科目的余额转入"本年盈余"科目的借方，借记"本年盈余"科目，贷记"经营支出""税金及附加""管理费用""财务费用""其他支出""所得税费用"科目。应将"投资收益"科目的贷方余额转入"本年盈余"科目的贷方，借记"投资收益"科目，贷记"本年盈余"科目；如为投资净损失，应将"投资收益"科目的借方余额转入"本年盈余"科目的借方，借记"本年盈余"科目，贷记"投资收益"科目。

年度终了，应将本年收入和支出相抵后结出的本年实现的净盈余，转入"盈余分配"科目，借记"本年盈余"科目，贷记"盈余分配——未分配盈余"科目；如为净亏损，作相反会计分录。结转后"本年盈余"科目应无余额。

【例 5-19】假定玉泉合作社 20×4 年 12 月各损益类科目余额(表 5-1)。

表 5-1　各损益类科目余额

科目名称	借方余额(元)	贷方余额(元)
经营收入		16 114 573.75
其他收入		366 900.00
投资收益		100 000.00
经营支出	9 730 000.00	
管理费用	2 360 000.00	
其他支出	540 000.00	
财务费用	269 500.00	
税金及附加	523 580.00	
所得税费用	87 284.00	

根据上述账户余额，做如下转账分录：
①结转各项收入，其会计分录为：
借：经营收入　　　　　　　　　　　　　　　　　　　16 114 573.75
　　其他收入　　　　　　　　　　　　　　　　　　　　　366 900
　贷：本年盈余　　　　　　　　　　　　　　　　　　16 481 473.75

②结转各项支出，其会计分录为：
借：本年盈余　　　　　　　　　　　　　　　　　　　13 510 364
　贷：经营支出　　　　　　　　　　　　　　　　　　9 730 000
　　　管理费用　　　　　　　　　　　　　　　　　　2 360 000
　　　其他支出　　　　　　　　　　　　　　　　　　　540 000
　　　财务费用　　　　　　　　　　　　　　　　　　　269 500
　　　税金及附加　　　　　　　　　　　　　　　　　　523 580
　　　所得税费用　　　　　　　　　　　　　　　　　　 87 284
③结转投资收益，其会计分录为：
借：投资收益　　　　　　　　　　　　　　　　　　　　100 000
　贷：本年盈余　　　　　　　　　　　　　　　　　　　100 000

转账后，"本年盈余"账户借方发生额为13 510 364元，贷方发生额为16 581 473.75元。根据借贷方发生额之差，计算出本年度的盈余为16 581 473.75−13 510 364=3 071 109.75元。最后结转"盈余分配"时，其会计分录为：
借：本年盈余　　　　　　　　　　　　　　　　　　　3 071 109.75
　贷：盈余分配——未分配盈余　　　　　　　　　　　3 071 109.75

二、合作社盈余分配的核算

为了全面反映和监督合作社盈余的分配情况，设置"盈余分配"科目进行会计核算。该科目为所有者权益类账户，贷方余额反映合作社历年积存的未分配盈余；借方余额反映合作社历年积存的未弥补亏损。"盈余分配"应按照盈余的用途设置明细科目，进行明细核算。

"盈余分配"科目核算合作社当年盈余的分配（或亏损的弥补）和历年分配后的结存余额。"盈余分配"科目设置"各项分配"和"未分配盈余"两个二级科目。

合作社用盈余公积弥补亏损时，借记"盈余公积"科目，贷记"盈余分配"科目（未分配盈余）。

按照规定提取盈余公积时，借记"盈余分配"科目（各项分配），贷记"盈余公积"科目。

根据章程规定或者经成员（代表）大会决议确定的盈余分配方案，提取返还盈余时，借记"盈余分配"科目（各项分配），贷记"应付盈余返还"科目；根据章程规定或者经成员（代表）大会决议确定的盈余分配方案，分配剩余盈余时，借记"盈余分配"科目（各项分配），贷记"应付剩余盈余"科目。

根据成员（代表）大会表决同意，将可分配盈余转为成员对合作社出资的，借记"应付盈余返还""应付剩余盈余""盈余分配"（各项分配），贷记"股金"等科目。

年度终了，合作社应将全年实现的盈余总额，自"本年盈余"科目转入"盈余分配"科目，借记"本年盈余"科目，贷记"盈余分配"科目（未分配盈余）；如为净亏损，做相反会计分录。同时，将"盈余分配"科目下的"各项分配"明细科目的余额转入"盈余分配""未分配盈余"明细科目，借记"盈余分配"科目（未分配盈余），贷记"盈余分配"科目（各项分配）。年度终了，"盈余分配"的"各项分配"明细科目应无余额，"未分配盈余"明细科目的贷方余额表示未分配的盈余，借方余额表示未弥补的亏损。本科目余额为合作社历年积存的未分配盈余(或未弥补亏损)。

未分配盈余是合作社历年积存下来的未作分配的盈余。由于各种原因，合作社本年形成的盈余可能在年度终了时不能全部分配完毕。也可能存在以下两种情况：一是留待以后年度处理的盈余；二是未指定特定用途的盈余。从数量上讲，未分配盈余是年初未分配盈余加上本年实现的盈余总额，减去当年各项分配后的余额。

合作社当年的可分配盈余在分配时分为两个部分。可分配盈余按成员与本社的交易量(额)比例返还的返还总额不得低于可分配盈余的60%；返还后的剩余部分，以成员账户中记载的出资额和公积金份额，以及本社接受国家财政直接补助和他人捐赠形成的财产平均量化到成员的份额，按比例分配给本社成员。这是由合作社的特点所决定的。

合作社盈余分配主要包括以下流程：

一是合作社用本年盈余弥补亏损。

二是按章程或成员大会规定提取盈余公积。此时，借记"盈余分配"科目(各项分配)，贷记"盈余公积"等科目。

三是按交易量(额)向成员返还盈余。此时，借记"盈余分配"科目(各项分配)，贷记"应付盈余返还"科目。

四是对剩余盈余进行再次分配。以合作社成员账户中记载的出资额和公积金份额，以及接受国家财政直接补助和他人捐赠形成的财产平均量化到成员的份额，按比例分配剩余盈余时，借记"盈余分配"科目(各项分配)，贷记"应付剩余盈余"科目。

【例5-20】接【例5-19】假定玉泉合作社20×4年实现盈余3 071 109.75元。按照章程规定，并经成员大会讨论，确定分配方案如下：

首先，用结余盈余公积弥补后还有未弥补亏损10 000元；其次，按合作社章程规定从本年盈余中提取10%的盈余公积，作为合作社积累，以增强合作社发展后劲，并按交易额量化到成员；再次，可分配盈余的60%按交易额返还给成员；最后，剩余可分配盈余再按出资额等进行按比例分配。

根据以上分配方案，计算黄林香等5位成员本年应得盈余返还和剩余盈余分配(表5-2)：

表5-2 黄林香等五位成员账户情况

	黄林香	刘火根	杨福才	祝三苟	胡金水	其他成员	股金合计(元)
股金(元)	53 000.00	53 000.00	8 000.00	8 000.00	8 000.00	…	709 000.00
资本公积(元)	1 831.45	1 831.45	276.45	276.45	276.45	…	24 500.00
盈余公积(元)	4 483.82	1 494.61	1 494.61	1 494.61	1 494.61	…	307 110.98.00
专项基金(元)	2 096.00	2 096.00	2 096.00	2 096.00	2 096.00	…	209 600.00
小计(元)	61 411.27	58 422.06	11 867.06	11 867.06	11 867.06	…	1 250 210.98
20×4年交易额(元)	150 000.00	50 000.00	50 000.00	50 000.00	50 000.00	…	10 289 470.00

表5-2数据解释：股金合计是合作社总股金数；资本公积、专项基金合计是根据前面

例题计算出来的余额数；盈余公积是根据本年盈余按10%计算的，假定以前年度没有余额；5位成员20×4年交易额应当根据成员往来明细余额合并填列，本例为简化计算，数字是假定的，总交易额以营业收入年末余额数填列。

①以前年度亏损已经记入"盈余分配——未分配盈余"科目的借方，合作社将"本年盈余"转入"盈余分配——未分配盈余"贷方时，即抵消了以前年度亏损，其会计分录为：

借：本年盈余　　　　　　　　　　　　　　　　　3 071 109.75
　　贷：盈余分配——未分配盈余　　　　　　　　　　　　3 071 109.75

此时，合作社可供分配的盈余：3 071 109.75-10 000=3 061 109.75元。

②按规定提取盈余公积，3 071 109.75×10%=307 110.98元，其会计分录为：

借：盈余分配——各项分配　　　　　　　　　　　　307 110.98
　　贷：盈余公积　　　　　　　　　　　　　　　　　　307 110.98

本年提取的盈余公积，不能直接参与分配，但要量化到每个成员账下。计算方法是：黄林香交易额占比为：150 000÷10 289 470=1.46%，量化到其名下的盈余公积为307 110.98×1.46%=4 483.82元；其他各位成员的量化方法相同。

③计算本年可分配盈余，3 071 109.75-10 000-307 110.98=2 753 998.77元，再按照成员大会决议，其中60%作为按交易额分配的盈余返还总额，即2 753 998.77×60%=1 652 399.26元。然后再依据成员交易量或交易额计算每个成员的盈余返还：应付黄林香的盈余返还额：(150 000÷10 289 470)×1 652 399.26=24 088.69元；应付刘火根的盈余返还额：(50 000÷10 289 470)×1 652 399.26=8 029.56元；杨福才交易额与刘火根相同，所以，应付盈余返还额也相同，即为8 029.56元，其会计分录为：

借：盈余分配——各项分配　　　　　　　　　　　　1 652 399.26
　　贷：应付盈余返还——黄林香　　　　　　　　　　　　24 088.69
　　　　应付盈余返还——刘火根　　　　　　　　　　　　8 029.56
　　　　……
　　　　其他各位成员合计数　　　　　　　　　　　　162 0281.01

④按照表5-2记录的黄林香等5位成员有关数据，计算这5位成员量化的资本公积和专项基金数额：

资本公积按股金比例量化，黄林香应得的数额：(53 000÷709 000)×24 500=1 831.45元；刘火根与黄林香股金相同，量化的资本公积也相同。杨福才等3人应得的数额：(8 000÷709 000)×24 500=276.45元，据此登记到他们各人的成员账户上。

专项基金的量化应按合作社成员人数平均量化，假定玉丰合作社年底只有100个成员，那么每位成员量化的专项基金数额：209 600÷100=2 096元，据此登记到他们各人的成员账户上。

应付剩余盈余的计算，要先用可分配盈余减去应付盈余返还：2 753 998.77-1 652 399.26=1 101 599.51元，是合作社本年剩余盈余分配的额度。之后，根据各成员账户中记载的出资额、量化的资本公积、盈余公积、专项基金4项合计，占合作社这4项金额总计的比例，计算出每位成员就应得的剩余盈余分配数额。以黄林香为例：4项合计为

61 411.27 元，占比为 61 411.27÷1 250 210.98＝4.91%，据此，黄林香应得的剩余盈余分配数额：1 101 599.51×4.91%＝54 088.54 元。用相同方法，可计算出杨福才应得剩余盈余分配数额为 10 456.43 元，其会计分录为：

借：盈余分配——各项分配　　　　　　　　　　　　　1 101 599.51
　　贷：应付剩余盈余——黄林香　　　　　　　　　　　　54 088.54
　　　　应付剩余盈余——杨福才　　　　　　　　　　　　10 456.43
　　　　……
　　　　其他各位成员合计数　　　　　　　　　　　　　1 037 054.54

⑤年终，将"盈余分配"科目下的"各项分配"明细科目的余额转入"盈余分配"科目"未分配盈余"明细科目，借记"盈余分配"科目（未分配盈余），贷记"盈余分配"科目（各项分配），其会计分录为：

借：盈余分配——未分配盈余　　　　　　　　　　　　3 061 109.75
　　贷：盈余分配——各项分配　　　　　　　　　　　　3 061 109.75

此时，该合作社未分配盈余：3 061 109.75－307 110.98－1 652 399.26－1 101 599.51＝0 元。但在实际中，合作社为防范突发性灾害，可以依据章程规定提取一定比例的风险基金，此时，"盈余分配"科目会存在贷方余额。

学习巩固

【思考题】

1. 简述合作社盈余公积的量化标准依据。
2. 简述合作社成员以非货币方式出资的，其出资额度确认方法。
3. 试述合作社成员退社时，合作社接受国家财政直接补助和他人捐赠形成的财产量化到成员的份额能否带走。

【技能题】

一、单选题

1. 农民专业合作社成员要求退社的，应当在会计年度终了的（　　）前向理事长或者理事会提出书面申请。
　　A. 一个月　　　　　　　　B. 两个月
　　C. 三个月　　　　　　　　D. 半年

第五章答案

2.《农民专业合作社会计制度》从（　　）开始实施。
　　A. 2008 年 7 月 1 日　　　　B. 2021 年 12 月 30 日
　　C. 2022 年 8 月 7 日　　　　D. 2023 年 1 月 1 日

3. 根据合作社成员（代表）大会表决同意，将可分配盈余转为成员对合作社出资的，借记"应付盈余返还""应付剩余盈余""盈余分配"（各项分配），贷记（　　）等科目。
　　A. 盈余公积　　B. 库存现金　　C. 股金　　　　D. 银行存款

4. 根据《农民专业合作社会计制度》，合作社对尚未核销、已经按原制度分期摊销并直接冲减账面价值的无形资产，应当按照截至 2022 年 12 月 31 日累计摊销的金额，借记"无形资产"科目，贷记( )科目。

  A. 累计折旧   B. 累计摊销

  C. 待处理财产损溢   D. 长期待摊费用

5. 合作社接受国家财政直接补助和他人捐赠形成的财产( )量化到成员的份额，按比例分配给本社成员。

  A. 按出资额   B. 按交易量   C. 按交易额   D. 平均

二、多选题

1. 合作社的所有者权益包括( )等。

  A. 股金、专项基金   B. 资本公积、盈余公积

  C. 经营收入、其他收入   D. 未分配盈余

2. 《农民专业合作社法》第十三条规定，农民专业合作社成员可以用货币出资，也可以用( )等可以用货币估价并可以依法转让的非货币财产，以及章程规定的其他方式作价出资。

  A. 实物   B. 知识产权   C. 土地经营权   D. 林权

3. 资产类科目中，原制度《农民专业合作社财务会计制度(试行)》中的牲畜(禽)资产和林木资产在修订后的《农民专业合作社会计制度》中改为( )。

  A. 消耗性生物资产   B. 生产性生物资产

  C. 生产性生物资产累计折旧   D. 公益性生物资产

4. 合作社股金分为( )和( )。

  A. 个人股金   B. 农户股金   C. 法人股金   D. 团体股金

5. 合作社按照法定程序减少注册资本或成员退股时，借记"股金"科目，贷记( )等科目，并在有关明细账及备查簿中详细记录股金发生的变动情况。

  A. 库存现金   B. 银行存款   C. 固定资产   D. 产品物资

三、判断题

1. 在盈余分配上，村集体经济组织与合作社是一样的标准和要求。( )

2. 可分配盈余不能转为对合作社的出资。( )

3. 合作社接受国家财政直接补助形成的财产，在解散、破产清算时，不得作为可分配剩余资产分配给成员。( )

4. 《农民专业合作社会计制度》的资产负债表中，只能看到无形资产净值，看不到无形资产的原值。( )

5. 根据《农民专业合作社法》，本年盈余在弥补亏损后，加上年初未分配盈余、其他转入之后，还要再减去所提取的盈余公积，这样才是可分配盈余。( )

四、简答题

1. 合作社成员提出退社时有哪些规定？

2. 合作社成员可以出资的方式有哪些？

3. 合作社成员年底从合作社分得的盈余分配是否需要缴纳个人所得税？

五、实务题

1. 华征合作社根据业务需要，经批准以盈余公积 20 000 元转增股金。

2. 华征合作社根据业务需要，经批准以盈余公积 30 000 元弥补亏损。

3. 华征合作社以一幢厂房对外投资，该厂房原账面价值 200 000 元，已提折旧 30 000 元，双方协议作价 190 000 元。

4. 华征合作社收到捐赠的旧机器一台，机器账面原价为 30 000 元，已提折旧 10 000 元。

5. 某单位以团体成员身份加入华征合作社，该单位向合作社出资 25 000 元，20 000 元计入股金，5 000 元作为资本公积。

案例分析

打造产业化联合体，探索社会化服务新模式
——宜春市鼎力农业专业合作社联社

宜春市鼎力农业专业合作社联社，位于宜春市袁州区，由省级农民合作社示范社宜春市农顺祥种养合作社负责人袁卫华于 2019 年 12 月发起成立，截至 2023 年 6 月共吸纳全区各乡镇 22 个合作社，1 个家庭农场，4 个种粮大户，现有社员 460 人，带动农户 600 多户，联社成员出资总额为 1 亿元。流转土地达 2.6 万亩，其中种植优质水稻 9 000 亩，蔬菜 800 亩。联社拥有大型农机 110 余台(套)，保有无人机 39 台，收割机 22 台，大中型拖拉机 31 台，烘干机 18 台，年作业服务能力超过 10 万亩。建成育秧、烘干、实训 3 个中心。

2021 年联社投资 500 多万元在西村镇山背村建设了工厂化育秧中心，有育秧大棚面积 24 亩，播种流水线 6 条、高速插秧机 30 台，育秧盘 20 万个，单季育、插秧 6 000 亩。育秧大棚做到综合利用，冬季安排种植蔬菜、菌菇。该育秧中心全年产值达 300 万元以上、利润超 60 万元，实现经济效益、社会效益相统一。

近年来，联社利用自身优势，强化合作联合，不断整合产业资源，以农业科技为核心，探索创新社会化服务机制，逐步形成秧苗供应、农资供应、田间管理、机械化操作、粮食烘干、加工储藏、运输和销售一体的社会化服务体系，将服务由产中向产前、产后延伸，推动实现合作社农业社会化服务全产业链。

一、提供"有实力"的服务，提升联合体抗风险能力

一是立制度扎紧利益纽带，降低组织管理风险。宜春市鼎力农业专业合作社联社注重做好制度安排，坚持联社、基地、农户三方联动，并密切联社与社员的联结。一方面在核算方式上，联社保障各合作社为每位成员设立成员账户，进行统一核算，做到一人一个账户，一人一份资产，每年分摊到户，年年盈余返还。另一方面在持股模式上，实行双向入股，即合作社、家庭农场、种粮大户入股，并且联社与合作社签订长期收购协议，联社收购合作社社员供应的全部农产品，价差稳定在 0.2 元/千克。公平公正的利益分配机制，

保障社员权益不受侵害,加强了联社同社员之间的协作,组织管理更加有条不紊。

二是强技术助力科技兴农,抵御自然灾害风险。联社专门成立了技术服务组,开展施药前后的病虫调查,确定防治时间和防治方法,进行了飞机防控水稻病虫害,防治效率比人工防治明显提高,真正做到了农药减量增效,增强了稻田抵御自然灾害的能力,节约了劳动力成本,农户反映较好。

三是谋合作优化品种结构,减少市场价格风险。联社不断引进优良品种,并主动与袁州区富硒开发利用中心等相关科研机构及高校合作,立足油菜和水稻产业,已建成2 000亩示范种植基地,围绕市场需求,精选优质油菜和水稻品种逾10个,其中野香优二号品种现在示范推广面积达1 200亩。联社持续优化产能,把握价格波动规律,通过油菜种植,水稻种植,带动社员(农民)致富为宗旨,带动合作社成员增产增收,户均增收2 000元以上。

二、提供"有温度"的服务,扩大联合体规模凝聚力

一是农技服务增产量。一方面送出去学习,联社经常组织专业喷雾机手和技术人员积极参加省区市组织的各类培训,也积极参加各类竞技类活动,2022年在袁州区农业农村局举办的"五一"早稻插秧人机竞赛中荣获机插组一等奖。另一方面请进来培训,针对产业发展及农户遇到的生产经营问题不定期邀请专家实地指导,讲解统防统治政策和病虫害发生趋势以及安全使用农药常识,指导农户及时进行统防统治。通过农业技术的专业学习,一定程度提高了现有稻田的总体产量,种植规模优势更加突出。

二是农资服务降成本。联社组织专业采购团队到农资工厂、市场进行考察、试用、对比,最终筛选性价比最高的农资产品,确定长期稳定的进货渠道,在全社范围内负责统一采购农药、肥料、种子,提供种植、销售一条龙服务。并使联社农药肥料总施用量降低10%,有效防治率超过95%,进一步推动了农业绿色生产和可持续发展,为社员、为社会带来更多的便利和收益。

三是农机服务提效率。利用装备齐全的农机优势,联社不仅为农户提供耕种防收等生产服务,还提供烘干、加工等系列服务,降低劳动强度,提高规模效率。2022年,农业生产托管服务面积1.3万亩,烘干稻谷1万吨,为社员及服务农户每亩降低成本200多元。农户可根据自身的兼业状况和劳动力状况,将主要生产环节委托给联社,有时间和精力从事其他活动,实现了劳动力在打工和种地之间的优化组合,有效解决了农忙时劳力紧缺、收割时天气不好、保管时粮食霉烂等问题。

三、提供"有标准"的服务,加强联合体市场竞争力

一是生产服务严格技术标准,加强技术竞争力。联社针对水稻生产的耕整土地、集中育秧、插秧、病虫害防控、收割、烘干等各环节均制订了服务标准。在品种培育上,每年都要从各地引进新品种进行示范种植,为农户筛选提供优质水稻品种。在地力维护上,推广采取有机质提升、秸秆粉碎还田、肥料农药减量示范等方式,有效保障农户耕地质量。在虫害防治上,推广采用生物药剂、三诱技术等绿色防控技术,保证粮食绿色安全。通过不断吸纳新技术,规范操作新标准,保障技术上的持续更新。

二是人员上岗严格服务标准,加强服务竞争力。联社技术人员均须通过严格培训,持证上岗，以确保规范操作，安全生产。另外，联社还建立了服务质量跟踪体系，通过电话等满意度调查方式完善服务体系，增强服务意识，提升服务质量。

三是统一销售严格品牌标准，加强产品竞争力。一方面全面实施统一销售，联社以高质量、优品质为出发点，回收的农产品进行统一的加工、包装和销售。另一方面积极开展品牌建设，以品牌促销售，以品牌增效益，联社已成功注册了YF(永福)、农顺祥、明浩然等商标，提升了联社及农户产品的附加值，提高了产品竞争力。

【案例思考】

1. 根据上述材料，可否使用商业模式画布画出鼎力农业专业合作社联社的商业模式？

2. 从鼎力农业专业合作社联社的商业模式中，分析该合作社的所有者权益有哪些类型？可能涉及的会计科目有哪些？如何进行核算？

3. 鼎力农业专业合作社联社的发展历程可为其他新型农业经营主体联合与合作提供哪些启示？

第六章　农民专业合作社财务报表编制

学习目标

知识目标	能力目标	价值目标
了解合作社资产负债表、盈余及盈余分配表、成员权益变动表及成员账户编制的基本方法及其报送、审批、保管和分析方法；掌握合作社资产负债表、盈余及盈余分配表、成员权益变动表及成员账户的内容及基本结构	结合本章合作社财务报表基本内容、编制方法及相关案例，理解合作社财务报表的概念及分类，以及合作社财务报表的作用与编制要求，具备编制和分析合作社财务报表的能力	通过学习合作社财务报表的编制与分析，了解和掌握合作社财务运转情况，并从成员权益变动表及成员账户编制中，进一步理解合作社是农民的合作社，成员出资方式多样化应得到保护，权益必须量化到成员名下

学习导入

《农民专业合作社会计制度》修订内容

与原制度《农民专业合作社财务会计制度(试行)》相比，《农民专业合作社会计制度》主要在会计科目、财务报表、补提折旧与摊销等方面有重大调整。

一是会计科目的变化。原制度的会计科目有37个，会计制度中有48个。会计科目调整不仅是数量上有所增加，其内容上也有调整。资产类科目中，原制度中牲畜(禽)资产和林木资产改为消耗性生物资产、生产性生物资产、生产性生物资产累计折旧、公益性生物资产；原制度无形资产一个科目，会计制度改成了无形资产和累计摊销两个科目；会计制度新增了长期待摊费用、待处理财产损溢。负债类科目中，原制度中应付款，在会计制度中改成应付款、应付劳务费、应交税费、应付利息。损益类科目中，会计制度中新增税金及附加、所得税费用；原制度中其他支出，会计制度中改为其他支出和财务费用。

二是财务报表的变化。财务报表的变化主要体现在两个方面：一方面是对应会计科目的变化财务报表进行了相应的修改；另一方面是根据相应法律法规进行了一致性调整。资产负债表中长期资产改成非流动资产，长期负债改为非流动负债。盈余及盈余分配表中，根据《农民专业合作社法》，本年盈余加上年初未分配盈余、其他转入之后，还要再减去所提取的盈余公积，这样才是可分配盈余。可分配盈余减去盈余返还、剩余盈余分配和转为成员出资的部分，剩下的才是年末未分配盈余。成员权益变动表中根据《农民专业合作社法》新增的规定，也增加了转为成员出资等内容。

三是累计折旧的变化。会计制度设置了"生产性生物资产累计折旧"科目，核算合作社对生产性生物资产计提的累计折旧。合作社对尚未核销、已经按原制度分期摊销并直接冲减账面价值的产役畜、经济林木等，应当按照截至2022年12月31日累计摊销的金额，借记"生产性生物资产"科目，贷记"生产性生物资产累计折旧"科目。

四是累计摊销的变化。会计制度设置了"累计摊销"科目，核算合作社对无形资产计提的累计摊销。合作社对尚未核销、已经按原制度分期摊销并直接冲减账面价值的无形资产，应当按照截至2022年12月31日累计摊销的金额，借记"无形资产"科目，贷记"累计摊销"科目。

第一节　农民专业合作社财务报表概述

一、合作社财务报表的含义

财务报表是对合作社财务状况、经营成果等的结构性表述，包括会计报表及其附注。它是根据合作社日常会计核算资料，通过归集、加工、汇总，反映某一特定日期财务状况和某一会计期间经营成果等的书面报告。

合作社在日常会计核算中，将发生的经济业务，按照规定的方法连续、系统地记入有关的账户，其信息是分散的、局部的，不能反映经济活动的全貌及各项经济指标之间的内在联系。为此，以账簿记录为主要依据，为满足合作社管理者、政府有关指导部门和成员监督的需要，定期地对这些分散的、局部的会计核算资料进行加工整理和分析汇总，运用专门的方法编制各种财务报表，使之成为一个完整的会计指标体系，以全面、系统、综合地反映合作社特定日期的财务状况和某一时期的经营成果及其现金增减变动情况，为管理者决策及监督者监督提供有用的会计信息。

二、合作社财务报表的作用和分类

(一) 合作社财务报表的作用

合作社财务报表的编制主要有4个方面的作用：一是可以反映合作社资金的安全和资产的增值情况，揭示合作社的盈利能力和成长能力，并据此评价合作社管理者的履职情况和经营绩效；二是有助于合作社债权人了解和掌握合作社的偿债能力，有利于潜在信贷资金提供者进行风险评估，从而准确作出信贷决策；三是有利于国家业务指导部门，了解合作社经济活动情况，为作出支持、扶助和帮助合作社进行正确决策，并对过去国家扶持资金的使用情况进行监督；四是有利于成员了解和掌握合作社财务运转情况，为更好地参与民主管理、实行民主监督提供依据。

(二) 合作社财务报表的分类

1. 按报表内容分类

合作社财务报表主要包括资产负债表、盈余及盈余分配表、成员权益变动表、附注等。

资产负债表是指反映合作社在某一特定日期财务状况的报表；盈余及盈余分配表是指反映合作社在一定会计期间内盈余实现及其分配情况的报表；成员权益变动表是指反映合

作社成员权益增减变动和在某一特定日期权益情况的报表；附注是指对在资产负债表、盈余及盈余分配表、成员权益变动表等会计报表中列示项目的文字描述或明细资料，以及对未能在这些会计报表中列示项目的说明等。

合作社应当为每个成员设立成员账户。成员账户是全面反映合作社成员对合作社的出资额、量化到该成员的公积金份额、本社接受国家财政直接补助形成的财产量化到该成员的份额、本社接受他人捐赠形成的财产量化到该成员的份额、该成员与本社的交易量(额)以及本社对该成员的盈余返还和剩余盈余分配的账户。

2. 按报送时间分类

合作社财务报表分为年度财务报表和中期财务报表。短于一个完整会计年度的期间(如半年度、季度和月度)编制的财务报表称为中期财务报表。年度财务报表是以整个会计年度为基础编制的财务报表。

三、合作社财务报表的编制要求

(一)编制内容的要求

合作社财务报表要根据登记完整、核对无误的账簿记录和其他有关资料编制，做到数字真实、内容完整、计算准确、编制及时。

(1)数字真实

合作社财务报表提供的信息能如实反映情况。为此，在编制财务报表前，务必做好编制财务报表前的各项准备工作，必须将报告期内所发生的经济业务及应分摊的费用和实现的收入全部入账；对有关的账簿记录进行核实、调整，按期结账；同时，还要做好财产清查工作，保证账实相符、账账相符、账证相符。

(2)内容完整

合作社财务报表应根据相关规定，按报表种类、格式、项目和内容完整地编制，无论是表内项目还是附注均要填写齐全，不得遗漏。

(3)计算准确

合作社财务报表各项目应根据有关资料正确分析，准确填列，报表编制人员需仔细认真，反复核对，避免出现计算错误。

(4)编制及时

合作社必须按规定的期限及时编制有关财务报表，以便财务报表的使用者及时获得有用的会计信息，避免信息过时。合作社编制完成财务报表后，应按规定向登记机关、农村经营管理部门和有关单位报送，并按时置备于办公地点，供成员查阅。

合作社财务报表应当由合作社的法定代表人和主管会计工作负责人、会计机构负责人(或会计主管人员)签名并盖章。

合作社应当根据《农民专业合作社会计制度》有关财务报表的编制基础、编制依据、编制原则和方法的要求，提供真实、完整的财务报表，不得随意改变财务报表的编制基础、编制依据、编制原则和方法，不得随意改变《农民专业合作社会计制度》规定的财务报表有关数据的会计口径。

(二)编制时间的要求

合作社财务报表须按《农民专业合作社会计制度》规定的时间要求进行编制,见表6-1所列。

表6-1 合作社财务报表编制时间一览表

编号	报表名称	编制期	编制主体
会农社01表	资产负债表	月度、季度、半年度、年度	合作社
会农社02表	盈余及盈余分配表	年度	合作社
会农社03表	成员权益变动表	年度	合作社
	附注	年度	合作社

四、合作社财务报表的格式及编制方法

(一)资产负债表的格式及编制方法

资产负债表是指反映合作社在某一特定日期财务状况的报表。由于它反映的是某一时点的情况,所以又被称为静态报表。资产负债表可以向报表使用者提供以下几个方面的信息:一是合作社某一日期所掌握的经济资源以及这些经济资源的分布和结构情况;二是合作社某一日期的负债及其结构情况;三是合作社所有者权益的情况;四是通过对资产负债表的分析,可以了解合作社的财务实力、短期偿债能力和支付能力;五是将前后期的资产负债表进行对照分析,可以看出合作社资产负债变化情况及发展趋势。

1. 资产负债表格式

资产负债表的格式采用账户结构,分为左右两个部分。左方列示资产各项目,反映全部资产的分布及存在形态,右方列示负债和所有者权益各项目,反映全部负债和所有者权益的内容及构成情况。资产按照流动性从强到弱的顺序排列,具体包括货币资金、应收款项、存货、消耗性生物资产等流动性资产和对外投资、生产性生物资产、固定资产、无形资产、公益性生物资产、长期待摊费用等非流动资产;负债按到期日远近或偿付紧迫程度的顺序排列,具体包括短期借款、应付款项、应付工资、应付劳务费、应交税费、应付利息、应付盈余返还、应付剩余盈余等流动负债和长期借款、专项应付款等非流动负债;所有者权益包括股金、专项基金、资本公积、盈余公积、未分配盈余等。资产负债表左右双方相等,即资产=负债+所有者权益。资产负债表的格式见表6-2所列。

2. 资产负债表编制方法

(1)本表反映合作社一定日期全部资产、负债和所有者权益状况。

(2)本表"年初余额"栏各项目数字,应根据上年末资产负债表"期末余额"栏内所列数字填列。如果本会计期间资产负债表规定的各个项目的名称和内容同上一会计期间不相一致,应对上年末资产负债表各项目的名称和数字按照本会计期间的规定进行调整,填入本表"年初余额"栏内,并加以书面说明。

表 6-2 合作社资产负债表

___年___月___日

会农社 01 表

编制单位：　　　　　　　　　　　　　　　　　　　　　　　　　　　　单位：元

资产	行次	期末余额	年初余额	负债和所有者权益	行次	期末余额	年初余额
流动资产：				流动负债：			
货币资金	1			短期借款	23		
应收款项	2			应付款项	24		
存货	3			应付工资	25		
消耗性生物资产	4			应付劳务费	26		
流动资产合计	5			应交税费	27		
非流动资产：				应付利息	28		
对外投资	6			应付盈余返还	29		
生产性生物资产原值	7			应付剩余盈余	30		
减：生产性生物资产累计折旧	8			流动负债合计	31		
生产性生物资产净值	9			非流动负债：			
固定资产原值	10			长期借款	32		
减：累计折旧	11			专项应付款	33		
固定资产净值	12			非流动负债合计	34		
在建工程	13			负债合计	35		
固定资产清理	14						
固定资产小计	15			所有者权益：			
无形资产原值	16			股金	36		
减：累计摊销	17			专项基金	37		
无形资产净值	18			资本公积	38		
公益性生物资产	19			盈余公积	39		
长期待摊费用	20			未分配盈余	40		
非流动资产合计	21			所有者权益合计	41		
资产总计	22			负债和所有者权益总计	42		

（3）本表"期末余额"栏各项目的内容及其填列方法：

①"货币资金"项目　反映合作社库存现金、银行结算账户存款等货币资金的合计数。本项目应根据"库存现金""银行存款"等科目的期末余额合计填列。

②"应收款项"项目　反映合作社应收而未收回及暂付的各种款项。本项目应根据"应收款"科目期末余额和"成员往来"各明细科目期末借方余额合计数合计填列。

③"存货"项目　反映合作社期末在库、在途和在加工中的各项存货的价值，包括材料、农产品、工业产成品、低值易耗品、包装物等产品物资，

6-1 合作社现有会计科目表

在产品、受托代销商品、受托代购商品、委托代销商品和委托加工物资等。本项目应根据"产品物资""委托加工物资""委托代销商品""受托代购商品""受托代销商品""生产成本"等科目的期末余额合计填列。

④"消耗性生物资产"项目　反映合作社各种消耗性生物资产的账面余额。本项目应根据"消耗性生物资产"科目的期末余额填列。

⑤"流动资产合计"项目　反映合作社期末流动资产的合计数。本项目应根据本表中"货币资金""应收款项""存货""消耗性生物资产"项目金额的合计数填列。

⑥"对外投资"项目　反映合作社各种对外投资的账面余额。本项目应根据"对外投资"科目的期末余额填列。

⑦"生产性生物资产原值"项目、"生产性生物资产累计折旧"项目和"生产性生物资产净值"项目，反映合作社各种生产性生物资产的原价(成本)、累计折旧及账面价值。这3个项目应根据"生产性生物资产"科目和"生产性生物资产累计折旧"科目的期末余额分析填列。

⑧"固定资产原值"项目、"累计折旧"项目和"固定资产净值"项目，反映合作社各种固定资产的原价(成本)、累计折旧及账面价值。这3个项目应根据"固定资产"科目和"累计折旧"科目的期末余额分析填列。

⑨"在建工程"项目　反映合作社各项尚未完工的工程项目实际成本。本项目应根据"在建工程"科目的期末余额填列。

⑩"固定资产清理"项目　反映合作社因出售、报废、毁损等原因转入清理但尚未清理完毕的固定资产的账面价值，以及固定资产清理过程中所发生的费用等。本项目应根据"固定资产清理"科目的期末借方余额填列；如为贷方余额，本项目数字以"-"号填列。

⑪"固定资产小计"项目　反映合作社期末固定资产、在建工程、转入清理但尚未清理完毕的固定资产的小计数。本项目应根据本表中"固定资产净值""在建工程""固定资产清理"项目金额的合计数填列。

⑫"无形资产原值"项目　"累计摊销"项目和"无形资产净值"项目，反映合作社各种无形资产的成本、累计摊销及账面价值。这3个项目应根据"无形资产"科目和"累计摊销"科目的期末余额分析填列。

⑬"公益性生物资产"项目　反映合作社各种公益性生物资产的账面余额。本项目应根据"公益性生物资产"科目的期末余额填列。

⑭"长期待摊费用"项目　反映合作社尚未摊销完毕的长期待摊费用。本项目应根据"长期待摊费用"科目的期末余额填列。

⑮"非流动资产合计"项目　反映合作社期末非流动资产的合计数。本项目应根据本表中"对外投资""生产性生物资产净值""固定资产小计""无形资产净值""公益性生物资产""长期待摊费用"项目金额的合计数填列。

⑯"资产总计"项目　反映合作社期末资产的合计数。本项目应根据本表中"流动资产合计"和"非流动资产合计"项目金额的合计数填列。

⑰"短期借款"项目　反映合作社借入的期限在1年以下(含1年)、尚未偿还的借款。

本项目应根据"短期借款"科目的期末余额填列。

⑱"应付款项"项目　反映合作社应付而未付及暂收的各种款项。本项目应根据"应付款"科目期末余额和"成员往来"各明细科目期末贷方余额合计数合计填列。

⑲"应付工资"项目　反映合作社已提取但尚未支付的管理人员、固定员工等职工的工资。本项目应根据"应付工资"科目的期末余额填列。

⑳"应付劳务费"项目　反映合作社已提取但尚未支付的季节性用工等临时性工作人员的劳务费。本项目应根据"应付劳务费"科目的期末余额填列。

㉑"应交税费"项目　反映合作社期末未缴纳、多缴纳或未抵扣的各种税费。本项目应根据"应交税费"科目的期末贷方余额填列；如为借方余额，本项目数字以"－"号填列。

㉒"应付利息"项目　反映合作社已提取但尚未支付的利息费用。本项目应根据"应付利息"科目的期末余额填列。

㉓"应付盈余返还"项目　反映合作社应支付但尚未支付给成员的盈余返还。本项目应根据"应付盈余返还"科目的期末余额填列。

㉔"应付剩余盈余"项目　反映合作社应支付但尚未支付给成员的剩余盈余。本项目应根据"应付剩余盈余"科目的期末余额填列。

㉕"流动负债合计"项目　反映合作社期末流动负债的合计数。本项目应根据本表中"短期借款""应付款项""应付工资""应付劳务费""应交税费""应付利息""应付盈余返还""应付剩余盈余"项目金额的合计数填列。

㉖"长期借款"项目　反映合作社借入的期限在1年以上、尚未偿还的借款。本项目应根据"长期借款"科目的期末余额填列。

㉗"专项应付款"项目　反映合作社实际收到国家财政直接补助资金而尚未使用和结转的资金数额。本项目应根据"专项应付款"科目的期末余额填列。

㉘"非流动负债合计"项目　反映合作社期末非流动负债的合计数。本项目应根据本表中"长期借款"和"专项应付款"项目金额的合计数填列。

㉙"负债合计"项目　反映合作社期末负债的合计数。本项目应根据本表中"流动负债合计"和"非流动负债合计"项目金额的合计数填列。

㉚"股金"项目　反映合作社实际收到成员投入的股金总额。本项目应根据"股金"科目的期末余额填列。

㉛"专项基金"项目　反映合作社接受国家财政直接补助转入和他人捐赠形成的专项基金总额。本项目应根据"专项基金"科目的期末余额填列。

㉜"资本公积"项目　反映合作社资本公积的账面余额。本项目应根据"资本公积"科目的期末余额填列。

㉝"盈余公积"项目　反映合作社盈余公积的账面余额。本项目应根据"盈余公积"科目的期末余额填列。

㉞"未分配盈余"项目　反映合作社尚未分配的历年累计盈余。本项目应根据"本年盈余"科目和"盈余分配"科目的期末余额计算填列；如为未弥补的亏损，本项目数字以"－"号填列。

㉟"所有者权益合计"项目　反映合作社期末所有者权益的合计数。本项目应根据本表中"股金""专项基金""资本公积""盈余公积""未分配盈余"项目金额的合计数填列。

㊱"负债和所有者权益总计"项目　反映合作社期末负债和所有者权益的合计数。本项目应根据本表中"负债合计"和"所有者权益合计"项目金额的合计数填列。

(二)盈余及盈余分配表的格式及编制方法

盈余及盈余分配表是反映合作社一定会计期间内盈余实现及其分配的实际情况的报表。合作社至少应编制年度盈余及盈余分配表。盈余及盈余分配表可以向报表使用者提供如下信息：一是合作社在一定时期内经营收益总体情况以及这些收入来源及构成情况；二是合作社在一定时期内费用、支出总体情况以及费用的构成情况；三是合作社一定时期内盈余总额减去所得税费用后的差额，即本年盈余情况；四是合作社本年盈余加上年初未分配盈余及其他转入，并提取盈余公积后形成的可分配盈余的情况；五是可分配盈余分配的实际情况以及年末未分配盈余的情况；六是通过对盈余及盈余分配表的分析，以及将前后期的盈余及盈余分配表进行对照分析，可以看出合作社盈余及盈余分配变化情况及发展趋势。

1. 盈余及盈余分配表格式

盈余及盈余分配表从格式上按照本年金额、上年金额分项列示，同时按照经营收入、经营收益、盈余总额、本年盈余、可分配盈余，年末未分配盈余等项目分层次排列。盈余及盈余分配表的格式见表 6-3 所列。

表 6-3　盈余及盈余分配表

_____年度

会农社 02 表

编制单位：　　　　　　　　　　　　　　　　　　　　　　　　　　单位：元

项　目	行次	本年金额	上年金额
一、经营收入	1		
加：投资收益	2		
减：经营支出	3		
税金及附加	4		
管理费用	5		
财务费用	6		
二、经营收益	7		
加：其他收入	8		
减：其他支出	9		
三、盈余总额	10		
减：所得税费用	11		
四、本年盈余	12		

(续)

项 目	行次	本年金额	上年金额
加：年初未分配盈余	13		
其他转入	14		
减：提取盈余公积	15		
五、可分配盈余	16		
减：盈余返还	17		
剩余盈余分配	18		
转为成员出资	19		
六、年末未分配盈余	20		

2. 盈余及盈余分配表编制方法

（1）本表反映合作社一定会计期间内盈余实现及其分配的实际情况。

（2）本表"上年金额"栏各项目数字，应根据上年度盈余及盈余分配表"本年金额"栏内各对应项目数字填列。

（3）本表"本年金额"栏各项目的内容及其填列方法

①"经营收入"项目　反映合作社进行生产、销售、服务等主要生产经营活动取得的收入总额。本项目应根据"经营收入"科目的发生额分析填列。

②"投资收益"项目　反映合作社以各种方式对外投资所取得的收益。本项目应根据"投资收益"科目的发生额分析填列。如为投资损失，本项目数字以"-"号填列。

③"经营支出"项目　反映合作社进行生产、销售、服务等主要生产经营活动发生的支出。本项目应根据"经营支出"科目的发生额分析填列。

④"税金及附加"项目　反映合作社从事生产经营活动按照税法的有关规定应负担的消费税、城市维护建设税、资源税、房产税、土地使用税、车船使用税、印花税、教育费附加及地方教育费附加等相关税费。本项目应根据"税金及附加"科目的发生额分析填列。

⑤"管理费用"项目　反映合作社为组织和管理生产经营活动而发生的费用。本项目应根据"管理费用"科目的发生额分析填列。

⑥"财务费用"项目　反映合作社为筹集生产经营所需资金发生的支出。本项目应根据"财务费用"科目的发生额分析填列。

⑦"经营收益"项目　反映合作社当期通过生产经营活动实现的收益。本项目应根据本表中"经营收入""投资收益"项目金额之和减去"经营支出""税金及附加""管理费用""财务费用"项目金额后的余额填列。如为经营亏损，本项目数字以"-"号填列。

⑧"其他收入"项目和"其他支出"项目　分别反映合作社除生产经营活动以外而取得的收入和发生的支出。这两个项目应分别根据"其他收入"科目和"其他支出"科目的发生额分析填列。

⑨"盈余总额"项目　反映合作社当期实现的盈余总额。本项目应根据本表中"经营收益""其他收入"项目金额之和减去"其他支出"项目金额后的余额填列。如为亏损总额，本项目数字以"-"号填列。

⑩"所得税费用"项目　反映合作社根据企业所得税法规定应从盈余总额中扣除的所得税费用。本项目应根据"所得税费用"科目的发生额分析填列。

⑪"本年盈余"项目　反映合作社本年实现的净盈余。本项目应根据本表中"盈余总额"项目金额减去"所得税费用"项目金额后的余额填列。如为净亏损，本项目数字以"-"号填列。

⑫"年初未分配盈余"项目　反映合作社上年末累计未分配的盈余。本项目应根据上年度盈余及盈余分配表中"年末未分配盈余"项目的金额填列。

⑬"其他转入"项目　反映合作社按规定用公积金弥补亏损等转入的数额。本项目应根据实际转入的公积金数额填列。

⑭"提取盈余公积"项目　反映合作社按规定提取的盈余公积数额。本项目应根据实际提取的盈余公积数额填列。

⑮"可分配盈余"项目　反映合作社年末可供成员分配的盈余。本项目应根据本表中"本年盈余""年初未分配盈余""其他转入"项目金额之和减去"提取盈余公积"项目金额后的余额填列。

⑯"盈余返还"项目　反映合作社按规定返还给成员的盈余。本项目应根据"盈余分配"科目和"应付盈余返还"科目的相关发生额分析填列。

⑰"剩余盈余分配"项目　反映合作社按规定分配给成员的剩余可分配盈余。本项目应根据"盈余分配"科目和"应付剩余盈余"科目的相关发生额分析填列。

⑱"转为成员出资"项目　反映经成员（代表）大会表决同意，转为成员出资的可分配盈余数额。本项目应根据实际转为成员出资的可分配盈余数额分析填列。

⑲"年末未分配盈余"项目　反映合作社本年末累计未分配的盈余。本项目应根据本表中"可分配盈余"项目金额减去"盈余返还""剩余盈余分配""转为成员出资"项目金额后的余额填列。如为未弥补的亏损，本项目数字以"-"号填列。

（三）成员权益变动表的格式及编制方法

成员权益变动表是指反映合作社成员权益增减变动和在某一特定日期权益情况的报表。合作社应当按年度编制成员权益变动表。成员权益变动表可以向报表使用者提供以下几个方面的信息：一方面，合作社一定时期内股金、专项基金、资本公积、盈余公积、未分配盈余的年初及年末余额变动情况及本期内上述各项权益增减变动信息等情况，便于报表使用者深入分析合作社成员权益的增减变化情况，并进而对合作社的资本保值增值情况作出正确判断，从而提供对决策有用的信息；另一方面，成员对合作社的出资额（包括来源于到户类扶贫项目资产的出资额、其他来源的出资额）、量化到该成员的公积金份额、接受国家财政直接补助形成的财产量化到该成员的份额、接受他人捐赠形成的财产量化到该成员的份额、该成员与本社的交易量（额）、本社对该成员的盈余返还和剩余盈余分配金额。

1. 成员权益变动表格式

成员权益变动表从格式上按照股金、专项基金、资本公积、盈余公积、未分配盈余等分项列示，同时按照年初余额、本年增加数、本年减少数、年末余额分层次排列。成员权益变动表的格式见表6-4所列：

表 6-4　成员权益变动表

_____年度

会农社03表

编制单位：　　　　　　　　　　　　　　　　　　　　　　　　　　　　　单位：元

项目	股金	专项基金	资本公积	盈余公积	未分配盈余	合计
年初余额						
本年增加数						
	其中：	其中：	其中：	其中：	其中：	
	资本公积转增	接受国家财政直接补助形成	股金溢价	从盈余中提取	本年盈余	
	盈余公积转增	接受他人捐赠形成	资产评估增值		其他转入	
	成员增加出资					
本年减少数						
	其中：	其中：	其中：		其中：	
	成员减少出资		转为成员出资	转为成员出资	提取盈余公积	
			弥补亏损		盈余返还	
					剩余盈余分配	
					转为成员出资	
年末余额						

2. 成员权益变动表的编制方法

（1）本表反映报告年度成员权益的增减变动和年末情况。

（2）本表"年初余额"栏各项目数字，应根据上年度成员权益变动表"年末余额"栏内各对应项目数字填列。

（3）本表"本年增加数""本年减少数"栏各项目应根据"股金""专项基金""资本公积""盈余公积""盈余分配"等科目的发生额分析填列。

（四）成员账户的格式及编制方法

合作社应当为每个成员设立成员账户。成员账户是全面反映合作社成员对合作社的出资额、量化到该成员的公积金份额、本社接受国家财政直接补助形成的财产量化到该成员的份额、本社接受他人捐赠形成的财产量化到该成员的份额、该成员与本社的交易量(额)以及本社对该成员的盈余返还和剩余盈余分配的账户。

1. 成员账户格式

成员账户从格式上按照日期、摘要、成员出资、公积金份额、接受国家财政直接补助形成财产量化份额、接受他人捐赠形成财产量化份额、交易量、交易额、盈余返还金额、剩余盈余分配金额等分项列示，同时按照年初余额、年末余额和总额分层次排列。成员账户的格式见表6-5所列：

表 6-5 成 员 账 户
_____年度

成员姓名(名称)：　　　　　联系地址：　　　　　　　　　　　　　第　页

编号	日期	摘要	成员出资		公积金份额	接受国家财政直接补助形成财产量化份额	接受他人捐赠形成财产量化份额	交易量		交易额		盈余返还金额	剩余盈余分配金额
			来源于到户类扶贫项目资产的出资额	其他来源的出资额				产品1	产品2	产品1	产品2		
年初余额													
1													
2													
3													
4													
5													
…													
年末余额/总额													

2. 成员账户编制方法

(1)本表反映成员对合作社的出资额(包括来源于到户类扶贫项目资产的出资额、其他来源的出资额)、量化到该成员的公积金份额、接受国家财政直接补助形成的财产量化到该成员的份额、接受他人捐赠形成的财产量化到该成员的份额、该成员与本社的交易量(额)、本社对该成员的盈余返还和剩余盈余分配金额。

(2)本表"年初金额"栏各项目数字，应根据上年度成员账户"年末余额/总额"栏内所列数字填列。

(3)本年发生变化时，按本表中各项目的实际发生变化数填列调整。"接受国家财政直接补助形成财产量化份额""接受他人捐赠形成财产量化份额"在年度终了，或合作社进行剩余盈余分配时，根据实际发生情况或变化情况计算填列调整。

(4)成员与合作社发生经济业务往来时，"交易量(额)"按实际发生数填列。

五、合作社财务报表的附注及编制说明

1. 附注的含义

附注是指对在资产负债表、盈余及盈余分配表、成员权益变动表等会计报表中列示项目的文字描述或明细资料,以及对未能在这些会计报表中列示项目的说明等。

2. 附注的主要内容

附注是财务报表的重要组成部分。合作社应当在附注中按照下列顺序至少披露以下内容:

(1)遵循制度的声明

合作社应当声明编制的报表符合《农民专业合作社会计制度》的要求,真实、完整地反映了合作社的财务状况、经营成果等有关信息。

(2)合作社的基本情况

例如,合作社的股金总额、成员总数、农民成员数及所占的比例、主要服务对象、主要经营项目等情况。

(3)成员权益结构

例如,理事长、理事、执行监事、监事会名单及变动情况;各成员的出资额,量化到各成员的公积金份额,以及成员入社和退社情况;企业、事业单位或者社会组织成员个数及所占的比例;成员权益变动情况。

(4)会计报表重要项目的进一步说明

例如,会计报表主要构成、增减变动情况等。

(5)已发生损失但尚未批准核销的相关资产名称、金额等情况及说明

例如,确实无法收回的应收款项;无法收回的对外投资;毁损和报废的固定资产;毁损和报废的在建工程;注销和无效的无形资产;已发生损失但尚未批准核销的其他资产。

(6)以名义金额计量的资产名称、数量等情况,以及以名义金额计量理由的说明。

(7)其他重要事项

例如,变更主要生产经营项目;从事的进出口贸易;重大财产处理、大额举债、对外投资和担保;接受捐赠;国家财政支持和税收优惠;与成员的交易量(额)和与利用其提供的服务的非成员的交易量(额);提取盈余公积的比例;盈余分配方案、亏损处理方案;未决诉讼、仲裁等。

6-2 合作社盈余及盈余分配管理制度

(8)对已在资产负债表、盈余及盈余分配表中列示项目与企业所得税法规定存在差异的纳税调整过程。

(9)根据国家有关法律法规等规定,需要在附注中说明的其他事项。

第二节 农民专业合作社财务报表举例

假定玉丰合作社20×4年年底资料见表6-6所列(以下举例明细项目均省略)。

表6-6　资产负债表

20×4 年 12 月 31 日

编制单位：玉丰合作社

会农社 01 表　单位：元

资产	行次	期末余额	年初余额	负债及所有者权益	行次	期末余额	年初余额
流动资产：				流动负债：			
货币资金	1	133 000		短期借款	23	5 000	
应收款项	2	40 500		应付款项	24	4 000	
存货	3	109 000		应付工资	25	0	
消耗性生物资产	4	20 000		应交税费	27	0	
流动资产合计	5	302 500		应付盈余返还	29	0	
				应付剩余盈余	30	0	
				流动负债合计	31	9 000	
非流动资产：							
对外投资	6	40 000					
生产性生物资产原值	7	12 000					
减：生产性生物资产累计折旧	8			非流动负债：			
生产性生物资产净值	9	12 000		长期借款	32		
固定资产原值	10	200 000	略	专项应付款	33		略
减：累计折旧	11			非流动负债合计	34		
固定资产净值	12	200 000		负债合计	35	9 000	
在建工程	13	50 000					
固定资产清理	14						
固定资产小计	15	250 000		所有者权益：			
无形资产原值	16			股金	36	400 000	
减：累计摊销	17			专项基金	37	20 000	
无形资产净值	18			资本公积	38	15 000	
公益性生物资产	19	5 000		盈余公积	39	5 000	
长期待摊费用	20			未分配盈余	40	160 500	
非流动资产合计	21	307 000		所有者权益合计	41	600 500	
资产总计	22	609 500		负债和所有者权益总计	42	609 500	

20×4 年 1~12 月玉丰合作社发生下列经济业务：

【例 6-1】 玉丰合作社收到成员万小华投入现金股 10 000 元。

合作社收到现金股，其会计分录为：

借：银行存款　　　　　　　　　　　　　　　　　　　　10 000
　　贷：股金——万小华　　　　　　　　　　　　　　　　　　10 000

【例 6-2】 玉丰合作社以存款 5 000 元归还农业信用社短期借款。

合作社归还借款，其会计分录为：

借：短期借款　　　　　　　　　　　　　　　　　　　　5 000
　　贷：银行存款　　　　　　　　　　　　　　　　　　　　5 000

【例 6-3】 玉丰合作社有一笔应付款 1 000 元，6 年来因找不到该单位无法支付，经批准核销。

合作社核销应付款，其会计分录为：

借：应付款　　　　　　　　　　　　　　　　　　　　　1 000
　　贷：其他收入　　　　　　　　　　　　　　　　　　　　1 000

【例 6-4】 玉丰合作社从开户农村信用社提取现金 3 000 元备用。

合作社提取现金备用，其会计分录为：

借：库存现金　　　　　　　　　　　　　　　　　　　　3 000
　　贷：银行存款　　　　　　　　　　　　　　　　　　　　3 000

【例 6-5】 玉丰合作社收到当月店面租金 800 元。

合作社收到店面租金，其会计分录为：

借：库存现金　　　　　　　　　　　　　　　　　　　　　800
　　贷：其他收入　　　　　　　　　　　　　　　　　　　　　800

【例 6-6】 玉丰合作社用现金购买 100 元的办公用品。

合作社购买办公用品，其会计分录为：

借：管理费用　　　　　　　　　　　　　　　　　　　　　100
　　贷：库存现金　　　　　　　　　　　　　　　　　　　　　100

【例 6-7】 玉丰合作社向成员陈根生收购百合 5 000 千克，收购价每千克 2.4 元，物资已入库，以银行存款支付。

合作社以银行存款支付物资，其会计分录为：

借：产品物资——百合　　　　　　　　　　　　　　　　12 000
　　贷：银行存款　　　　　　　　　　　　　　　　　　　　12 000

【例 6-8】 玉丰合作社购买包装箱 2 000 只，单价 3 元，物资已验收入库，货款通过银行支付。

合作社以银行存款支付物资款，其会计分录为：

借：产品物资——包装物　　　　　　　　　　　　　　　　6 000
　　贷：银行存款　　　　　　　　　　　　　　　　　　　　6 000

【例 6-9】 玉丰合作社从成员张三家购入饲料 120 吨，成本 120 000 元，物资已验收入库，货款通过银行支付。

合作社以银行存款支付物资款，其会计分录为：

借：产品物资——饲料　　　　　　　　　　　　　　　120 000
　　贷：银行存款　　　　　　　　　　　　　　　　　　120 000

【例 6-10】玉丰合作社销售百合 5 000 千克，售价 3.2 元/千克，成本为 2.4 元/千克。货物已移交，货款已存入银行。

①合作社收到货款，其会计分录为：

借：银行存款　　　　　　　　　　　　　　　　　　　16 000
　　贷：经营收入——百合　　　　　　　　　　　　　　16 000

②合作社结转销货成本，其会计分录为：

借：经营支出　　　　　　　　　　　　　　　　　　　12 000
　　贷：产品物资——百合　　　　　　　　　　　　　　12 000

【例 6-11】玉丰合作社销售一批鸭蛋到超市，成本 20 000 元，售价 23 000 元，货款尚未支付。

①合作社发出货物，其会计分录为：

借：应收款——超市　　　　　　　　　　　　　　　　23 000
　　贷：经营收入　　　　　　　　　　　　　　　　　　23 000

②合作社结转销货成本，其会计分录为：

借：经营支出——鸭蛋　　　　　　　　　　　　　　　20 000
　　贷：产品物资——鸭蛋　　　　　　　　　　　　　　20 000

【例 6-12】玉丰合作社向成员陈小林兴办的林林生猪公司按协议提供饲料 100 吨，成本 100 000 元，售价 145 000 元，价款暂未收到。

①合作社销售饲料，其会计分录为：

借：成员往来——林林公司　　　　　　　　　　　　　145 000
　　贷：经营收入　　　　　　　　　　　　　　　　　　145 000

②合作社结转销货成本，其会计分录为：

借：经营支出　　　　　　　　　　　　　　　　　　　10 000
　　贷：产品物资　　　　　　　　　　　　　　　　　　10 000

【例 6-13】成员陈小林生猪公司向玉丰合作社借款 20 000 元，用于周转，合作社从银行转账支付。

合作社以银行存款借款给成员，其会计分录为：

借：成员往来——林林公司　　　　　　　　　　　　　20 000
　　贷：银行存款　　　　　　　　　　　　　　　　　　20 000

【例 6-14】林林生猪公司未按玉丰合作社规定统一销售生猪，按成员会决议，罚款 5 000 元，林林公司同意接受罚款，暂未收到。

合作社罚款林林公司，按决议，一方面收入增加，另一方面应收华丰公司款增加，其会计分录为：

借：成员往来——林林公司 5 000
　　贷：其他收入 5 000

【例6-15】玉丰合作社接受林林公司委托，受托代销生猪一批，总价140 000元，价款先付林林公司50%，余款在年底统一结清。

合作社代销生猪，其会计分录为：

借：受托代销商品——林林生猪公司(生猪) 140 000
　　贷：银行存款 70 000
　　　　成员往来——林林公司 70 000

【例6-16】玉丰合作社为加工蜂蜜，购进辅助材料一批，发票注明价款5 000元，货款已用银行存款支付。

合作社以银行存款购进辅料，其会计分录为：

借：产品物资——材料 5 000
　　贷：银行存款 5 000

【例6-17】玉丰合作社收到委托新农公司加工的材料，并验收入库，实际成本9 000元。

合作社收到加工材料，其会计分录为：

借：产品物资——材料 9 000
　　贷：委托加工物资 9 000

【例6-18】玉丰合作社接受成员以稻谷作为入社投资双方协议作价5 000元。

合作社接受成员以稻谷入社，其会计分录为：

借：产品物资——材料 5 000
　　贷：股金 5 000

【例6-19】玉丰合作社加工蜂蜜饮料，领用蜂蜜100千克，单价15元。下午以现金支付加工费100元。

合作社加工蜂蜜，其会计分录为：

借：生产成本——材料(蜂蜜) 1 500
　　生产成本——人工费 100
　　贷：产品物资——材料(蜂蜜) 1 500
　　　　库存现金 100

【例6-20】上述蜂蜜饮料已加工成完工产品，结转其生产成本，另外加工费100元。

合作社结转完工产品，其会计分录为：

借：产品物资——蜂蜜饮料 1 600
　　贷：生产成本——材料(蜂蜜) 1 500
　　　　生产成本——人工费 100

【例6-21】玉丰合作社到成员肖华山家收购山鸡一批，价格2 000元，价款尚未支付。

①合作社收购代销商品，其会计分录为：

借：受托代销商品——山鸡 2 000
　　贷：成员往来——肖华山 2 000

②同月，这批山鸡实现对外销售，价款2 200元，已收银行，合作社山鸡对外销售，其会计分录为：

借：银行存款　　　　　　　　　　　　　　　　　　　　　　2 200
　　贷：经营收入　　　　　　　　　　　　　　　　　　　　　　　200
　　　　受托代销商品——山鸡　　　　　　　　　　　　　　　2 000

③合作社支付成员价款，其会计分录为：

借：成员往来　　　　　　　　　　　　　　　　　　　　　　2 000
　　贷：银行存款　　　　　　　　　　　　　　　　　　　　　2 000

【例6-22】玉丰合作社从蓝天养殖场赊购幼牛100头，育肥仔猪50头，总价值70 000元。其中，每头幼牛600元，每头育肥仔猪200元。

合作社进行赊购，其会计分录为：

借：消耗性生物资产——幼牛　　　　　　　　　　　　　　60 000
　　　　　　　　　　——幼猪　　　　　　　　　　　　　　10 000
　　贷：应付款——蓝天养殖厂　　　　　　　　　　　　　　70 000

【例6-23】接例[6-22]当年发生饲养费如下：人工工资25 000元，饲料30 000元，现付其他费用5 000元。

合作社发生饲养费，其会计分录为：

借：消耗性生物资产——幼牛　　　　　　　　　　　　　　60 000
　　贷：应付工资　　　　　　　　　　　　　　　　　　　　25 000
　　　　产品物资——饲料　　　　　　　　　　　　　　　　30 000
　　　　银行存款　　　　　　　　　　　　　　　　　　　　 5 000

【例6-24】接[例6-23]以银行存款支付奶牛饲养员人工工资25 000元。

合作社支付人工工资，其会计分录为：

借：应付工资　　　　　　　　　　　　　　　　　　　　　25 000
　　贷：银行存款　　　　　　　　　　　　　　　　　　　　25 000

【例6-25】玉丰合作社接受红孩乳业集团公司投资投入的奶牛30头，双方协议确定，每头牛定价为4 000元，预计仍可产奶8年。

合作社接受投资投入，其会计分录为：

借：生产性生物资产——产畜(奶牛)　　　　　　　　　　120 000
　　贷：股金——红孩乳业集团公司　　　　　　　　　　　120 000

【例6-26】玉丰合作社收到德意牧场捐赠已经产奶的奶牛10头，所附发票列明价格为50 000元，预计仍可产奶5年。

合作社收到捐赠，其会计分录为：

借：生产性生物资产——产畜(羊)　　　　　　　　　　　50 000
　　贷：专项基金　　　　　　　　　　　　　　　　　　　50 000

【例6-27】玉丰合作社当年购入的100头幼牛已成龄，转为役畜，假定共发生饲养费用60 000元，预计可使用10年。

合作社成龄的幼牛转为役畜，其会计分录为：

幼牛的成本 = 60 000(买价) + 60 000(饲养费用) = 120 000(元)

借：生产性生物资产——役畜(牛)   120 000
    贷：消耗性生物资产——幼牛   120 000

【例6-28】玉丰合作社从茅山林场购入柑橘树苗500棵植入果园，价款10 000元；购入杨树苗200棵种植于公路两侧，价款5 000元。以上树苗款全部用银行存款支付。

合作社以银行存款支付树苗款，其会计分录为：

借：生产性生物资产——果用林(柑橘树)   10 000
    公益性生物资产——绿化苗木(杨树)   5 000
    贷：银行存款   15 000

【例6-29】玉丰合作社收到茂盛园林公司捐赠100盆花卉，用于绿化，所附发票价格2 500元，已由公园方面负责运送到位。

合作社收到捐赠花卉及其发票，其会计分录为：

借：消耗性生物资产——非经济林木(花卉)   2 500
    贷：专项基金   2 500

【例6-30】玉丰合作社以银行存款20 000元对村办某制药公司进行投资，期限8个月。

合作社用银行存款进行投资，其会计分录为：

借：对外投资——某制药公司   20 000
    贷：银行存款   20 000

【例6-31】玉丰合作社赊购非成员农户赵某猕猴桃2 000千克，价款为2 000元。

合作社赊购猕猴桃，其会计分录为：

借：产品物资——猕猴桃   2 000
    贷：应付款——赵某   2 000

【例6-32】接[例6-31]合作社统一包装出售猕猴桃后，以现金支付拖欠赵某的2 000元。合作社支付拖欠款，其会计分录为：

借：应付款——赵某   2 000
    贷：银行存款   2 000

【例6-33】玉丰合作社收到国家财政直接补助资金150 000元。

合作社收到财政补助，其会计分录为：

借：银行存款   150 000
    贷：专项应付款   150 000

【例6-34】玉丰合作社用财政补助资金支付成员考察学习费用25 000元。

合作社使用财政补助资金，其会计分录为：

借：专项应付款   25 000
    贷：银行存款   25 000

【例6-35】玉丰合作社用财政补助资金支付购买专用设备款50 000元。

①合作社支付设备款，固定资产验收入库后，其会计分录为：

借：固定资产　　　　　　　　　　　　　　　　　　　　　　50 000
　　　　贷：银行存款　　　　　　　　　　　　　　　　　　　　　50 000
　②同时，玉丰合作社将国家财政直接补助资金用于购买固定资产的部分，转入专项基金，其会计分录为：
　　借：专项应付款　　　　　　　　　　　　　　　　　　　　　50 000
　　　　贷：专项基金　　　　　　　　　　　　　　　　　　　　　50 000

【例6-36】玉丰合作社吸收外商合作社成员投入港币420 000元，投资合同约定的汇价为1.05，收款当日的市场汇价为1.1。

按当日市场汇价，合作社当收到420 000×1.1=462 000元，而按合同只能有420 000×1.05=441 000元作为股金入账，其余21 000元，作为股金溢价，记入"资本公积"账户，其会计分录为：

　　借：银行存款　　　　　　　　　　　　　　　　　　　　　462 000
　　　　贷：股金——投资股额　　　　　　　　　　　　　　　　441 000
　　　　　　资本公积　　　　　　　　　　　　　　　　　　　　21 000

【例6-37】玉丰合作社付给某农户退股5 000元，其中：现金支付1 000元、从开户行存款支付4 000元。

合作社支付农户退股款，其会计分录为：

　　借：股金——个人股金　　　　　　　　　　　　　　　　　　5 000
　　　　贷：库存现金　　　　　　　　　　　　　　　　　　　　1 000
　　　　　　银行存款　　　　　　　　　　　　　　　　　　　　4 000

【例6-38】玉丰合作社使用国家财政专项补助50 000元修建成水果保鲜库房一间。
　①合作社完成工程验收后，其会计分录为：
　　借：固定资产　　　　　　　　　　　　　　　　　　　　　50 000
　　　　贷：在建工程——水果保鲜库　　　　　　　　　　　　　50 000
　②同时，冲减国家财政补助资金，其会计分录为：
　　借：专项应付款——财政专项补助　　　　　　　　　　　　　50 000
　　　　贷：专项基金　　　　　　　　　　　　　　　　　　　　50 000

【例6-39】玉丰合作社收到银行存款利息收入3 500元，款存银行。
合作社收到存款利息，其会计分录为：
　　借：银行存款　　　　　　　　　　　　　　　　　　　　　3 500
　　　　贷：其他收入——利息收入　　　　　　　　　　　　　　3 500

【例6-40】玉丰合作社以库存现金500元支付兔毛收购人员劳务费。
合作社支付兔毛收购人员劳务费，其会计分录为：
　　借：经营支出——兔毛收购人员劳务费　　　　　　　　　　　500
　　　　贷：库存现金　　　　　　　　　　　　　　　　　　　　500

【例6-41】玉丰合作社提取并支付本月管理人员工资5 000元。
　①合作社提取工资，其会计分录为：

借：管理费用——干部报酬 5 000
    贷：应付工资 5 000
②合作社支付工资，其会计分录为：
借：应付工资 5 000
    贷：银行存款 5 000

【例6-42】原业务关系债务人朱敏因车祸死亡，所欠玉丰合作社的1 000元债务无法追回，经批准核销。

合作社核销无法追回的债务，其会计分录为：
借：其他支出——坏账损失 1 000
    贷：应收款——朱敏 1 000

【例6-43】玉丰合作社在组织抗洪救灾过程中，共发生支出1 500元，其中耗费草席1 000元，库存现金支出500元。

合作社发生防汛抢险支出，其会计分录为：
借：其他支出——防汛抢险支出 1 500
    贷：产品物资——草席 1 000
        库存现金 500

【例6-44】12月末结转各损益类账户余额如下：
①合作社结转各项收入，其会计分录为：
借：经营收入 184 200
    其他收入 10 300
    贷：本年盈余 194 500
②合作社结转各项支出，其会计分录为：
借：本年盈余 140 100
    贷：经营支出 132 500
        管理费用 5 100
        其他支出 2 500
③合作社结转本年盈余，其会计分录为：
借：本年盈余 54 400
    贷：盈余分配——未分配盈余 54 400

【例6-45】年终，经成员大会决定玉丰合作社从当年盈余中提取盈余公积15 000元。

合作社年终提取盈余公积，其会计分录为：
借：盈余分配——各项分配 15 000
    贷：盈余公积 15 000

【例6-46】经成员大会决定玉丰合作社将盈余公积20 000元转增股金。

合作社将盈余公积转增股金，其会计分录为：
借：盈余公积 20 000
    贷：股金 20 000

【例 6-47】 经成员大会决定,玉丰合作社将弥补亏损、提取公积金后的当年可分配盈余 100 000 元按规定进行分配。合作社章程规定,每个会计年度内实现的可分配盈余的 80%返还给成员;返还时,以每个成员与本社的交易额占全部成员与本社交易总额的比重为依据。根据成员账户记载,当年成员与本社的交易总额为 500 000 元,其中,甲、乙、丙、丁 4 个成员与本社的交易额分别为 20 000 元、30 000 元、50 000 元、60 000 元。

①合作社按规定返还盈余,其会计分录为:

第一步,计算出当年可分配盈余中应返还给与本社有交易的成员的金额

100 000×80% = 80 000(元)

第二步,计算出每个成员与本社的交易额占全部成员与本社交易额的比重

甲:20 000÷500 000×100% = 4%

乙:30 000÷500 000×100% = 6%

丙:50 000÷500 000×100% = 10%

丁:60 000÷500 000×100% = 12%

……

第三步,计算出应返还给与本社有交易的成员的可分配盈余金额

甲:80 000×4% = 3 200(元)

乙:80 000×6% = 4 800(元)

丙:80 000×10% = 8 000(元)

丁:80 000×12% = 9 600(元)

……

第四步,做出盈余返还的会计分录

借:盈余分配——各项分配　　　　　　　　　　　　　　　80 000

　　贷:应付盈余返还——甲　　　　　　　　　　　　　　　3 200

　　　　　　　　　　——乙　　　　　　　　　　　　　　　4 800

　　　　　　　　　　——丙　　　　　　　　　　　　　　　8 000

　　　　　　　　　　——丁　　　　　　　　　　　　　　　9 600

……

②合作社兑现返还的盈余,其会计分录为:

借:应付盈余返还——甲　　　　　　　　　　　　　　　　3 200

　　　　　　　——乙　　　　　　　　　　　　　　　　4 800

　　　　　　　——丙　　　　　　　　　　　　　　　　8 000

　　　　　　　——丁　　　　　　　　　　　　　　　　9 600

……

　　贷:银行存款　　　　　　　　　　　　　　　　　　　80 000

【例 6-48】 接【例 6-47】经成员大会决定玉丰合作社将当年可分配盈余 100 000 元的 80%,按成员与本社的交易额返还给成员,剩余的 20%按章程规定,全部对成员进行分配。当年末,合作社股本 500 000 元,专项基金 50 000 元,公积金 50 000 元(包括资本公

积和盈余公积）。成员甲个人账户记载的出资额为 10 000 元、专项基金 5 000 元、公积金 3 000元……；与合作社没有交易的成员戊个人账户记载的出资额为 10 000 元、专项基金 1 000元、公积金 1 000 元。

①合作社分配剩余盈余，其会计分录为：

第一步，计算出成员个人账户记载的出资额、专项基金、公积金占这 3 项总额的份额

甲：（10 000+5 000+3 000）÷（500 000+50 000+50 000）×100% = 3%

……

戊：（10 000+1 000+1 000）÷（500 000+50 000+50 000）×100% = 2%

第二步，计算出每个成员应分配的剩余盈余金额

甲：100 000×20%×3% = 600（元）

……

戊：100 000×20%×2% = 400（元）

第三步，做出分配剩余盈余的会计分录

借：盈余分配——各项分配　　　　　　　　　　　　　20 000

　　贷：应付剩余盈余——甲　　　　　　　　　　　　　　　600

　　　　……

　　　　　　　　　　——戊　　　　　　　　　　　　　　　400

②合作社兑现应付剩余盈余，其会计分录为：

借：应付剩余盈余——甲　　　　　　　　　　　　　600

　　……

　　　　　　　　——戊　　　　　　　　　　　　　400

　　贷：银行存款　　　　　　　　　　　　　　　　　　20 000

年度终了编制资产负债表（表 6-7）、盈余及盈余分配表（表 6-8）和成员权益变动表（表 6-9）。

6-3 合作社未来适用法的适用范围

表 6-7　资产负债表

20×4 年 12 月 31 日

会农社 01 表

编制单位：玉丰合作社　　　　　　　　　　　　　　　　　　　　　　　　　　　　单位：元

资产	行次	期末余额	年初余额	负债及所有者权益	行次	期末余额	年初余额
流动资产：				流动负债：			
货币资金	1	284 300	133 000	短期借款	23		5 000
应收款项	2	162 500	40 500	应付款项	24	73 000	4 000
存货	3	236 100	109 000	应付工资	25		
消耗性生物资产	4	32 500	20 000	应付盈余返还	29		
流动资产合计	5	715 400	302 500	应付剩余盈余	30		
				流动负债合计	31	73 000	9 000

(续)

资产	行次	期末余额	年初余额	负债及所有者权益	行次	期末余额	年初余额
非流动资产：							
对外投资	6	60 000	40 000				
生产性生物资产原值	7	312 000	12 000	非流动负债：			
减：生产性生物资产累计折旧	8			长期借款	32		
生产性生物资产净值	9	312 000	12 000	专项应付款	33	25 000	
固定资产原值	10	300 000	200 000	非流动负债合计	34	25 000	
减：累计折旧	11			负债合计	35	98 000	9 000
固定资产净值	12	300 000	200 000				
在建工程	13		50 000	所有者权益：			
固定资产清理	14			股金	36	991 000	400 000
固定资产小计	15	300 000	250 000	专项基金	37	172 500	20 000
无形资产原值	16			资本公积	38	36 000	15 000
公益性生物资产	19	10 000	5 000	盈余公积	39	0	5 000
长期待摊费用	20			未分配盈余	40	99 900	160 500
非流动资产合计	21	682 000	307 000	所有者权益合计	41	1 299 400	600 500
资产总计	22	1 397 400	609 500	负债和所有者权益总计	42	1 397 400	609 500

补充资料：

项目	金额
无法收回、尚未批准核销的应收款项	
盘亏、毁损和报废、尚未批准核销的存货	
无法收回、尚未批准核销的对外投资	
死亡毁损、尚未批准核销的农业资产	
盘亏、毁损和报废、尚未批准核销的固定资产	
毁损和报废、尚未批准核销的在建工程	
注销和无效、尚未批准核销的无形资产	

表 6-8　盈余及盈余分配表

20×4 年度

会农社 02 表

编制单位：玉丰合作社　　　　　　　　　　　　　　　　　　　　　　　　单位：元

项目	行次	本年金额	上年金额
一、经营收入	1	184 200	
加：投资收益	2		
减：经营支出	3	132 500	

(续)

项目	行次	本年金额	上年金额
税金及附加	4		
管理费用	5	5 100	
财务费用	6		
二、经营收益	7	46 600	
加：其他收入	8	10 300	
减：其他支出	9	2 500	
三、盈余总额	10	54 400	
减：所得税费用	11	13 600	
四、本年盈余	12	40 800	
加：年初未分配盈余	13	160 500	
其他转入	14		
减：提取盈余公积	15	15 000	
五、可分配盈余	16	186 300	
减：盈余返还	17	80 000	
剩余盈余分配	18	20 000	
转为成员出资	19		
六、年末未分配盈余	20	86 300	

表6-9 成员权益变动表

20×4年

会农社03表

编制单位：玉丰合作社　　　　　　　　　　　　　　　　　　　　　　　　　　　　单位：元

项目	股金		专项基金		资本公积		盈余公积		未分配盈余		合计
年初余额	400 000		20 000		15 000		5 000		160 500		600 500
本年增加数	596 000		152 500		21 000		15 000		54 400		838 900
	其中：		其中：		其中：		其中：		其中：		
	资本公积转增		接受国家财政直接补助形成	100 000	股金溢价	21 000	从盈余中提取	15 000	本年盈余	40 800	
	盈余公积转增	20 000	接受他人捐赠形成	52 500	资产评估增值				其他转入	10 300	
	成员增加出资	576 000									
本年减少数	5 000		0		0		20 000		0		25 000

(续)

项目	股金	专项基金	资本公积	盈余公积	未分配盈余	合计
	其中：		其中：	其中：	其中：	
	成员减少出资		转为成员出资	转为成员出资	提取盈余公积 15 000	
			弥补亏损		盈余还返 80 000	
					剩余盈余分配 20 000	
					转为成员出资	
年末余额	991 000	172 500	36 000	0	214 900	1 414 400

第三节　农民专业合作社财务报表分析

一、合作社财务报表分析的意义

财务报表分析是根据财务报表提供的资料，结合合作社的发展计划、财务预算及其他资料，通过对比、解剖等方法，对合作社的财务管理和经营管理情况进行全面的分析和评价，以便肯定成绩，找出差距，总结经验，汲取教训，分析原因，提出改进意见和建议。

二、合作社财务报表分析的方法

对合作社财务报表进行分析的方法很多，常用的方法有比较分析法、因素分析法、结构分析法、比率分析法等几种。我们主要介绍比较分析法、因素分析法、比率分析法3种。

（一）比较分析法

比较分析法是将两个或两个以上相关指标（可比指标）进行对比，计算出相互间的差异，从中进行分析、比较，找出产生差异主要原因的一种分析方法。

比较分析法主要是从以下方面对合作社每年度的经营收支和年度收益情况进行分析：

(1)本期实际执行与本期计划、预算进行对比

通过对比，找出差距，发现问题。

①实际与计划增减数额＝本期实际完成数－本期预算（计划）数

②预算（计划）完成的百分比＝本期实际完成数/本期的预算（计划）数×100%

(2)本期实际与历史同期进行比较

通过比较可以了解本期与过去同时期的增减变化情况，研究同比条件下的发展趋势，分析原因，找出改进工作的方向。

(3)本期实际与同类合作社先进水平进行比较

通过比较，发现差距，取长补短，挖掘潜力，搞好本合作社经济组织的经营管理工作。

上述几种对比方式，可以单独使用也可结合使用，但运用对比法时一定要注意指标的可比性。

(二)因素分析法

因素分析法又称连环替代法，它是在几个相互联系的因素中，以数值来测定各个因素的变动对总差异影响程度的一种方法。它是比较法的发展和变化。

假如玉丰合作社管理人员及管理费用见表6-10所列：

表6-10 玉丰合作社管理人员及费用

项目	2023年实际数(元)	2024年实际数(元)	增减(元)
管理费用总额	30 000	24 000	-6 000
管理人员人数	6	4	-2
人均管理费	5 000	6 000	1 000

运用因素分析法如下：

①由于管理人员减少，使管理费用减少额为：(4-6)×5 000=-10 000(元)

②由于人均管理费用提高，使管理费用增加额为：(6 000-5 000)×4=4 000(元)

从上述分析可以看出，该合作社管理费用2024年支出比2023年减少6 000元，是由于管理人员减少引起管理费用减少10 000元，人均管理费用提高引起管理费用增加4 000元，这两个因素共同作用的结果。

运用因素分析法测定各因素对总变动的影响程度时，需要注意：

①在进行因素分析法之前，应按照各个因素的相互依存关系来确定替代顺序。

②在分析不同时期或不同单位的同一指标时，应采取相同的因素替代顺序。

(三)比率分析法

比率分析法是指以同一期财务报表上若干重要项目的相关数据相互比较并求出比率，用以分析和评价公司的经营活动以及公司当前和历史状况的一种财务分析方法，也是财务分析最基本的工具。比率分析法主要包括对公司的获利能力比率、偿债能力比率、成长能力比率以及周转能力比率进行评价分析。

三、合作社财务报表分析的内容

财务报表分析是对财务报表所提供的信息资料，进行进一步加工、比较、评价，并对重大事项作出文字说明，以便从静态中探究动态规律，为决策者决策提供依据。其内容主要有以下几个方面：

(一)收入、支出情况的分析

对收入、支出情况的分析，主要是对各项收入、支出进行分析，收入是否完成了合作社的预算计划，再以合作社上年实际数、本年上期数进行比较，分析各项收入的增减变动情况及其变动的原因。分析支出是否按规定的用途和标准使用，分析增减变动的原因，进一步提高资金的使用效果。

(二)资产使用情况和财务状况的分析

对资产使用情况和财务状况的分析，主要是对固定资产的增加、减少和结存情况的分析，对资金流转情况的分析，对往来款项的余额分析，对银行存款、现金等情况的分析。

(三)财务管理情况的分析

通过上述分析，可以进一步发现合作社的各项财务制度是否健全，管理措施是否落实到位。同时，要找出存在的问题，不断健全和完善各项规章制度和管理措施，提高财务管理水平。

学习巩固

【思考题】

1. 简述合作社财务报表所能够提供的会计信息内容及这些信息对加强合作社管理的意义。
2. 简述合作社成员权益变动表具体包括的内容。
3. 简述合作社财务报表体系中能体现对农民利益保护的方面。

【技能题】

第六章答案

一、单选题

1. 合作社资产负债表是反映合作社在(　　)财务状况的报表。
   A. 一定时期　　　　　　　　B. 某一特定日期
   C. 某一特定时期　　　　　　D. 某一会计期间
2. 合作社财务报表应当根据登记完整、核对无误的(　　)编制。
   A. 账簿记录和其他有关资料　　B. 原始凭证和其他有关资料
   C. 记账凭证和其他有关资料　　D. 会计凭证和账簿记录
3. 合作社财务报表中属于静态报表的是(　　)。
   A. 资产负债表　　　　　　　B. 盈余及盈余分配表
   C. 成员账户　　　　　　　　D. 成员权益变动表
4. 合作社的下列哪项行为不会导致可分配盈余的减少(　　)。
   A. 按交易量盈余返还　　　　B. 提取盈余公积
   C. 剩余盈余分配　　　　　　D. 资本公积转增股金
5. 合作社编制资产负债表时，可根据总分类账户的期末余额直接填列(　　)。
   A. 短期借款　　　　　　　　B. 存货
   C. 应收款项　　　　　　　　D. 固定资产

二、多选题

1. 在下列各项中，属于合作社资产负债表作用的是(　　)。
   A. 提供合作社某一特定日期的资产总额及其结构信息
   B. 提供合作社某一特定日期的所有者权益总额及其结构信息
   C. 提供合作社某一特定日期的负债总额及其结构信息

D. 提供进行经营成果分析的有关数据资料
2. 在下列财务报表中,反映合作社一定会计期间成果的财务报表是(　　)。
   A. 资产负债表　　　　　　　　　　B. 成员权益变动表
   C. 盈余及盈余分配表　　　　　　　D. 成员账户
3. 下列各项中,属于盈余及盈余分配表项目的有(　　)。
   A. 经营支出　　　　　　　　　　　B. 转为成员出资
   C. 可分配盈余　　　　　　　　　　D. 所得税费用
4. 成员账户表反映内容包括(　　)。
   A. 成员对合作社的出资额　　　　　B. 量化到该成员的公积金份额
   C. 该成员与本社的交易量　　　　　D. 本社对该成员的盈余返还金额
5. 合作社的可分配盈余的用途包括(　　)。
   A. 按交易量盈余返还　　　　　　　B. 提取盈余公积
   C. 剩余盈余分配　　　　　　　　　D. 转为成员出资

三、判断题

1. 合作社资产负债表是依据"资产＝负债＋所有者权益"原理设计的。(　　)
2. 盈余及盈余分配表反映合作社一定会计期间的财务状况。(　　)
3. 合作社的所得税费用是以本年盈余为基础计算的。(　　)
4. 合作社盈余及盈余分配表中的"本年金额"应根据有关账户的发生额填列。(　　)
5. 成员权益变动表是反映报告年度成员权益的增减变化和年末情况。(　　)

四、实务题

1. 华征合作社20×2年6月底各账户期末余额见表6-11所列:

表6-11　华征合作社20×2年6月账户余额表

账户名称	借方余额(元)	账户名称	贷方余额(元)
库存现金	350	短期借款	41 000
银行存款	76 700	应付款	4 050
应收款	7 000	应付工资	8 700
成员往来	750	应付劳务费	7 000
原材料	349 800	应交税费	4 100
生产成本	36 000	专项应付款	39 670
产品物资	50 400	生产性生物资产折旧	2 000
消耗性生物资产	2 000	累计折旧	230 500
对外投资	7 500	本年盈余	158 765
生产性生物资产	20 000	股金	721 000
固定资产	628 500	盈余公积	58 000
盈余分配	95 785		
合计	1 274 785	合计	1 274 785

要求:根据合作社资料编制资产负债表。

2. 华征合作社20×4年6月，各损益账户累计余额如下："经营收入"1 144 900元，"经营支出"944 280元，"税金及附加"6 320元，"管理费用"14 600元，"其他收入"35 000元，"其他支出"35 000元，"投资收益"800元，"财务费用"6 200元。

要求：

（1）按本月盈余15%提取公积金，按本月可分配盈余70%进行盈余返还（按交易量），按本月可分配盈余20%进行剩余盈余分配（按股金）。

（2）根据资料编制盈余及盈余分配表。

[案例分析]

延伸产业链办公司，"艾草"成为致富"爱草"
——宜春市袁州区雪斌种养专业合作社

宜春市袁州区雪斌种养专业合作社由返乡退伍老兵李雪兵于2016年发起成立，于2020年正式登记注册，位于宜春市袁州区寨下镇，专业从事富硒艾草（中药材）种苗技术培育，并不断加强种植产业基地、中药材研学基地建设。合作社于2021年创办宜春市硒艾生物科技有限责任公司，目前已实现三产融合发展。合作社自主经营面积达500亩，全市合作种植面积超5 000亩，带动各地农户2 800多人，获得江西省创新创业大赛三等奖、宜春市富硒农业示范基地和宜春市农业产业化龙头企业等荣誉称号。

一、老兵回乡创业，探索合作社办公司

一是初心为农，返乡创业。宜春市袁州区雪斌种养专业合作社负责人李雪兵是一名退伍老兵，退役后先后辗转多个沿海城市，开过出租车、卖过电脑、跑过销售、做过高管，但他心中始终没有忘记家乡。2015年，在上海市浦东新区从事网络新媒体运营工作的李雪兵，通过一次偶然的机会接触到艾草养生产业，经多次考察和市场分析，决定返乡创业。2016年，他辞掉在上海的工作回到家乡，首次流转闲置土地100多亩开展艾草种植实验项目，其间多次前往艾草主产区河南南阳、湖北蕲春等地考察学习，并于2020年注册宜春市袁州区雪斌种养专业合作社。

二是建章立制，保障权益。合作社设立了成员大会、成员代表大会、理事会、监事会，坚持"三公到位""两权分离"，积极参与财务委托代理试点工作，委托专业的会计机构为合作社开展代理记账服务。为成员设立成员账户，做到"一人一个账户，一人一份资产，每年分摊到户，年年盈余返还"，每年可分配盈余中的20%作为公积金提取，按照成员出资份额平均量化后分别计入成员账户，65%按照成员交易量进行返还，15%按照成员出资额、公积金等占比进行分配，实现利益共享、风险共担。

三是创办公司，核算独立。在对合作社的资源禀赋、产业模式进行合理评估后，李雪兵打算对原有业务进行扩大化的市场化运作，经合作社成员大会讨论通过后，于2021年创办宜春市硒艾生物科技有限责任公司，注册资金280万元。合作社与所办公司财务独立核算，合作社作为公司最大股东，由合作社理事会代表全体成员参与公司决策。分工上，合作社主要负责种植生产，宜春市硒艾生物科技有限责任公司负责市场销售。在建立公司后，宜春市袁州区雪斌种养专业合作社与外部对接更加顺畅，在进行产品深加工、延长产业链、提升市场竞争力等方面均有所发展。

二、加强生产管理，建立标准种植体系

一是学习技术，建立操作标准。合作社成立之初，成员都按照传统的方式种植，艾草种植过程中的整地、定植、除草、采收多是人工为主，无统一的标准，艾草的施肥和农药多凭经验定量，随意性大。2018年，合作社带领技术专家挨家挨户地看现场，做沟通，给农户普及科学种植的重要性和技术要领，还组织部分年轻人赴河南南阳和湖北蕲春参观学习，并帮助成员筹资建设育苗大棚。

二是聘请专家，建立品种标准。宜春市艾草种植的品种多是从野生艾草中筛选适合食用的品种进行种植，无特定的专用型品种，经过多年种植后，品种退化严重，产品品质稳定性差。为有效提高艾草的产量和质量，合作社聘请了江西省农业科学院、宜春学院的专家教授组建顾问团队，筛选优化品种，并引导成员按照规范标准开展生产和管理。经过5年的学习和实践，社员完全掌握了艾草种植的全套技术和管理方法。

三是层级运营，建立管理标准。合作社采取层级管理模式，按照规模大小、路程远近等将基地分成5个片区（每个片区800~1000亩），由合作社理事或优秀的专业种植技术人员担任片长，具体负责该片区的综合管理和资源统筹工作。负责协调采收，并将收割艾草送到统一的收购点，再按照入库标准进行入库移交。

三、延伸产业链条，带动新增就业岗位

一是聚焦全产业链，增加种植规模。宜春市袁州区雪斌种养专业合作社持续增加艾草产品附加值，多元发展艾草产业，打造集产品研发、养生保健等为一体的艾草产业链，形成艾草种植基地以及产品加工、研发、技术培训和网络运营等业态，在全省范围内发展示范性艾草合作种植基地100多个，总面积已超过2万亩。

二是创造就业岗位，提高经营效益。合作社2021年注册了"福硒艾"商标，抓住艾草产业市场机遇，以新农业项目的发展思路，形成了"村委会+合作社+农户+工厂+自媒体网店"的全产业链发展模式。截至2023年6月，在当地开发闲置荒山荒地1万余亩，引领各地参与创业和就业人数达上千人，每年间接带动脱贫户、闲置劳动力等务工人员2000多人在家门口创业就业，为地方经济带去土地流转费用120多万元，农民务工工资300多万元，公司也成为全省乡村振兴龙头企业标杆。

四、对接外部资源，助力乡村产业振兴

一是丰富产品品类，扩大交易规模。合作社利用艾草生产的产品包含富硒艾草茶叶、富硒艾草精油、艾草养生枕头、热敏灸艾灸条以及富硒艾草足浴包等50多款，通过跨境电商平台远销世界各地，2022年工业产值已经突破3000多万元，为地方增加税收200多万元。相关艾草产品已得到国家检测标准认可，获得了具有地方特色的富硒艾草注册商标以及地方十佳产业称号。

二是谋求合作联合，提升质量销量。合作社先后与江西省中医药管理局、江西省热敏灸集团中药材科技公司、宜春市农业科学院、宜春学院农业研究院、万载县电子商务产业园、明月山风景管理区旅游集团、袁州区农业农村局中草药发展产业部、广州市博养堂集

团，宜春市人社局大健康技术培训学校以及省内外100多家健康养生馆建立合作，不断提高产品科技含量，并持续拓展销售版图。

三是反哺乡村发展，推动产业振兴。在追求事业成就的同时，李雪兵始终不忘带领村民共同致富的初心，并立志做一名有责任有担当有技术有素质的新农民。秉承以农村产业走向城市产品的路线，继续延伸新产品的开发和加工，将产业做大做强，引领更多的人参与创新创业，将江西艾草产品推向全世界。未来计划在全省范围内种植艾草10万亩，形成3~5个艾草种植主产区，将艾草产业发展成为江西的一张新名片，做一名合格的乡村振兴产业致富带头人，真正用小艾草撬起乡村产业振兴大发展。

案例思考

1. 根据上述材料，可否使用商业模式画布画出雪斌种养专业合作社的商业模式？
2. 从雪斌种养专业合作社的商业模式中，基于财务视角分析如何提高该合作社的盈利能力？
3. 结合材料分析雪斌种养专业合作社如何保证合作社成员利益？

第七章　农民专业合作社合并、分立、解散和清算专题

学习目标

知识目标	能力目标	价值目标
了解农民合作社合并、分立、解散和清算的含义及相关法规；熟悉合作社合并、分立、解散和清算的基本程序；掌握合作社合并、分立、解散和清算的账务处理	结合本章的重点知识与实务案例的学习，具备运用会计理论和方法对合作社合并、分立、解散和清算业务进行会计核算的能力	培养风险意识与合规意识。一方面提高站位，强化责任担当，切实履行风险管理责任；另一方面增强合规经营管理认识，优化风控管理体系建设，切实防范法律风险、合规风险

学习导入

2020—2024年中央一号文件中关于农民专业合作社的重要论述

农民专业合作社作为乡村振兴中不可或缺的重要组织形式，一直以来都受到国家的高度重视。历年中央一号文件对农民合作社都有重要论述。

2020年中央一号文件指出，要重点培育家庭农场、农民合作社等新型农业经营主体，培育农业产业化联合体，通过订单农业、入股分红、托管服务等方式，将小农户融入农业产业链。

2021年中央一号文件指出，要突出抓好家庭农场和农民合作社两类经营主体，鼓励发展多种形式适度规模经营。明确地方政府监管和风险处置责任，稳妥规范开展农民合作社内部信用合作试点。

2022年中央一号文件指出，要支持家庭农场、农民合作社、农业产业化龙头企业多种粮、种好粮。聚焦关键薄弱环节和小农户，加快发展农业社会化服务，支持农业服务公司、农民合作社、农村集体经济组织、基层供销合作社等各类主体大力发展单环节、多环节、全程生产托管服务，开展订单农业、加工物流、产品营销等，提高种粮综合效益。

2023年中央一号文件指出，要实施农产品加工业提升行动，支持家庭农场、农民合作社和中小微企业等发展农产品产地初加工，引导大型农业企业发展农产品精深加工。深入开展新型农业经营主体提升行动，支持家庭农场组建农民合作社、合作社根据发展需要办企业，带动小农户合作经营、共同增收。

2024年中央一号文件指出，要加快打造适应现代农业发展的高素质生产经营队伍。提升家庭农场和农民合作社生产经营水平，增强服务带动小农户能力。

第一节　农民专业合作社合并、分立、解散和清算概述

一、合作社合并的概述

合作社合并是指两个或两个以上的合作社不经过清算程序，只通过订立合并协议结合为一个合作社的行为。

合并形式：一是吸收合并，即一个合作社接纳其他合作社加入本合作社，合并方继续存在，被合并方解散。被合并方原持有的资产、负债，在合并后成为合并方的资产、负债；二是新设合并，即两个以上合作社合并设立一个新的合作社，参与合并的各方在合并后法人资格均被注销。按照协议，合作社作出合并决议后应依法通知债权人。合并各方的债权、债务应当由合并后存续或者新设的合作社承继。

合作社合并的程序一般有以下5个流程：

(1)依法签订合并协议

合并协议一般包括如下内容：①合并各方的名称、住所；②合并后存续合作社或新设合作社的名称、住所；③合并各方的债权债务处理办法；④合并各方的资产状况及其处理办法；⑤存续或新设合作社因合并而新增的股金总额；⑥合并各方认为需要载明的其他事项。

(2)成员大会作出决议

有意向合并的合作社，在签订合并协议后，成员大会应就是否合并、如何合并等事项作出决议。《农民专业合作社法》规定，成员大会作出修改章程或者合并、分立、解散的决议应当由本社成员表决权总数的2/3以上通过。章程对表决权数有较高规定的，从其规定。

(3)清理合作社的财产，编制资产负债表及财产清单。

(4)通知债权人

《农民专业合作社法》规定，合作社合并，应当自合并决议作出之日起10日内通知债权人。

(5)依法进行变更或设立登记

合作社合并后，应当及时到工商行政管理部门办理有关法人登记手续。吸收合并后存续的合作社，其登记事项发生变化的，应当依法办理合作社变更登记；因合并而新设立的合作社，应当依法办理设立登记；合并后解散的合作社，应当依法办理注销登记。

二、合作社分立的概述

合作社分立是指一个合作社根据成员大会决议，依法分成两个或者两个以上的合作社。合作社分立的形式有两种：存续分立是指一个合作社分离成两个以上合作社，本合作社继续存在并设立一个以上新的合作社；解散分立是指一个合作社分解为两个以上合作社，本合作社解散并设立两个以上新的合作社。

合作社分立，其财产作相应的分割，并应当自分立决议作出之日起10日内通知债权人。分立前的债务由分立后的组织承担连带责任。但是，在分立前与债权人就债务清偿达成的书面协议另有约定的除外。合作社的分立程序与合并的程序基本一样，基本程序是：

签订分立协议→成员大会作出分立决议→清理财产,编制资产负债表和财产清单→通知债权人→办理分立工商登记等。

三、合作社解散与清算的概述

(一)合作社解散

合作社解散是指因法律规定的事由而终止合作社法人资格的程序。根据《农民专业合作社法》的规定,合作社解散的原因有4种情形:章程规定的解散事由出现;成员大会决议解散;因合并或者分立需要解散;依法被吊销营业执照或者被撤销。

【例7-1】玉丰合作社因××事宜,导致合作社生产、经营产生了困难。20×4年3月21日,合作社在小璜镇深圳村村部召开临时成员大会,通过全体成员讨论,决议解散。会议由理事长朱梦主持,会议决定由李禾根担任解散清算组组长,理事王火金担任副组长,负责合作社解散清算事宜。会后将决议向全体成员公告。内容如下:

玉丰合作社成员大会决议

会议时间:20×4年3月21日
会议地点:东乡县小璜镇深圳村村部
参加会议人员:成员朱梦、李禾根、王火金,全体成员均已到会。
会议议题:协商表决本社解散事宜。
根据《中华人民共和国农民专业合作社法》及本社章程的有关规定,本次成员会议由理事会召集,理事长朱梦主持,一致通过并决议如下:
①本社因××事宜,导致本社生产、经营出现困难,成员大会同意本社解散,决定本社停止生产、经营活动,进行清算。
②本社成立清算组,清算组由全体理事会、监事会成员组成,其中由李禾根担任组长、由王火金担任副组长。
③清算组在清算期间依照《中华人民共和国农民专业合作社法》规定行使职权,开展工作。
④本社自作出解散决定之日起停止生产、经营活动。

全体成员签字、盖章:
(自然人成员签字,非自然人成员盖章)

玉丰合作社
20×4年3月21日

注意事项:
①合作社不设理事会的,成员会会议由理事长召集和主持。
②会议通知情况及到会成员情况可在"参加会议人员"中予以说明,即说明:会议通知时间、方式;到会成员情况,成员弃权情况。也可同时注明,召开会议前依法通知了全体成员,会议通知的时间及方式符合合作社章程的规定。
③成员大会决议中也可体现具体的表决结果,如持赞同意见的成员数及比例,持反对或弃权意见的成员情况。

④成员大会决议应当书写或者打印，决议内容多于一页的应当在每页加盖骑缝章；内容涂改无效，复印件无效。

（二）合作社清算

合作社清算是指合作社解散或被宣告破产后，依照一定程序结束合作社事务，收回债权、清偿债务并分配剩余财产的清理结算程序。清算的形式：①清算按是否自愿分为普通清算和特别清算；②按照合作社终止后的目的和状况分为合并清算、解散清算和破产清算。清算程序：①成立清算机构，制定清算方案；②编制清算开始前的会计报表；③进行财产清查，编制清查后的资产负债表和财产清单；④向成员大会提交清查财务报告进行表决；⑤依据成员大会决议开展回收债权、清偿债务工作；⑥分配剩余财产或分割债务；⑦清算结束，注销登记。

1. 解散清算法律规定

因合作社章程规定的解散事由出现，成员大会决议解散，依法被吊销营业执照或者被撤销等原因解散的，合作社应当在解散之日起 15 日内由成员大会推举成员组成清算小组（除因合并或者分立需要解散外）。

（1）清算组的职责和工作程序

清算小组在清算期间，理事会、理事、经理即应停止执行职务，由清算组行使管理合作社业务和财产的职权，清算组对内执行清算业务，对外代表合作社，负责处理与清理未了业务，清理财产和债权、债务，分配清算债务后的剩余财产，代表合作社参与诉讼、仲裁或者其他法律程序，并在清算结束时办理注销登记。清算组成员应当忠于职守，依法履行清算义务，因故意或者重大过失给合作社成员及债权人造成损失的，应当承担赔偿责任。清算组应当自成立之日起 10 日内通知合作社成员和债权人，并于 60 日内在报纸上公告。债权人应当自接到通知之日起 30 日内，未接到通知的自公告之日起 45 日内，向清算组申报债权。如果在规定期间内全部成员、债权人均已收到通知，免除清算组的公告义务。债权人申报债权，应当说明债权的有关事项，并提供证明材料。清算组应当对债权进行审查、登记。在申报债权期间，清算组不得对债权人进行清偿。

（2）制订清算方案

清算组在清理合作社财产、编制资产负债表和财产清单后，要制订清偿合作社员工的工资及社会保险费用，清偿所欠税款和其他各项债务，编制分配剩余财产方案。清算方案应报成员大会表决通过或者人民法院确认。如发现财产不足以清偿债务，清算组应停止清算工作，依法申请破产。合作社破产适用企业破产法的有关规定。

7-1《中华人民共和国企业破产法》目录

（3）实施清算方案

清算方案的实施程序：支付清算费用；清偿员工工资及社会保险费用；清偿所欠税款和其他债务；按财产分配的规定向成员分配剩余财产。

（4）清算结束工作

清算结束后清算组应当提出清算报告并编制清算期内收支报表，报送农业行政主管部门；到相关部门办理注销登记。

2. 清算财产处置原则

清算财产包括宣布清算时合作社的全部财产以及清算期间取得的资产。已经依法作为担保物的财产相当于担保债务的部分，不属于清算财产；担保物的价款超过所担保的债务数额的部分，属于清算财产。清算期间，未经清算小组同意，不得处置合作社财产。

合作社清算中发生的财产盘盈或者盘亏，财产变价净收入，因债权人原因确实无法归还的债务，确实无法收回的债权，以及清算期间的经营收益或损失等，计入清算收益或者清算损失。清算财产的作价一般以账面净值为依据，也可以重估价值或者变现收入等为依据。

合作社在宣布解散、破产前6个月至解散、破产之日的期间内，下列行为无效，清算小组有权追回其财产，作为清算财产入账：

（1）无偿转让财产；
（2）非正常压价处理财产；
（3）对原来没有财产担保的债务提供财产担保；
（4）对未到期的债务提前清偿；
（5）放弃应属于合作社的债权。

债权人申报债权，应明确提出债权内容、数额、时间、地点、有无担保等事项及相关证明材料。在债权人申报期内，清算组不能对债权人进行清偿。

7-2 合作社财务清算

合作社因章程规定的解散事由出现的原因解散，或者人民法院受理破产申请时，不能办理成员退社手续。

合作社接受国家财政直接补助形成的财产，在解散、破产清算时，不得作为可分配剩余资产分配给成员，具体按照国务院财政部门有关规定执行。

3. 合作社解散和清算的特点

基于合作社的特殊性及其在我国的发展实践，《农民专业合作社法》对合作社解散和清算作出了与其他法律不同的规定。主要表现在：第一，在清算时，如果清算组已经就清算事项通知其所有成员和债权人的，则免除其公告义务。第二，接受国家财政直接补助形成的财产在解散破产清算时，不得作为可分配剩余财产分配给成员，而应当按照国务院规定的办法处置。第三，合作社破产时，其破产财产在清偿破产费用和共益债务后，应当优先清偿破产前与农民成员已发生交易但尚未结清的款项，该规定说明农民成员与本组织交易而形成的债权不同于一般债权，而具有优先受偿的性质。

由于合作社合并、分立、解散和清算过程将会对原来遵循的会计核算前提、会计原则发生改变，需要对合作社的财产进行重新估价、对旧账进行调整、甚至撤销形成新的会计分录、会计账簿、会计报表。为保障合作社成员的合法权利，对这些新形成的会计资料应经过合作社的成员大会讨论、表决后做出合并日的会计分录、会计账簿、会计报表，再交成员大会讨论通过完成整个过程，才能对外公布或向农业有关部门报送。合作社任何成员都有对合作社合并、分立、解散和清算的过程、资产的作价、会计资料的真实性等方面提出自己看法的权利，甚至提出否定意见。任何单位或个人都不得无视、压制和打击。最后，由成员大会作出修改决议，并由本社成员表决权总数的2/3以上的成员通过。章程对表决权数有较高规定的，从其规定。

7-3 合作社合并、分立、解散与清算的相关法律规定

第二节　农民专业合作社合并、分立、解散和清算核算

一、合作社合并的核算

(一)被合并方合作社的核算

根据合作社现阶段的经营规模、水平和运行特点,合作社合并会计处理方法宜采用权益结合法(也称为权益集合法、权益合并法)。权益结合法是指将规模大小相当的经济组织资产、负债和股东权益联合起来组成一个单一的、更大的经济组织,把经济组织合并当作各个合并方经济资源以及相关风险和收益的联合,不要求对被购买方的资产进行重新估价,留存收益也同样予以合并。因此,在计量基础的选择上,以原账面价值入账,不确认商誉。

(1)吸收合并形式中被合并的合作社,应对流动资产、固定资产、无形资产、对外投资、生物资产以及其他资产等账户进行一次账面核对,在确认正确无误的基础上,编制账面财产清册。之后,再对各项资产损失以及债权债务进行盘点和函证查实。主要内容是:

①库存现金的清查　在当事人在场的情况下,对库存现金进行全面清点,按面值和数量进行记录并计算出总金额,认真填制现金清点表并与现金日记账核对。

②银行存款和其他货币资金的清查　清查应根据银行的对账单与合作社的银行存款日记账和其他货币资金账户进行核对。

③应收款项的清查　包括应收款、成员往来等的全面清查和核对。

④存货的清查　应与日常清查一样,而且需更加认真仔细,做到不重不漏。清查时应有存货保管及相关人员参加,注意存货的完整性、完好性和实际新旧程度。

⑤对外投资的清查　主要是核对账证,必要时也应对被投资单位进行查核。

⑥生物资产的清查　包括消耗性生物资产、生产性生物资产和公益性生物资产,在实地清查时面积较大的林木资产及难以逐一清点的牲畜禽渔资产可以采取技术推算法。

⑦固定资产的清查　包括房屋、建筑物、机器设备、运输设备、工具器具等,由清查人员和资产管理人员一起实地清查,确认与资产台账、资产明细账记录相一致。

⑧无形资产的清查　主要核实无形资产的入账依据(购买合同、评估报告、注册登记资料等)、金额,核实是否按照规定摊销,是否已经超过法律保护期限,是否丧失使用价值和转让价值,与总账中无形资产账户、无形资产明细账记录是否一致等。

⑨负债的清查　向债权人发函核对,以确认债务的真实有效。

合作社资产、负债全部清点核查完毕后,应当编制财产清单、债权清单和债务清单。如果清点中出现资产盘盈、盘亏、损毁和无法收回的债权、无法偿付的债务,均应作出账务处理。财产的盘盈、盘亏、损毁除能确定直接责任者外,可以直接记入营业外收支;对确实无法收回的损失记入营业外损失;无法归还的债务,则增加营业外收入。对财产清查过程中发现的资产盘盈、盘亏、损毁、报废等,应按会计制度的规定计入当期损益,同时转销相关资产的账面价值。

(2)新设合并形式的合作社以及吸收合并形式中接纳方合作社,也应对资产债务进行全面彻底的清理,进行账务处理,做好合并前资产的记载,登记备查。

(3)丧失法人资格的合作社要结束旧账,借记负债和所有者权益科目的余额,贷记所有资产科目的余额。

(二)合并方合作社的核算

(1)合并方在合作社合并中取得的资产和负债,应当按照合并日在被合并方的账面价值计量。合并方取得的净资产账面价值与支付的合并对价账面价值的差额,应当调整资本公积。

【例7-2】华征合作社准备并入玉丰合作社,华征合作社有应收款 2 000 元,固定资产 5 000 元,应付款 3 000 元。华征合作社合并时出资 5 000 元。

合作社合并后,其会计分录为:

借:应收款 2 000
　　固定资产 5 000
　　资本公积 1 000
　贷:应付款 3 000
　　　银行存款 5 000

(2)合并方为进行合作社合并发生的各项直接相关费用,包括为进行合作社合并而支付的审计费用、法律服务费用等,应当于发生时计入当期损益。

(3)新设合并的合作社,需要重新建立新账,根据协议及有关规定,新合作社要按照《农民专业合作社会计制度》的规定,设置会计科目,编制对接表,进行完整的会计核算。

(4)应当设立备查簿,记录合并中取得的各项可辨认资产、负债。

(三)合并报表及档案管理

合并方合作社吸收被合并方合作社,在被合并方合作社丧失法人资格的情况下,应按会计制度编制合并成交日的资产负债表,报送主管部门。

【例7-3】20×4年12月,A合作社与B合作社决定合并,合并之后成立C合作社。A合作社资产负债情况见表7-1所列,B合作社资产负债情况见表7-2所列,按照权益集合法处理账务,合并之后的资产负债情况见表7-3所列。

表7-1 A合作社20×4年12月资产负债表(简易)

20×4年12月31日

会农社01表

编制单位:A合作社　　　　　　　　　　　　　　　　　　　　　　　　　　　单位:元

资产	年初数	负债及所有者权益	年末数
流动资产:		流动负债:	
货币资金	20 000	短期借款	10 000
应收款项	140 000	应付款项	10 000
存货	120 000	应付工资	6 500
流动资产合计	280 000	应付盈余返还	20 000
		应付剩余盈余	10 000
		流动负债合计	56 500

(续)

资产	年初数	负债及所有者权益	年末数
非流动资产：			
对外投资	100 000	非流动负债：	
生产性生物资产原值	25 000	长期借款	20 000
减：生产性生物资产累计折旧	5 000	专项应付款	30 000
生产性生物资产净值	20 000	非流动负债合计	50 000
固定资产原值	167 000	负债合计	106 500
减：累计折旧	17 000		
固定资产净值	150 000		
在建工程	10 000	所有者权益：	
固定资产清理			
固定资产小计	160 000	股金	400 000
无形资产原值	20 000	专项基金	20 000
减：累计摊销	0	资本公积	15 000
无形资产净值	20 000	盈余公积	5 000
非流动资产合计	300 000	未分配盈余	33 500
资产总计	580 000	所有者权益合计	473 500
		负债和所有者权益总计	580 000

表 7-2　B 合作社 20×4 年 12 月资产负债表（简易）

20×4 年 12 月 31 日

会农社 01 表

编制单位：B 合作社　　　　　　　　　　　　　　　　　　　　　　　　　　　单位：元

资产	年末数	负债及所有者权益	年末数
流动资产：		流动负债：	
货币资金	77 900	短期借款	18 000
应收款项	104 000	应付款项	34 200
存货	124 000	应付工资	8 400
流动资产合计	305 900	应付盈余返还	26 000
		应付剩余盈余	8 000
		流动负债合计	94 600
非流动资产：			
对外投资	65 000	非流动负债：	
生产性生物资产原值	88 000	长期借款	62 000
减：生产性生物资产累计折旧	10 000	专项应付款	30 000
生产性生物资产净值	78 000	非流动负债合计	92 000
固定资产原值	138 000	负债合计	186 600
减：累计折旧	20 000		
固定资产净值	118 000		
在建工程	30 000	所有者权益：	
固定资产清理		股金	303 000
固定资产小计	148 000	专项基金	18 000
无形资产原值	15 000	资本公积	15 000
减：累计摊销	0	盈余公积	5 000
无形资产净值	15 000	未分配盈余	69 300
非流动资产合计	291 000	所有者权益合计	410 300
资产总计	596 900	负债和所有者权益总计	596 900

表 7-3　C 合作社 20×4 年 12 月资产负债表（简易）

20×4 年 12 月 31 日

会农社 01 表

编制单位：C 合作社　　　　　　　　　　　　　　　　　　　　　　　　　　　单位：元

资产	年末数	负债及所有者权益	年末数
流动资产：		流动负债：	
货币资金	97 900	短期借款	28 000
应收款项	244 000	应付款项	44 200
存货	244 000	应付工资	14 900
流动资产合计	585 900	应付盈余返还	46 000
		应付剩余盈余	18 000
		流动负债合计	151 100
非流动资产：			
对外投资	165 000	非流动负债：	
生产性生物资产原值	105 000	长期借款	82 000
减：生产性生物资产累计折旧	7 000	专项应付款	60 000
生产性生物资产净值	98 000	非流动负债合计	142 000
固定资产原值	305 000	负债合计	293 100
减：累计折旧	37 000		
固定资产净值	268 000		
在建工程	40 000	所有者权益：	
固定资产清理		股金	703 000
固定资产小计	308 000	专项基金	38 000
无形资产原值	20 000	资本公积	30 000
减：累计摊销	0	盈余公积	10 000
无形资产净值	20 000	未分配盈余	102 800
非流动资产合计	591 000	所有者权益合计	883 800
资产总计	1 176 900	负债和所有者权益总计	1 176 900

注意事项：

①若 A 合作社和 B 合作社原来有业务往来，则合并时应作冲抵处理。例如，本例中 B 合作社应付款全部是欠 A 合作社款项，则在表 7-3 中，应收款为 209 800 元，应付款为 10 000元。

若合并方相关资产和负债所采用的会计政策和被合并方不同，简单合并明显有失公允的，应当对取得的资产和负债进行调整，按调整后的账面价值进行确认。

②合作社办理产权转让手续后，丧失法人资格的被合并方合作社应办理会计档案移交，由合并方合作社保管。或经双方协商，也可由被合并方合作社主管部门指定的单位保管。会计档案保管要求和保管期限应当符合《会计档案管理办法》的规定。

③因增减资而使股份发生变动的情况，要在有关明细账及备查簿中做详细记录。

二、合作社分立的核算

合作社分立前,要对流动资产、固定资产、无形资产、对外投资、生物资产以及其他资产进行全面清查,同时对各项资产损失以及债权债务进行全面核对查实。对财产清查过程中发现的资产盘盈、盘亏、毁损、报废等,应按会计制度的规定计入当期损益,同时转销相关资产的账面价值。解散分立的,对尚未处理的潜亏、产成品清查损失和亏损挂账,经审批后,冲减盈余公积和资本公积,不足部分冲销股金,借记"盈余公积""资本公积""股金"科目,贷记"产品物资""盈余分配——未分配盈余"等相关科目。

(1)一般情况下,不管何种方式分立,分立合作社和被分立合作社对分立资产、负债及所有者权益均以账面价值入账。分立合作社均按账面价值将注册登记的股本贷记"股金"。

【例7-4】玉丰合作社经股东大会研究决定,将原合作社分为甲和乙两个独立的合作社,入股成员相应也分开。甲合作社分得固定资产20 000元,应收款10 000元,应付款20 000元,产品物资10 000元,股金20 000元;乙合作社分得固定资产30 000元,应收款40 000元,应付款10 000元,产品物资10 000元,股金70 000元。甲、乙两个新立的合作社分别单独建立账簿。

分立甲合作社时,其会计分录为:

借:固定资产 20 000
　　应收款 10 000
　　产品物资 10 000
　贷:股金 20 000
　　　应付款 20 000

分立乙合作社时,其会计分录为:

借:固定资产 30 000
　　应收款 40 000
　　产品物资 10 000
　贷:股金 70 000
　　　应付款 10 000

(2)特殊需要或经成员大会决定,以评估价值确认分立资产、负债及所有者权益,以评估价入账,评估确认的价值高于、低于其账面价值的部分贷记或借记"资本公积"。但存续分立的,分立出去的合作社以评估价值确认分立资产、负债及所有者权益,以评估价入账,存续仍以账面价值调整处理账簿。

【例7-5】玉丰合作社经成员大会决定,将原合作社分出另一独立的华征合作社,入股成员相应也分开,原合作社继续经营。经评估,华征合作社分得固定资产账面价值30 000元(评估价35 000元),应收款账面价值40 000元(评估价38 000元),应付款账面价值20 000元,产品物资账面价值20 000元(评估价12 000元),股金40 000元。华征合作社单独建立账簿,账务处理如下:

分立华征合作社时，其会计分录为：

借：固定资产	35 000
应收款	38 000
产品物资	12 000
贷：股金	40 000
应付款	20 000
资本公积	25 000

玉丰合作社将部分资产、负债及所有者权益分给华征合作社时，其会计分录为：

借：股金	40 000
应付款	20 000
资本公积	30 000
贷：应收款	40 000
产品物资	20 000
固定资产	30 000

三、合作社解散清算的核算

合作社在解散清算与破产清算情况下，一般应设置"清算费用"和"清算损益"两个科目用以专门反映和监督清算中的特定事项。

"清算费用"科目是用来专门核算合作社清算期间的各项费用支出。包括法定清算小组成员的工资、差旅费、办公费、公告费、诉讼费及清算过程中所必需的其他支出。清算费用从现有财产中优先支付。该账户的借方登记清算期间的各项清算费用，在清算结束时，将清算费用的全部发生额从该科目的贷方转入"清算损益"科目的借方，"清算费用"科目无余额。

"清算损益"科目专用于核算合作社清算期间所发生的各项收益和损失。清算收益包括清算中发生的财产盘盈、财产重估收益、财产变现收益和无法归还的债务等。清算损失包括清算中发生的财产盘亏、财产重估损失、财产变现损失和无法收回的债权等。清算收益登记该科目的贷方，清算损失登记该科目的借方，最后将清算费用全部转入该科目的借方。期末，科目借方余额表示清算净损失，贷方余额表示清算净收益。

清算财产的作价方法主要有：账面净值法，根据合作社当期的会计资料，主要是终止日编制的资产负债表上所列示的资产净值减去清算费用后的净额进行清算；重新估价法，在合作社终止时，由清算组组织合格的资产评估机构、会计师事务所等，对合作社现存的财产物资、债权债务进行重新估价，以便妥善进行清算。

解散清算账务处理的具体步骤如下：编制解散日资产负债表；核算清算费；核算变卖财产物资的损益；核算收回债权、清偿债务及损益；核算弥补以前年度亏损；核算剩余财产及其分配；编制清算损益表、清算结束日资产负债表。

【例7-6】假定20×4年5月10日玉丰合作社因连续两年未从事经营活动依法被吊销营业执照而宣告解散，清算小组接管并进行了清算。该合作社有股金5 000元，资本公积

500 元，未分配盈余 300 元。其余事项包括：收回应收款 1 000 元，确认无法回收损失 80 元；变卖产品物资收入 500 元，损失 50 元；变卖固定资产收入 2 000 元，损失 200 元；偿还债务 500 元；清算小组发生差旅费 40 元，工资 300 元，办公费 100 元；将剩余财产分配给股东。

①收回应收款时，其会计分录为：

借：银行存款　　　　　　　　　　　　　　　　1 000
　　清算损益　　　　　　　　　　　　　　　　　　80
　　贷：应收款　　　　　　　　　　　　　　　　　　1 080

②收到变卖产品款时，其会计分录为：

借：银行存款　　　　　　　　　　　　　　　　　500
　　清算损益　　　　　　　　　　　　　　　　　　50
　　贷：产品物资　　　　　　　　　　　　　　　　　550

③收到变卖固定资产款时，其会计分录为：

借：银行存款　　　　　　　　　　　　　　　　2 000
　　清算损益　　　　　　　　　　　　　　　　　200
　　贷：固定资产　　　　　　　　　　　　　　　　2 200

④支付还债款时，其会计分录为：

借：应付款　　　　　　　　　　　　　　　　　　500
　　贷：银行存款　　　　　　　　　　　　　　　　　500

⑤支付清算费用时，其会计分录为：

借：清算费用　　　　　　　　　　　　　　　　　440
　　贷：银行存款　　　　　　　　　　　　　　　　　440

将清算费用结转至清算损益，其会计分录为：

借：清算损益　　　　　　　　　　　　　　　　　440
　　贷：清算费用　　　　　　　　　　　　　　　　　440

将结转清算损益及未分配盈余，其会计分录为：

借：未分配盈余　　　　　　　　　　　　　　　　770
　　贷：清算损益　　　　　　　　　　　　　　　　　770
借：股金　　　　　　　　　　　　　　　　　　　470
　　贷：未分配盈余　　　　　　　　　　　　　　　　470

将资本公积转入股金，其会计分录为：

借：资本公积　　　　　　　　　　　　　　　　　500
　　贷：股金　　　　　　　　　　　　　　　　　　　500

⑥分配剩余财产时，其会计分录为：

借：股金　　　　　　　　　　　　　　　　　　5 030
　　贷：银行存款　　　　　　　　　　　　　　　　5 030

根据以上资料编制清算损益表见 7-4 所列：

表7-4　玉丰合作社20×4年5月清算损益表

编制单位：玉丰合作社　　20×4年5月10日（清算结束日）

项目	金额（元）
一、清算收益	0
二、清算损失	330
三、清算费用	440
1. 办公费	100
2. 差旅费	40
3. 人员工资	300
四、清算净收益	770

根据以上资料编制资产负债表见表7-5所列：

表7-5　玉丰合作社20×4年5月资产负债表（简易）

20×4年5月10日

会农社01表

编制单位：玉丰合作社　　　　　　　　　　　　　　　　　　　　单位：元

资产	期末数	负债及所有者权益	期末数
流动资产：		流动负债：	
货币资金	5 030	流动负债合计	…
流动资产合计	5 030		
非流动资产：		非流动负债：	
非流动资产合计	…	非流动负债合计	…
		负债合计	…
…	…	所有者权益：	
		股金	5 030
		所有者权益合计	5 030
资产总计	5 030	负债和所有者权益总计	5 030

学习巩固

【思考题】

1. 简述农民合作社合并的程序一般包括几步。
2. 简述合作社解散的原因。
3. 简述合作社清算损益表包含的内容。

【技能题】

一、单选题

1. 合作社成员大会作出修改章程或者合并、分立、解散的决议应当由

第七章答案

本社成员表决权总数的( )通过。
　　A. 1/2 以上　　B. 2/3 以上　　C. 3/5 以上　　D. 4/5 以上
2. 合作社合并，应当自合并决议作出之日起( )内通知债权人。
　　A. 3 日　　B. 7 日　　C. 10 日　　D. 15 日
3. 合作社章程规定的解散事由出现，合作社应当在解散事由出现之日起( )内由成员大会推举成员组成清算小组(除因合并或者分立需要解散外)。
　　A. 7 日　　B. 10 日　　C. 15 日　　D. 30 日
4. 合作社清算方案的实施的程序中，最先支付的费用是( )。
　　A. 所欠税款和其他债务　　B. 员工工资及社会保险费用
　　C. 分配剩余财产　　D. 清算费用
5. 一般情况下，不管何种方式分立，分立合作社和被分立合作社对分立资产、负债及所有者权益均以( )入账。
　　A. 账面余额　　B. 账面净值　　C. 账面价值　　D. 核定价值

二、多选题

1. 合作社合并的主要形式有( )。
　　A. 吸收合并　　B. 新设合并　　C. 控制合并　　D. 协议合并
2. 合作社资产、负债全部清点核查完毕后，应当编制( )。
　　A. 权益清单　　B. 财产清单　　C. 债权清单　　D. 债务清单
3. 合作社在解散清算与破产清算情况下，用以专门反映和监督清算中的特定事项的基本账户，一般应设置( )两个科目。
　　A. 清算费用　　B. 清算收入　　C. 清算损益　　D. 银行存款
4. 清算财产的作价方法主要有( )。
　　A. 账面余额法　　B. 账面净值法　　C. 核定价值法　　D. 重新估价法
5. 合作社因( )原因解散的，应当由成员大会推举或人民法院指定成员组成清算组进行清算。
　　A. 章程规定的解散事由出现　　B. 成员大会决议解散
　　C. 因合并或者分立需要解散　　D. 依法被吊销营业执照或者被撤销

三、判断题

1. 在合作社合并过程中，合并方为进行合作社合并发生的各项直接相关费用，应当于发生时计入当期损益。( )
2. 合作社丧失法人资格要结束旧账，借记负债和所有者权益科目的余额，贷记所有资产科目的余额。( )
3. 合作社接受国家财政直接补助形成的财产，在解散、破产清算时，可以作为可分配剩余资产分配给成员。( )
4. 合作社在清算期间，理事会、理事、经理等人员应当继续履行职务。( )
5. 合作社清算结束后，清算组应当提出清算报告并编制清算期内收支报表，报送农业行政主管部门，并到相关部门办理注销登记。( )

四、实务题

1. 文文合作社将与好好合作社进行合并为文好合作社。合并前，文文合作社有货币资金10 000元，产品物资30 000元，短期借款25 000元；好好合作社有固定资产20 000元，应付款20 000元。文好合作社在合并时如何进行会计处理？

2. 丰和生态合作社是一家从事生态经济动植物养殖的农民合作社，经股东大会研究决定，将其分立为丰北养殖合作社和丰南种植合作社，入股成员相应也分开。丰北养殖合作社分得固定资产30 000元，应收款50 000元，产品物资10 000元，应付款25 000元，股金30 000元；丰南种植合作社分得货币资金5 000元，固定资产10 000元，应收款20 000元，产品物资5 000元，股金10 000元。分立后的两家合作社该如何进行会计处理？

3. 华征合作社预宣告解散，清算小组接管并进行了清算。目前华征合作社有股金29 000元，在清算过程中，发生清算人员工资5 000元，公告费2 000元；出售资产获得收入20 000元，损失1 000元；销售剩余产品物资获得收入15 000元，偿还应付款6 000元。在清算结束后，剩余财产将分配给股东。华征合作社清算业务该如何进行会计处理？

案例分析

创新谋发展，合作求共赢
——贵溪市金土地蔬菜种植专业合作社

贵溪市金土地蔬菜种植专业合作社，成立于2008年7月，注册资金230万元，位于雷溪国家现代农业示范园区内，现有社员127人，80%的社员是职业农民，已建成高标准温室大棚10余座，单棚80余个，种植面积1 580亩，可年产优质蔬菜2 000万千克，产值5 100万元，配套农产品分拣仓库、农残检测中心、冷链库、物流配送车辆40多辆及农民培训大厅、办公大楼等，是农业部认定的"绿色农产品生产基地"，获"赣鄱正品"荣誉称号，是国家农业产业化重点龙头企业。

一、经营主体异质化，破解"规范难"

一是理事长重规范，完善章程制度。合作社理事长是政协委员，高度重视规范化。合作社制订了符合自身特点的章程。从最初的制订章程到后期的定制章程，均需要在成员（代表）大会通过后就严格执行加强档案管理。在辅导员指导下合作社依法设立档案管理制度，依照制度管理本社档案，明确档案管理部门或人员，增强职工档案管理意识，确保档案完整准确和安全。同时，还建立符合自身产业特点、行业要求的基础台账，包括成立登记、年度计划、规章制度、会议记录（纪要）等文书档案，会计凭证、账簿、成员盈余分配等会计档案及其他档案。真正做到了档案管理，使其成为合作社更好发展的基石。

二是合作社强规范，健全组织机构。合作社设有成员大会、理事会、监事会。在内部组织运营管理上设置了合作社经营领导小组，由理事长任领导小组组长，经营领导小组负责制订合作社生产种植计划、经营管理目标和考核机制的建立协调。合作社的发展战略规划、重大项目支出、成员分红等事项，都须经过成员大会和理事会表决通过后才能实施。

三是财务软件促规范，加强财务核算。合作社根据《农民专业合作社会计制度》及示范社评定标准要求，安排专职会计负责合作社财务核算，在市农粮局组织专家指导下，健全了财务基础工作和财务管理制度，规范了账户核算、盈余分配合规合法，公积金按份额量化、可分配盈余按交易额比例返还分配，成员交易记载规范详细，成员与合作社交易的原始资料、会计凭证齐全，建立了二表一账户（资产负债表、盈余及盈余分配表、成员账户），实行财务公开和社务公开，接受成员监督和政府部门指导。根据内控制度要求设立了会计和出纳岗位，有效地促进了合作社的财务管理水平和会计核算工作质量的提升，为促进合作社发展调动成员积极性以及盈余分配等方面奠定了基础。建立数字化管理平台，合作社采用相关的办公软件和合作社财务云会计软件平台，优化管理流程和财务管理，强化了财务预算收支的管控能力。通过应用农产品质量安全追溯平台，通过条码制作与扫描，准确掌握了原材料采购、入库、加工、销售等各环节相关数据，提高购销业务管理效率，实现农产品购销产品的质量全流程可追溯，避免出现农产品质量安全事件，维护了合作社和公司的品牌形象及声誉。

二、发展模式差异化，破解"整合难"

一是在运行机制上，厘清合作社和公司各自法人独立主体地位和独立经济核算主体，合作社与公司各自独立核算，对于共同发生的管理经营费用按权责和受益对象及受益程度分配费用，建立权责利益分配机制，明确交易规则和交易环节的结算手段、利润留成分配办法。合作社聚焦农业种植以及农产品采购，自主核算并享有权益，公司开展业务形成的经营收入在扣除运营成本、缴纳企业所得税后，剩余可分配利润按比例分给合作社作为投资收益，由合作社并入本年盈余并依据章程规定进行分配。

二是在发展定位上，合作社聚焦蔬菜从种到销的种植全产业链发展，开展蔬菜种植收购、清洗加工、冷藏保鲜业务。公司则定位为技术服务及物流配送类服务企业，服务范围包括蔬菜批发配送以及开展技术咨询和培训，推广新技术新品种，提供病虫害防治方案和多种农机服务等业务。

三是在业务拓展上，合作社通过主体公司与相关产业合作，创新产业融合发展，发挥合作社的辐射带动效应，实现产销直接对接，极大地促进了农民种植积极性，将蔬菜的种植、加工、销售、社会化服务等环节连成一体，直接有效地对农民进行技术培训和现场指导，提高了合作社的科学种植预防风险的能力。特别是利用公司+合作社+基地+农户发展带动模式，实现了从单一生产服务向产销一体化和多元化经营服务型合作社发展，提高了农产品附加值。

四是发挥公司对接优势，合作社通过拓展业务范围创新出资方式，不断加大与公司融合发展力度。合作社在江西农大、江西红土壤研究所的帮助指导下，在金土地农业发展有限公司的合作支持下，充分发挥合作社的辐射带动效应，实现产销对接，极大地促进了农民种植积极性，将蔬菜的种植、加工、销售、社会化服务等环节连成一体，直接有效地对农民进行技术培训和现场指导，提高了合作社的科学种植预防风险的能力，合作社已从单一的农业生产种植发展为合作社与公司融合发展的产销一体化和多元化经营服务型合作社。

三、田间餐桌一体化，破解"销售难"

随着农业市场化进程的加速，农民合作社面临着许多挑战，其中最突出的问题是农产品的销售困难。在这个背景下，农民合作社迎来了一体化田间餐桌模式的机遇，这个模式旨在通过直接将农产品从田间送到消费者餐桌，减少中间环节，提高农产品的价值和销售效率。

一是统一保证质量。保证质量是田间餐桌一体化的重要前提。合作社通过统一的管理和技术指导，确保每个环节的质量达到标准。在种植阶段，合作社提供种子、肥料等必要的生产资料，并制订科学合理的种植规范，确保农产品在生长阶段就具有优良的品质。在采收和储存阶段，合作社制订严格的操作流程，保证农产品的新鲜度和安全性。通过这些措施，合作社可以向消费者提供质量可靠、口感优良的农产品。

二是打造地方品牌。田间餐桌一体化需要打造具有地方特色的品牌，通过品牌的力量吸引更多的消费者。农民合作社联合起来，注册商标，设计包装，进行市场推广等。通过打造品牌，提高农产品的知名度和美誉度，进而提升农产品的市场竞争力。

三是建立直销渠道。直销渠道是田间餐桌一体化的重要组成部分。合作社与餐饮企业、机关院校等机构建立直供关系，将农产品直接销售给这些机构。这种方式不仅可以降低销售成本，还可以提高农产品的价格。同时，直供渠道的建立也可以促进田间餐桌一体化模式的推广和普及。在建立直销渠道的过程中，农民合作社需要建立完善的配送体系，确保农产品的新鲜度和安全性。

四、经营业务多元化，破解"增收难"

一是多元化经营：打造健康食品供应链。合作社不仅关注蔬菜的产量，更注重蔬菜的品质和安全。多元化经营是合作社的策略之一，合作社致力于提供健康、优质的蔬菜、瓜果和大米等农产品。通过延伸产业链，合作社建立了从农田到餐桌的完整供应链，确保食品的安全和质量。

二是一站式加工配送：提升农产品附加值。合作社深知农产品的价值不仅在于种植，更在于加工和配送。因此，合作社提供了规范、安全、主动、高效的一站式加工配送服务。从初级农产品的采购，到深度加工，再到最后的配送，由合作社全程把控，提升农产品的附加值，同时也确保了食品的新鲜和口感。

三是现代农业观光采摘：创新农业发展模式。在农业发展的新阶段，合作社推出了现代农业观光采摘服务，将农业与旅游相结合，创新农业发展模式。游客可以亲身参与农作物的种植和采摘，体验农业的乐趣，同时也能购买到最新鲜、最健康的农产品。这种服务不仅增加了农民的收入，也推动了农业的多元化发展。

合作社以提高农产品附加值，加强产业链联合、加强产业扶贫利益联结等措施不断地促进合作社与公司的融合与合作，公司以农业合作社为依托，通过农户入股等方式扩大和延伸绿色蔬菜产业链，合作社的发展在促进公司规模扩大的同时，也带动了周边农民的种植积极性，帮助了贫困户通过务工取酬、产业分红等方式增收。截至2022年年底，合作社总资产规模已达1 133.29万元，经营收入和盈余稳步上升。

【案例思考】

1. 请从政治、经济、社会、科技等方面对金土地蔬菜种植专业合作社进行分析，并进一步探索新时代我国种植类合作社发展变化?

2. 根据上述材料,可否使用商业模式画布画出金土地蔬菜种植专业合作社的商业模式?

3. 贵溪市金土地蔬菜种植专业合作社是否可以主动合并其他合作社?未来发展存在哪些风险?

参考文献

刘本福, 2018. 谁说女子不如男——访贵溪市金土地农业发展有限公司总经理徐闽洪[J]. 农村百事通(24)：4-8.

刘杨, 朱雨诺, 2023. "茶海园丁"：茶园变公园[N]. 新华每日电讯, 04-16(004).

罗青平, 张征华, 陈勋洪, 2008. 农民专业合作社财务会计教程[M]. 江西：江西科学技术出版社.

农业农村部农村合作经济指导司, 2023. 农业农村部管理干部学院. 全国农民合作社典型案例（2022年）[M]. 北京：中国农业出版社.

农业农村部农村合作经济指导司, 2024. 农业农村部管理干部学院. 全国农民合作社典型案例（2023年）[M]. 北京：中国农业出版社.

王汉光, 2013. 突破五个"瓶颈"实现横江葡萄产业再跨越[N]. 农民日报, 08-20(003).

肖新华, 2011. 吉安横江葡萄产业发展的现状和对策[J]. 现代园艺(02)：13-14.

余镇涛, 王相栋, 雷富琴, 2018. 农民专业合作社产品营销的现状及对策——来自沂南县金马山育苗合作社的案例证据[J]. 农家参谋(17)：40-41.

查娜娜, 2020. "进来合作社", 飘出清茶香——浮梁县鹅湖镇茶产业托起脱贫致富梦[J]. 老区建设(23)：34-36.

中国注册会计师协会, 2024. 税法[M]. 北京：中国财政经济出版社.